ジャーナリストの誕生

ジャーナリストの誕生

日本が理想としたイギリスの実像

河崎吉紀

岩波書店

はじめに

タイムズやロイター、ＢＢＣなど、イギリスのメディアについて、名前だけなら聞いたことがあるという人は多いだろう。それらは長い歴史と伝統をともなった立派なものであると感じられるかもしれない。大衆紙を意味する「タブロイド」もイギリス発の言葉である。『デイリー・メール』や『サン』といった新聞名を耳にすることもあるだろう。こちらは有名人を追い回す写真家《パパラッチ》を雇い、センセーショナルで下世話な記事を載せて人気を博している。いずれにせよ、日本人にとって、イギリスは良きにつけ悪しきにつけジャーナリズムの本場として認められてきた。

そもそも幕末は文久元年、西暦でいえば一八六一年に、日本で初めて新聞を発行したのはイギリス人だった。開港まもない長崎で、アルバート・ハンサードが『ナガサキ・シッピングリスト・アンド・アドバタイザー』を作り、おもに入港する船舶の情報を伝えた。この人はまた、横浜に移って『ジャパン・ヘラルド』という新聞も創刊した。われわれはイギリス人から初めて「新聞」というものを教えてもらったのである。だからというわけでもないが、イギリスはジャーナリズムという分野で進んでいる、それだけ重厚な歴史と経験をもつ国であるという意識を、われわれはどこかで抱いているのかもしれない。

イギリスで初めて日刊紙が印刷されたのは一七〇二年の『デイリー・クーラント』で、日本でいえば、ちょうど赤穂浪士討ち入りのころ、元禄の末ということになる。政治的な出版物であれば、国王チャールズ一世と議会が衝突したとき、王党派の新聞『メルクリウス・アウリクス』と議会派の新聞『メルクリウス・ブリタニクス』が、一六四〇年代、すでに政治について激論を闘わせていた。そのころ日本は三代将軍、徳川家光の治世である。つまり、幕末に初めて新聞を作り始めた日本より、イギリスははるか昔からの歴史をもっていた。

では、ジャーナリズムで働く人々について、われわれはどれほどイメージを共有できるだろう。古くは『ロビンソン・クルーソー』を書いたダニエル・デフォーが、一七〇四年に週刊紙『レビュー』を創刊しているが、現代であれば、全体主義の恐ろしさを描いた小説『一九八四年』の作者、ジョージ・オーウェルを思い出す人もいるだろう。彼は晩年、ＢＢＣで番組制作にたずさわっていた。とはいえ、彼らは小説や評論の分野で名を知られたジャーナリストであり、現場で取材を担当するレポーターのイメージとはかけ離れている。

イギリスだけでなく日本においても、「ジャーナリスト」の印象ほど振れ幅の広いものはない。専門職として認められ、社会的な地位も高いと考える人々がいる一方で、「ブンヤ」という蔑称に表れるように、ゴシップをあさるいかがわしい商売だと感じる人々もいる。日本には「記者」という便利な言葉があり、これが職種の違いをおおい隠している。明治のころには「探訪者」や「種取り」という言葉があった。これは現在のレポーターに相当し、ニュースを集める仕事を意味していた。記者とは本来、書く人、すなわちライターを指した。こうした区別は二〇世紀初めに失われ、エディター（編集者）やサブエディター（整理担当者）を含め、多様な職種が一つの言葉「記者」に託されるようになった。

私は前著『制度化される新聞記者』（柏書房）において、この「記者」という語でくくられる多様な職種の共通項が何であるかを明らかにしようと努めた。[1] 英語に直せば、レポーター（取材）、ライター（執筆）、サブエディター（整理）、エディター（編集）とその役割の差が明確なのに、あまりそのことが気にかけられず、報道にたずさわる人々はだれもかれも「記者」ですまされるという点が気になった。この言葉は多様な職種をどのようなヒモで一つにくくっているのだろうか。

調べてみてわかったことは、大手の新聞社において、二〇世紀初頭に記者の学歴や初任給が高くなり始め、官公庁や銀行、一流企業と肩を並べ始めたということである。それにともない、大卒を試験によって選抜し、職場における訓練、すなわちＯＪＴ（on-the-job training）によって記者を育成するようになった。彼らは就職活動で筆記試験と面接を受け、採用されて給料をもらい転勤を繰り返し、退職金をもらって退職する。つまり、「記者」はサラリーマンなのである。そんなことはいわれなくてもわかっている、と鼻で嗤う業界人も多いだろう。それでも、記者は会社員とは違うと読者は信じている、そのように記者自身が感じている。[2] サラリーマンではないとするなら、何と考えればよいのか。専門職である。

日本標準職業分類では、記者は大分類おいて「専門的・技術的職業従事者」に入っている。その下位区分として中分類に「著述家、記者、編集者」がある。つまり、専門的な職業であるとみなされ、作家や詩人と同じカテゴリーに入れられている。国際標準職業分類でも「作家、ジャーナリスト、語学関係者（Authors, Journalists and Linguists）」という項目があり、ジャーナリストは「専門職（Professionals）」の地位にあるとされる。問題は、だからといって記者は専門職である、専門職にすべきだと短絡的に決めつけることである。

そもそも、プロフェッション（専門職）とは聖職者、弁護士、医者に対して用いられてきた言葉である。今日、その範囲は拡大されており、明確な定義はないが、おおむね職業団体が存在し、体系的な知識や技能を教育、訓練によって授け、学歴や資格によって参入を制限し、公共への奉仕など理念を掲げて自治を行う職業であるといえよう。これがジャーナリストに当てはまるだろうか。そこに葛藤はないのだろうか。ジャーナリストの専門職化について研究したオリバー・ボイドバレットによれば、ジャーナリズムは厳密には専門職ではない。彼は「準専門職の地位(semi-professional status)」という言葉で、ジャーナリストの置かれた立場を表現する[3]。

専門職研究、資格研究においてジャーナリズムはこれまで、驚くほどわずかな研究[4]しかなされてこなかった。教育社会学の教科書には、たいていメディアの影響力についての記述がある。一つは教育におけるメディアの利用についてであり、もう一つは、有害図書のように子ども、青年への悪影響を危惧する声である。また、最新のメディアを紹介することもある。いずれにせよ教育を考えるうえで、メディアの役割を無視することができないからである。にもかかわらず、その担い手への関心はきわめて薄い。学歴や就職についての研究領域において、記者やジャーナリストが取り上げられることはまれであり、まして漫画家やアニメーター、映画監督、テレビのディレクターといった職業が研究対象となることはほとんどない。メディアを社会化のエージェントとして重視するわりに、そこで働く人々は見過ごされてきたのである。

理由の一端は「メディア関係者」のあいまいさにある。その範囲をどのように定義すればよいのか、明確に線引きすることは難しい。さすがに、作家や語学関係者と国際標準職業分類でごたまぜにされるような職業は扱いにくい。「ジャーナリスト」は統計の分類上、専門職にカテゴライズされてはいるが、サラリーマンとしての側面も医者や弁護士に比べて強固である。新聞社を離れた「新聞記者」は存在せず、独立開業すればフリーライターやフリーランサーへと呼び名は変わってしまう。定年退職したあと、「記者」や「編集者」を自称する人がどれほどいるだろう。

ところが、「ジャーナリスト」という概念は案外、普遍的であるとみなされている。逆にいえば、時と場所によって特殊な存在になるということが忘れられがちである。素人から学者にいたるまで、「ジャーナリスト」とはこういうものである、という勝手な思い込みが先行しているのである。そのイメージには、ジャーナリストの功績をたたえるピュリッツァー賞から新聞屋とさげすむ呼び名である「ブンヤ」まで、そして調査報道を行う立派な記者からゴシップ写真を撮ろうと有名人をつけ狙うパパラッチまで、かなりの違いがある。つまり、弁護士や医者ほど統一性がないということを意識していない。世界中どこへ行っても医者は医者だが、「ジャーナリスト」はもしかすると別の国で、われわれが思いもよらない立場で仕事をしている可能性がある。

ドイツの専門職を研究するなかで、チャールズ・E・マクレランドは次のように述べている。「ジャーナリストのように、その職業をどんな基準が規定しているのか、あるいはどんな高度な理論的訓練を必要とするのか、これらのことについて見解の一致を見ることのできないものもある」(5)。それは等質性を確保できず、標準化できない能力が必要とされているからであるという。

それでも、ジャーナリストは専門職たらねばならないというなら、法的にその地位を認めるという方法がある。ジャーナリストの国家資格化である。弁護士や医者のように、資格をもつ者だけが業務を行うことができると定めるのである。

日本でジャーナリストに資格が定められたのは、戦時下におけるただ一度だけである。一九四二年に日本新聞会記者規程が制定され、次のような条件が新聞記者に課せられた。

第三条　記者ハ左ノ条件ヲ具フル者ニシテ記者資格銓衡ニ合格シタル者タルコトヲ要ス

一、帝国臣民ニシテ成年者タルコト
二、国体観念ヲ明徴ニシ記者ノ国家的使命ヲ明確ニ把握シ且常ニ品位ヲ保持シ公正廉直ノ者タルコト
三、高等専門学校以上ノ卒業者又ハ必要ナル知識経験アリト認ムル者タルコト
四、禁治産者、準禁治産者又ハ破産者ニシテ復権ヲ得ザル者ニ非ザルコト
五、禁錮以上ノ刑ニ処セラレ其ノ刑ノ執行ヲ終リ又ハ執行ヲ受クルコトナキニ至リタル後二年ヲ経過スルニ至ラザル者ニ非ザルコト
六、政治的又ハ思想的結社ニ加入シ在ラザルコト
七、営利事業ニ従事セザル者タルコト
前項第六号及第七号ノ条件ニ付テハ特ニ必要アルトキハ会長ニ於テ其ノ除外ヲ認ムルコトヲ得(6)

この条件を満たす者のみが「新聞記者」を名乗ることを許された。もちろん、これは第二次世界大戦中に実施された言論統制の一環である。すでに同盟国であるドイツ、イタリアでも記者法や記者登録制度が実行に移されていた。

今日、われわれの目から見て、国家資格を得た者だけがジャーナリズム活動を許されるという考えは、どれほど専門職化を目指し、ジャーナリストの地位を確立するという良き志があったとしても、やり過ぎであるとみなされるのではないか。それは表現の自由に抵触するからである。

一九七〇年代後半に、情報の南北格差を解消するため、コミュニケーションの問題がユネスコで検討され、『多くの声、一つの世界』として報告書にまとめられたとき、ジャーナリストの保護がテーマと

して取り上げられた(7)。危険な状況下で職務を遂行するジャーナリストを守るのは当然としても、一般にジャーナリストに特権を与えるような保護については、多くの反対意見が出された。とりわけ、ジャーナリストの地位を保護するため、免許制のようなものを導入することは危険であると警告が発せられている。

しかし、現在、自明視されているこのような前提も、かつては可能であると期待されていた。つまり、意図されてはいたが実現されなかった資格化の過程が存在する。イギリスでは一九三五年にジャーナリスト(登録)法案が議会へ提案され、ジャーナリストの資格化が試みられた。法が成立することはなかったが、その過程で何が争点とされ、どのような組織がヘゲモニーを争ったのか、本書で詳細に報告する予定である。

このように一義的に定めることのできない「ジャーナリスト」は、サラリーマンとしての側面をもち、専門職としてその地位が確立されているわけでもなく、権力の監視からタレントの待ち伏せまで社会においてさまざまなイメージを抱かれ、研究対象としてきわめて扱いにくい。しかし、本書でイギリスのジャーナリストを取り上げる目的は、第一にその扱いにくさ、つまり、ジャーナリストの多様性を強調することにある。ジャーナリズムという活動の担い手を一義的に想定するのは危険であり、多様性をもつ幅としてとらえたほうが実際に即している。そして、多様性を尊重することこそ、二一世紀のジャーナリズムにとって大切であるという見通しを示したい。

将来の希望は最後に語るとして、まずはイギリス人たちの「ジャーナリスト」をめぐる濃密な議論を徹底的に見ていこう。彼らはジャーナリストを当たり前の存在とは思わなかった。自分たちは何者であるのか、長年にわたり論争してきた。その主張を追っていくだけでも息切れしそうなほどであり、本書の記述も時として込み入ったものになる。しかし、それは、これまで日本が理想としてきたイギリスの実像を暴くものになるだろう。ひいては日本のジャーナリズムを再考する手がかりをもたらすはずである。もちろん、そのような試みがこれまでまったく行われてこなかったわけではない。ここでイギリスに関する先行研究をいくつか紹介しよう[8]。

村上直之『近代ジャーナリズムの誕生』(現代人文社)は、イギリスにおいて新聞に課せられてきた税金が一九世紀なかばに撤廃され、言論の自由が確立する過程を、ジャーナリストが政府から勝ち取った成果と見るのではなく、むしろ政府が安価な新聞を認めることで、労働者階級に犯罪を報道して周知し、治安の強化に利用したと説明する[9]。従来の通説をくつがえす画期的な考察である。加えて、戦争や刑罰、天変地異などを挿絵とともに伝えた一枚刷りの読み物、ブロードサイドについても詳しい。また、水谷三公『イギリス王室とメディア』(文藝春秋)は、二〇世紀初めに台頭し爵位を受けた新聞経営者や一九二〇年代に登場するBBCと王室の関係を、ジョージ五世、そしてエドワード八世の父子を中心に描いた著作である[10]。神秘のベールに包まれた国王が、新聞や放送を通してその姿を国民にさらけ出す過程を明らかにした。BBC初代会長ジョン・リースや、『タイムズ』主筆ジョージ・ジェフリー・ドーソン、大衆紙『デイリー・エクスプレス』の所有者マクスウェル・エイトケンが、宮廷、政界に及ぼした影響を理解することができる。そして、門奈直樹『ジャーナリズムは再生できるか』(岩波書店)は、一九六〇年代に『ニューズ・オブ・ザ・ワールド』『デイリー・ヘラルド』を買収してイギリスの新聞界に参入したルパート・マードックを中心に、報道の自由、政治とメディアの関係を歴史的に解明している[11]。また、BBCの受信料や取材方法に対する批判と、それに続く改革についても詳しい。新聞街であるフリート・ストリートの崩壊や、高級紙のタブロイド化など、現代英国のメディアを知るうえで欠かせない著作である。

ただし、これらの著作の対象はジャーナリズムであり、ジャーナリストではない。また、メディア史において、情報の送り手を扱う場合、取り上げられるのはしばしば有名なジャーナリストだけである。特に新聞の創設者や経営者が多い。プレス貴族と呼ばれる、叙爵された新聞経営者の伝記は豊富にある。ジャーナリスト研究はすなわち伝記研究といってよいほど、人物論から歴史を描く領域は充実している。もちろん、その重要性はいうまでもない。しかし、職業という単位で、新聞記者の歴史を扱った研究がほとんど存在しないというのも事実である。名のあるジャーナリストだけを取り上げて、歴史を通覧することの限界もまた想像に難くない。

本書は個々の重要人物ではなく、ジャーナリストという集団に焦点を合わせていく。なぜなら、世に広まるニュースのほとんどが、名もなきレポーター、整理担当者、編集者の協働作業によるものだからである。とりわけ、その就職の時点、メディア業界に参入するための教育、訓練の歴史を詳細に描く。いかなる教育、訓練がふさわしいのかを議論することが、すなわち、何をもってジャーナリストとするのかを決める闘争の場となるからである。たとえば、学歴もその一つだろう。大卒でなければジャーナリストではないとするなら、ジャーナリストとは大卒であるという定義を導くことになる。日本ではなかば当然とされているが、イギリスの歴史において、高等教育がジャーナリストに必要と考えられるようになったのは、ごく最近のできごとである。

一方、われわれが長らく参照してきたのはアメリカのジャーナリズムである。一九〇八年にミズーリ大学が世界で初めてジャーナリズム学科(Journalism School)を設置した。次いで一九一二年、ジョセフ・ピュリッツァーの寄付金をもとにコロンビア大学にもジャーナリズム学科が導入される。その後、ジャーナリズムを教えるコースは急速に普及し、大学間の組織化も進み、一九二四年には米国ジャーナリズム教員連合が課程を認定する基準を定めている。このように、アメリカでは、ジャーナリストを大学で養成する制度が早くから発達してきた[12]。その内容は、杉村広太郎『最近新聞紙学』(慶應義塾出版局)、小野瀬不二人《ふじと》『最新実際新聞学』(植竹書院)などを通して、同時代の日本にも伝えられている[13]。また、第二次世界大戦をはさみ、占領下でアメリカのジャーナリズムが影響を及ぼしたことはいうまでもない。今日でもアメリカを参照し、アメリカへ視察に行くメディア関係者はあとを絶たない。他方、イギリスは幕末から日本のジャーナリズムに関与し、ロイターが早くから極東に進出していたにもかかわらず、これまであまり注目を集めてこなかった。その理由の一端は「英米の」ジャーナリズムというまとめ方にあるのかもしれない。

日本の高等教育に「新聞学」を確立するため、一九二三年に小野秀雄が欧米視察へと旅立ったとき、その認識は次のように記されている。

> 欧米諸国に於ける諸大学の新聞科(スクール・オブ・ジャーナリーズムを仮りにこう訳しておく)はドウヴア海峡を境として二大別することが出来る、ドウヴア以西即ち英米の両国に於ては新聞記者の養成に重きを置き、ドウヴア以東即ち欧洲大陸に於ては新聞記者養成と新聞の科学的研究の両方面に注意し、学者は主として其科学的研究の方面に力を用ゐてゐる[14]。

小野は東京帝国大学卒業後、『万朝報』『東京日日新聞』に勤め、同大学院に戻って新聞の歴史を研究していた。一九二九年、東京帝国大学に新聞研究室が設置されたとき、小野がモデルとしたのはドイツ新聞学であった。卒業後の進路に新聞記者があるのは当然としても、新聞研究室は学術的研究が主であり、新聞記者の純然たる養成機関ではないとされた。こうしたなか、イギリスはドーバー海峡をはさんで「英米」と一つにまとめられ、新聞学を論じる際、日本から見たヨーロッパはもっぱらドイツに焦点を合わせることが多くなった⑮。

本書は「英米」という枠組みを解体し、改めて両者の違いに着目する。実は、イギリスのジャーナリストたちもアメリカを参照してきた。第一次世界大戦後、ヨーロッパの国際秩序が解体するなか、政治的に台頭してきたアメリカは経済や文化においても先を行くように見えた。イギリスにとって、それは注目に値するものと映り、彼らもまたアメリカのジャーナリズム学科を視察に出かけたのである。

そこで見たのは、高等教育で職業の訓練を行うという驚きの光景だった。大学とは豊かな教養を身につける場ではなかったのか。そもそも、ジャーナリストに固有の知識、技能とは何だろう。それは大学で身につけるべきものなのか。学術研究と職業訓練、教養と実学という、ジャーナリストの養成にまつわる長き相克は、本書においても今一度、イギリスという舞台で問い直される。

このように、「ジャーナリスト」に対するイメージは多様であり、その扱いにくさからジャーナリズムを対象とする教育社会学、職業社会学の研究は乏しく、専門職化や資格化について、これまで十分な検討がなされてきたとはいいがたい。また、メディア史においてジャーナリストに関してはもっぱら著名な人物の伝記を描くことに終始しており、名もなき記者を含めた集団としての活動は見過ごされがちであった。加えて、日本から見た模範はアメリカに求められることが多く、イギリスのジャーナリズムは「英米」という枠組みに回収され埋没してしまう恐れがある。

以上のような問題意識をふまえつつ、一九世紀後半から話を始めよう。第一章では、およそ文筆家が渾然となり、作家との領域が不明瞭な時代から、やがてジャーナリストが職業団体を作り、専門職として、あるいは労働者として自覚し始めるようになった過程を描く。第二章では、彼らが大学でジャーナリストを養成しようとする試みを取り上げる。二〇世紀に入り、ロンドン大学に設置されたコースは、教養主義から実学重視へ軌道修正を図りつつ定着したかに見えた。しかし、第二次世界大戦の勃発により閉鎖を余儀なくされてしまう。専門職化への試みは、一方でジャーナリストに資格化を求めさせた。第三章では、医者や弁護士のように国家資格を追求するジャーナリストたちの活動に焦点を移す。それはやがて、議会に法案を提出するにいたるが、成立させることはできなかった。

第二次世界大戦後、こうした高等教育や国家資格に代えて、メディア業界がジャーナリストの教育、訓練に責任を負うようになる。第四章はNCTJ(ジャーナリスト訓練評議会)の成立を取り上げる。その内容は職場における訓練と、カレッジでの一般教養の修得を組み合わせたものであった。しかし、中等教育の拡大や、ラジオ、テレビ、PR産業の発展により、NCTJの制度は修正を余儀なくされていく。その対応については第五章で扱いたい。

「英国病」ともいわれる不況が一九六〇年代より深刻化し、政府は遅れを取り戻すため職業訓練に目を向け始めた。NCTJの制度も二転三転する政策に翻弄され、やがて一九八〇年代のサッチャー政権になると、訓練制度を支えてきたジャーナリストの労働組合が弱体化する。第六章は崩壊の危機にさらされたNCTJの改革がテーマである。

第七章では、一九九〇年代以降、イギリスのジャーナリスト養成の仕組みが陥った混迷について述べよう。NCTJに加え、政府主導の全国職業資格、企業独自のディプロマ(資格証明)、そして、高等教育の普及とともに乱立するジャーナリズム学科、メディア学科、コミュニケーション学科、さらには大学院の職業訓練コースまで、メディア業界への道は複雑化した。このようなイギリスにおける議論を通覧した結果、二一世紀のジャーナリストについて何がいえるのか、最後に著者の見通しを示して結論としよう。

(1) 河崎吉紀『制度化される新聞記者——その学歴・採用・資格』柏書房、二〇〇六年。
(2) 赤尾光史「現代新聞記者像(下)——「新聞記者アンケート」から」『新聞研究』五一五号、一九九四年、六〇頁。
(3) Oliver Boyd-Barrett, 1970, "Journalism Recruitment and Training: Problems in Professionalization," Jeremy Tunstall ed., *Media Sociology: A Reader*, Urbana: University of Illinois Press, pp. 181-182.
(4) 教育とメディアの研究領域については、井上義和「子ども・若者の世界とメディア」石戸教嗣編『教育社会学を学ぶ人のために』新版、世界思想社、二〇一三年を参照するとよい。
(5) チャールズ・E・マクレランド(望田幸男監訳)『近代ドイツの専門職——官吏・弁護士・医師・聖職者・教師・技術者』晃洋書房、一九九三年、一一頁。
(6) 日本新聞会事務局編『日本新聞会便覧』日本新聞会、一九四四年、三三頁／奥平康弘監修『言論統制文献資料集成』第一三巻、日本図書センター、一九九二年所収。
(7) ユネスコ(永井道雄監訳)『多くの声、一つの世界——コミュニケーションと社会、その現状と将来』日本放送出版協会、一九八〇年、四二三—四二七頁。
(8) ほかに、澤康臣『英国式事件報道——なぜ実名にこだわるのか』文藝春秋、二〇一〇年が重要である。事件報道について、イギリスの報道関係者がどのように考えているのかを明らかにしている。
(9) 村上直之『近代ジャーナリズムの誕生——イギリス犯罪報道の社会史から』改訂版、現代人文社、二〇一〇年。
(10) 水谷三公『イギリス王室とメディア——エドワード大衆王とその時代』文藝春秋、二〇一五年。
(11) 門奈直樹『ジャーナリズムは再生できるか——激変する英国メディア』岩波書店、二〇一四年。
(12) アメリカのジャーナリスト教育については、Tom Dickson, 2000, *Mass Media Education in Transition: Preparing for the 21st Century*, Mahwah: Lawrence Erlbaum Associates, 別府三奈子『ジャーナリズムの起源』世界思想社、二

〇〇六年が詳しい。
(13) 杉村広太郎『最近新聞紙学』慶應義塾出版局、一九一五年、小野瀬不二人『最新実際新聞学』植竹書院、一九一五年。
(14) 小野秀雄「英米のスクール・オブ・ジャーナリーズム」『社会学雑誌』六号、一九二四年、九五頁。
(15) ドイツ新聞学については、佐藤卓己『ファシスト的公共性——総力戦体制のメディア学』岩波書店、二〇一八年を参照するとよい。

凡　例

- 引用文中の〔　〕は訳者による補記である。
- おもな略称の正式名称は以下のとおりである。

GCE: General Certificate of Education（中等教育修了資格）
NCTJ: National Council for the Training of Journalists（ジャーナリスト訓練評議会）
NVQ: National Vocational Qualifications（全国職業資格）
PPITB: Printing and Publishing Industry Training Board（印刷出版業界訓練委員会）

目　次

第一章　高級な文士と働く記者

日本で初めて新聞が発行されたのは先にも触れたように、一八六一年、長崎の居留地における『ナガサキ・シッピングリスト・アンド・アドバタイザー』である。一八五三年、マシュー・ペリー率いる黒船が浦賀に来航してから八年がたち、下田、箱館に続き各地で港が開かれ、鎖国は終わりを告げていた。この新聞を発行したのはイギリス人、アルバート・ハンサードであった。彼は横浜に移り『ジャパン・ヘラルド』も発行する。このとき共同経営者となったジョン・レディ・ブラックもイギリス出身であり、のちに新聞『日新真事誌』を創刊して「近代日本ジャーナリズムの父」と呼ばれている。日本人が欧米のメディアである新聞について学び始めたころ、イギリスではそれは大衆に普及し始めていた。

一　初期のジャーナリズム学校

イギリスで一八三二年に改正された選挙法は、いまだ労働者の政治参加を拒んでいた。一八三〇年代に勢いを増す急進派の新聞は、印紙税を支払わない違法なものであった。その取り締まりはジャーナリストに抵抗の機会をもたらし、政府にあらがう姿を宣伝することで労働者から人気を博するという逆効果を生んでいた。こうなってはむしろ、印紙税を撤廃し、犯罪報道による治安の強化も含め、安価で穏健な新聞を大衆に広めたほうがよいのではないか。政府はそのように考え、一八五五年、新聞への課税をあきらめた。数か月後、わずか一ペニーで売られる新聞、ロンドン初のペニープレスである『デイリー・テレグラフ』が現れる。階級意識を鮮明にしたそれまでの急進的な新聞は、政府への抵抗というパフォーマンスの拠り所を失って没落し、安価で合法な大衆紙が読者を惹きつける時代が幕を開けた。庶民の読み書き能力は一九世紀を通して徐々に高まっていき、一八七〇年代、義務教育の開始とともにさらに向上する。新聞の購読者は増え、大量発行により新聞社の規模も拡大した。

ジャーナリズム学校の試みは一八七七年にさかのぼる。イングランド北西部の街、クルーで『ウォリントン・ガーディアン』を経営するアレクサンダー・マッキーが、新聞社で働きたいという紳士に六か月の訓練を施そうと考えた。[1] 原稿を割り当てるスペースの判断や、印刷工にわかりやすく訂正を指示する方法、ピットマン式の速記法、原稿整理などについて、ジャーナリストを養成する速成コースを提案した。また、簿記など経営面の学習にも重点が置かれた。レポーター、校正係、整理担当者は互いの仕事を知らず、校正係は植字について無知であるため思慮の足りない修正を増やしていると彼は考えた。マッキーには新聞社における長い徒弟の経験があった。最低限であっても、広く各部署を見渡すような訓練がジャーナリストには必要である。それは若いレポーターの役に立つ。ジャーナリズム学校の設立趣意書には次のような文言が記された。

一　植字について、あらゆる種類の活字の名前を知り、必要な場合、活字をセットでき、印刷工の職長にわかりやすい指示を与え、原稿がどれほどのスペースを占めるのか、活字に直すとどれほどの長さになるのかを計算できること。

二　校正し、句読点を打たせ、そうでなければ自分の校正刷りか、他人のものを正しく直させ、利害関係をもつ職工のめんどうごとを最小限にする。

三　報道について、勤勉な学生がレポーターの務めのすべてをマスターできるように、ピットマン式の速記法を教え、社内や会合でそれを練習する機会を与える。読みやすく句読点が打たれ、整理担当者、植字工、校正係のだれをも煩わせることのない、印刷に適した原稿、あるいは技術的な用語で「コピー〔できあがった原稿〕」を準備することに大いに注意を払わせる。大規模な編集室では良い「コピー」と悪い「コピー」の違いは計り知れない。

四　整理について、良いコピーを確保し、それを魅力的な形にして提供するという最良の手段を含め、学生が整理の正しい知識を得るようにする。

五　簿記について、新聞社の簿記が不完全でないように、とりわけ一週間の正確な損益を視野に入れ、新聞経営者、あるいは管理職が帳簿のすべてを管理できるよう指導する。[2]

この学校では最初の六か月の訓練に続き、さらに六か月、経験を積むことが期待された。キャリアの出発点でこのような訓練を受けることは、続く六年分の経験にも匹敵するという前評判も聞かれたが、この試みは十分な志願者を集めることができず、結局、実施されなかった。

それから一〇年がたち、一八八七年に『デイリー・テレグラフ』で政治記者、論説委員を務めたデイビッド・アンダーソンが、新聞街フリート・ストリートの外れにロンドンジャーナリズム学校を設立する。[3]この学校は、夕刊紙『ペル・メル・ガゼット』同年三月一四日号に「医者や絵描き、俳優の学校はあるが、ジャーナリズムの学校とは！　だれが今までそんなものを聞いたことがあるだろうか」と紹介された。[4]これがジャーナリズムの訓練を施すイングランドで最初の学校となった。コースは一二か月で、授業料は年一〇〇ギニー（＝一〇五ポンド）と高額だった。学生に記事を書かせ添削するほかは、英国史や憲法、国際法、政治経済といった一般教養を教えるだけで、アンダーソンは速記や整理など実務を扱おうとはしなかった。

のちに小説家となるロバート・スマイス・ヒチンズがこの学校に通っていた。一八六四年、タンブリッジウェルズに近いケント州の村、スペルドハーストで牧師の家に生まれたヒチンズは音楽が好きで、父に許しを請い、オックスフォードへ進学する代わりにロンドンの王立音楽アカデミーに入学した。しかし、ほかの学生の才能に圧倒され、限界を感じて音楽への道を断念してしまう。彼は文筆家になる希望を父に語り、紹介されたのがロンドンジャーナリズム学校だった。

建物の二階に二つ部屋があって、大きいほうの部屋は生徒たちが使った。テーブルにはインク壺、吸い取り紙、原稿用紙、辞書や参考書などが雑然と置かれていたという。数人の生徒が窓の近くに立ったまま話をしており、ペンをもって作業している者は二、三人にすぎなかった。アンダーソンの部屋は奥まったところにあり、生徒たちから「デイビッドの聖域（書斎）」と呼ばれていた。[5] 教育方針について、ヒチンズは次のように告げられる。

「ヒチンズ君、君はまったくの自由なのだ。君を煩わせるようなことは一切しない。毎日、その部屋を自由に使ってよろしい」と、彼（アンダーソン）は優雅にドアを指さした。「そこで作業をしてもよいし、そうしたいなら、ほかの生徒たち同様、まったく何もしなくてもよい[6]」。

インクは用意するので、原稿用紙だけ持参してほしい、書いたものはいつでも添削する。アンダーソンは毎日、部屋にこもり、頼まれなければ知識をわけ与えようとしなかった。たとえ生徒たちが彼の元を立ち去っても、日がな一日、書斎で穏やかに過ごせるような人であったとヒチンズは記している。[7]

ヒチンズは毎日、時間どおりに学校へ通い、速記を勉強し、アンダーソンに勧められてさまざまなイベントを見て回った。そして、記事や劇評を書いては新聞社へ投稿した。ときには庶民院や貴族院を傍聴して、夕刊紙へ送る原稿を書くこともあった。アンダーソンの自由放任主義に対して、生徒たちの評判は芳しくなかったという。結局、彼は学校を閉じることになり、古巣の『デイリー・テレグラフ』に戻ってしまう。一方、ヒチンズはロンドンジャーナリズム学校を一年で終え、その後は大英博物館の読書室に通った。彼は寄稿によって生計を維持し、小説を書いてのちに認められるようになる。

また、ジャーナリズムに関連して今日まで続く学校に、ロンドンカレッジ・オブ・コミュニケーションがある。一八八三年、シティ教区チャリティー法によってセントブライド財団が設立され、財団は一八九四年に印刷学校を開いた。そのとき夜間のクラスに一二四人が参加した。一九二二年にロンドン印刷関連学校と改称し、一九六二年、ロンドン印刷カレッジとなった。エレファント・アンド・カッスルに本拠を置き、二〇〇四年に改称して現在にいたる。[8]

このように、一九世紀後半に散発的に登場するジャーナリズム学校は、まだ体系的に整備されたものではない。マッキーの構想が速記や印刷、簿記など実学を重視したものであったのに対し、アンダーソンのロンドンジャーナリズム学校は教養を重んじた自由放任主義によって運営されていた。また、今でこそ「コミュニケーション」を冠するカレッジも、出発点は印刷学校にあった。こうしたジャーナリズム学校の多様性は、ジャーナリストに対する職業観にも反映されている。一九世紀末の少年誌『ボーイズ・オウン・ペーパー』で描かれたジャーナリストについて、森本真美は次のように記している。

軍人、植民地官僚、電信技師や機関士——彼ら〔少年たち〕が憧れた職業は、テクノロジーの発達や帝国主義といった時代の色彩を如実に反映する写し鏡にほかならないが、チャーティスト〔普通選挙権を求める運動家たち〕の記憶とともに、悪しきラディカリズムという負のイメージをもその陰に併せ持っていたジャーナリストという職業が、この華やかなリストに加わり始めたことには注目されるべきであろう(9)。

その反面、無給の徒弟期間を辛抱し、年季が明けても事務員と変わらない給料で働くジャーナリストの地道な側面も、この雑誌のなかには描かれている。次節ではこうした「ジャーナリスト」の多様性を、文学との結びつきにおいて見てみよう。

二　あいまいな「ジャーナリスト」

疫学や社会問題の寄稿家であるアーサー・シャドウェルが一八九八年、『ナショナル・レビュー』に書いた「専門職としてのジャーナリズム」という(10)記事には、「ジャーナリズムはいまだ非常に漠然とした専門職であり、寄せ集めである」と記されている。目下、新聞社の拡大による雇用の増大がジャーナリズムの専門職化を促しており、教養ある浮浪者から育ちの良い人々へとジャーナリストは移行しつつある。それは「紳士のキャリア」であると彼は語る。ジャーナリストはほかの職業を試みたあとで流れてきた者たちであり、その過程こそがジャーナリストを淘汰する試験であるという。ジャーナリズム学校については、レポーターや整理担当者は養成できても、編集長や主筆を育てることはできないとシャドウェルは考えた。

ビクトリア時代のジャーナリストは、高級なジャーナリストとレポーターにわかれていた。高級なジャーナリストは知的なコラムを寄稿し、学識ある読者に意見を提供する。レポーターは事件報道を担当し、ゴシップ記事を執筆した。後者は下層階級の仕事とみなされ、両者が混同されることはなかったという。[11]「専業ジャーナリストの評判は低かった」とも指摘されるが、[12]高級なジャーナリストは文士も含め、寄稿家であり、そもそも専業ではなかった。

では、前者はどのようにして生まれるのだろうか。上述の小説家、ロバート・スマイス・ヒチンズは学校に通ったが、ここでは『ピーター・パン』を書いた劇作家、ジェームズ・マシュー・バリを取り上げよう。

バリは一八八三年、イングランドの『ノッティンガム・ジャーナル』に論説記者として入社している。姉のジェーン・アンが求人広告を見つけ、応募することになった。

その求人広告を見て、はっとした。論説記事は、いつも飛ばして読んでいたからだ。論説とは！　どのように書けばいいのだろうか?……考えてもむだだと思ったそのとき、母が日刊新聞を持ってきた。どの記事が論説なのかとたずねてきたので、母も論説のことは何も知らないらしい。ほかに新聞はある?　とわたしがたずねると、母は家中を探しまわって、衣装箱の中じきにしていたものをいくつか見つけだしてきた。カーペットの下からも、ほこりをかぶった新聞が出てきて、すすけた新聞の束まで煙突から引きずりおろされた。それらの新聞にかこまれてわたしはすわり、新聞記者になる方法を研究した。[13]

彼は大学時代に書いたリア王に関する論文を送り、この新聞社に採用された。その後、作家への転身を図り、ロンドンの新聞社、雑誌社へ投稿を続け、一八八五年、上京して投稿生活を始める。

このように、当時はメディア業界への就職活動として新聞雑誌社への投稿という手段があった。しかし、「ふつうの若者が生涯、作文を送り続けたとしても、思いやりのある編集長が編集室の席に彼らを招くことはないだろう」と記されるように、容易な道ではなかった。[14]

また、ジャーナリストと小説家の境界もあいまいだった。ロンドンで文筆活動を行う者が集まる有名な通りにグラブ・ストリートがあり、彼らは三文文士と呼ばれたが、ジャーナリズムと文学、ノンフィクションとフィクションの区別はなく、ニュースを扱おうが創作を試みようが「ジャーナリスト」という言葉でくくられることが多かった。[15] 一八九五年に『ジャーナリストになる方法』を書いたアーネスト・フィリップスは「プレスで報道することが専門職とみなされるようになったのは、ほんの数年前にすぎない」と記している。[16] 一九世紀におけるジャーナリズムはあいまいな職業であり、専門職化を求めるという動きはなにより、こうしたあいまいさに対する決別を意味したのである。それはジャーナリストの組織化となり、のちに具体化する。

三　ジャーナリスト協会の入会試験

一八八一年ごろから、マンチェスタープレスクラブの会員が中心となり、同僚や家族のための慈善基金の設立が話し合われるようになった。こうしたなか一八八三年七月、ヨークで開かれた農業展示会に取材のため集まった北イングランドのジャーナリストたちが、生活の貧しさを語り合い、自らを代表する組織を立ち上げようと動き出した。その結果、一八八四年一〇月、バーミンガムのグランドホテルでジャーナリスト連合(National Association of Journalists)が結成される。会員の幅を広げようと、一八八六年三月、最初の会合はロンドンのフリート・ストリートで開催された。有給の職員を雇い、機関誌を発行することを決め、会長に新聞『モーニング・ポスト』経営者のアルジャーノン・ボスウィック卿を選んだ。ジャーナリズム活動に従事していない経営者も準会員として参加した[17]。本部はフリート・ストリート七八番地にすえられた。

ジャーナリスト連合はさっそく一八八七年から翌年にかけ、入会試験の導入を検討している。試験の内容は次のようである。

一　志願者は英文学と一般的な知識について口頭試問を受ける
二　一文を二、三の言葉に要約しなさい
三　与えられたテーマについて小論文を書きなさい
四　試験官によって語られた三つの事件から短い記事を作りなさい
五　間違って構成された二四の文を正しい順に直しなさい
六　貸借対照表を要約しなさい
七　速記のテスト
八　記述的〔ありのまま〕に書くテスト
九　言葉の文法構造についてのテスト[18]

八の「記述的に書くテスト」には賛否両論があった。「ニュージャーナリズム」という言葉が一八八〇年代に登場するが、これは主張を行わず、事実のみを伝えようとする姿勢を意味した。高級なジャーナリストが扱う政治評論や文芸とは一線を画し、ニュースを重視する方向性である。それは一言一句を機械的に記すだけの作業として見下されてもいた。

今日では当然とされるインタビューという手法でさえ、当時はまだ新しいものであった。もともと、二人のあいだで交わされる会話を意味する「インタビュー」という言葉は、一九世紀後半になって初めて、活字になった談話を意味するようになる。当初、インタビューはプライバシーを侵害する不謹慎な取材方法と考えられていた。

アルフレッド・アーサー・リードは著書『文筆における成功』で、数名のジャーナリストを登場させ、レポーターに必要なものは何かを問うている。[19]『スタンダード』紙の編集長、ウィリアム・ヘーゼルタイン・マッドフォードによると、それは機械的にメモを取る能力ではなかった。議会報道に必要なのは、政治についての最新の知識、政治史への学識であると回答している。また、たたき上げでキャリアを築いたウィームズ・リードは「私が知っている最悪のレポーターは見事な速記者であった」と述べ、知性や表現の才能こそが必要であり、鉛筆を扱う器用さ、つまり優れた速記の能力だけでは良きレポーターになれないと語っている。むしろ、現代史や英文学を学び、話し手の言い回しや風刺を理解できるようになるべきであるという。『リバプール・デイリー・ポスト』紙の編集長、エドワード・リチャード・ラッセルも、優秀なレポーターの資格を知性に求め、若い人たちは速記を身につけることが重要だと信じているが、それだけを追求するのは誤りであると語っている。

このように、当時のジャーナリストのなかには、速記を駆使した逐語的な報道に懐疑的な者も多かった。正確さや客観性をジャーナリズムに求めるのは、比較的新しいできごとである。一九世紀なかばに安価な新聞が広まると、大衆は興味本位の事件報道を求め、意見よりニュースが重視されるようになる。また、経済のグローバル化は海外ニュースの需要を喚起し、たとえば一八五一年に国際通信社ロイターが設立され、一八六六年には大西洋横断ケーブルが完成している。意見よりニュースに価値を置くこうした方向性は、一八六八年、プレス・アソシエーションが国内の地方紙に向け、通信社としてニュースの配信を始めたことにも表れている。

フレッド・ハンターは一八三七年から八七年にかけ、地方紙の競争が激化したと指摘する[20]。ジャーナリストの不足は深刻化し、新人の採用と訓練が地方紙の課題となった。経営者の意図をくんだジャーナリスト連合は入会試験の導入を検討し、はっきりと正確に英語を書く能力、すなわち「記述的に」書くことをジャーナリストに求めるようになった。

ジャーナリスト連合は一八八九年にジャーナリスト協会（Institute of Journalists）へと改組され、一八九〇年、ビクトリア女王から勅許を受けた[21]。「そうすること〔勅許を受けること〕で、ジャーナリズムの仕事に就いている人々の地位を改善し、同時に、エンジニア、建築家、会計士が享受しているような専門職の地位を彼らに授けられるだろう」と考えられた[22]。ボヘミアンな生活やギャンブル、アルコールといった悪習からジャーナリストを救うことも期待された。ジャーナリストに資格を定め、地位を向上させることで報酬の改善を図ろうとしたのである。会費は年一〇シリング六ペンス（＝約半ポンド）であった[23]。

すでに導入をめぐって検討が重ねられていた入会試験は、一八九三年、会員と訓練中のレポーターである徒弟に課すことが決められていた。一八九九年には、バーミンガムのジャーナリストであるジョン・カミング・ウォルターズが、英語、外国語、数学と口頭試問からなる「ジャーナリストのための専門職試験」を提案し、運に左右されない採用過程を確立するよう協会へ訴えている[24]。

しかし、試験制度は実施には移されず棚上げとなる。そこには、あいまいな職業の定義をめぐるヘゲモニーの争いがあった。ジャーナリスト協会の幹部は幅広く会員を募る予定であり、試験で専門性を問うつもりはなかった。むしろ、人だけが通って牛馬は通れない「回転木戸」というレトリックが使われ、教養ある人々のみを参入させようとした。当時、ジャーナリストは政治家、小説家、社会慈善家になるための腰掛けと考えられ、「専門職」を標榜しながら開放性を求めるという点には矛盾があった[25]。結局、試験の構想では「記述的に」書くといった実学的要素が後退し、ラテン語や歴史、英文学、数学が問われることになる。これらは一〇代でジャーナリズムの世界に入る少年にとって学びようもない科目であり、ユークリッド幾何学の知識を現場で使うことなど一度もないとレポーターからは批判の声が上がっていた[26]。

四　労働ジャーナリストの誕生

ジャーナリズムへの参入に開放性を主張する考えは、学識ある専門職(learned profession)という考え方を下敷きにしており、これはそのまま社会的地位に重なっていた。高級な文士は財産も教養もあるがゆえに、自らの立場を改善する必要性を感じない。試験によって参入を制限し、希少性をもって地位を向上させるという戦略は、むしろ自由な執筆を妨げるものとして退けられたのである。

新聞社の主筆や編集長にはオックスブリッジ出身者が数多くいた。彼らのなかには落選した政治家、零細企業の社長が含まれ、特定の政党から支援を受けて編集長を務めることもあった。情報を伝えるだけのレポーターとはそもそも期待される役割が異なっていたのである。ジャーナリストの訓練についても次のように考えられた。

より広い教育、完成した知的素養、より良いのは「ジャーナリズムの学校」であるように思う。〔中略〕しかし、私はいわねばならない。先天的なものと後天的なものから判断して、ジャーナリズムに関する最良の学校はオックスフォード大学であり、海外への遊学であると。[27]

高級なジャーナリストは、ジャーナリズムを「開かれた」職業であると考えていた。そこでは、医者や弁護士とは異なり、専門的な知識や技能が問われることはない。したがって、知識や技能で身を固め、その希少性ゆえに社会的地位が高まり、ひいては報酬を増やすことにもつながるという専門職化は、すでに財産も教養もある高級なジャーナリストから見て本末転倒な話であった。彼らの考えは、ジャーナリストは生まれる者であって作られる者ではないという信念に合致する。試験によって立場を明確にするという提案にも否定的であった。

一方、レポーターや整理担当者など下層に位置するジャーナリストから見ても、ジャーナリズムは「開かれた」職業であった。多くの人々がほかの業界から流れてくる。人材はあらゆるところから、でたらめなやり方で採用されていた。元は使い走りでも能力があればジャーナリストに転身できた。彼らの多くは「プレスの紳士」を気取りプライドは高かったが実際は貧しい人々であった。[28]そして、この異常に高いプライドが、職業に対する忠誠心をあおり、経営者だけを儲けさせるような劣悪な環境においても、仕事を進んで引き受けさせることになる。

しかし、新聞社の経営に変化が生じ、古い家族経営の形態が消滅していくと、ジャーナリズムは専門職(profession)ではなく単なる商売(trade)であると考える人々が現れるようになった。イングランド南西端に位置するカンボーンで『コーニッシュ・ポスト・アンド・マイニング・ニューズ』紙の編集長を務めるハーバート・トーマスは次のようにいう。

われわれはジャーナリストの地位を向上させたい。しかし、レンガ職人のような賃金で専門職の威厳を維持しようと努めるのは、少々ばかげてはいないか。ジャーナリストは周知のように控えめで遠慮がちである。彼らのほとんどはみすぼらしい服装で、威厳があるようには見えない。〔中略〕ばかげた金銭ずくの世の中で、見せびらかせるような外見上それとわかるものを示すことができたなら、ジャーナリストが「専門職」と認められるのも容易だろう[29]。

試験によってジャーナリストの知識、技能、倫理を高め、酒やギャンブルにまみれた堕落したイメージを払拭し、専門職の地位を確立すれば報酬もそれにともなって向上する、といった悠長なことを彼らはいっていられなかった。一九世紀も後半に入ると、ジャーナリストの生活の破天荒さも徐々に影を潜め、彼らはスクープ獲得競争に没頭するようになる。それでも十分な報酬は得られない[30]。財産があるから教養もあり、したがって地位が高いのであって、地位を上げれば財産や教養が手に入るという論理は、底辺に働くジャーナリストにとって珍妙に思われたのである。

一八八九年一〇月にジャーナリスト協会で初めて会合が開かれたとき[31]、会員数は約一六〇〇人であった。わずか三年後の一八九二年にはこれが三一一四人へと倍増し、一八九四年までに三五五六人を数えるまでになっていた[32]。しかし、ジャーナリスト協会が発足しても、現場で働くジャーナリストの待遇は改善されなかった。機関誌のタイトルが『ジャーナリストと新聞経営者』であったことにも象徴されるように、会員には新聞社の幹部や経営者が含まれており、数のうえでは少なかったが協会の運営に大きな影響力をもっていた。彼らは闘争的な組合主義に否定的であった。(33) ジャーナリスト協会の活動は上層部の社交に終始しており、実効性のある事業がなされていないとの批判があった。

一八九〇年代に入ると、イングランド北西部のランカシャーで新聞『ダーウェン・ニューズ』のレポーターを務めていたウィリアム・ニューマン・ワッツが労働組合の結成を考え始めた。ワッツがより良い労働条件について問題を提起しても、ジャーナリスト協会は取り上げようとしなかった。協会の支部長は『ダーウェン・ニューズ』の経営者であり、雇用者と被雇用者の闘争に協会が介入することを拒んだからである。一九〇五年に、彼はジャーナリスト協会の会合で、経営者、重役を会員とすべきではないと訴えたが、これも支持を得られなかった。

ウィリアム・ニューマン・ワッツ
出典：F. J. Mansfield, 1943, *Gentlemen, the Press!: Chronicles of a Crusade: Official History of the National Union of Journalists*, London: W. H. Allen.

地位が報酬を導くという専門職モデルに幻滅したジャーナリストたちは、若手を中心に一九〇六年一一月、マンチェスターでジャーナリスト組合(National Union of Journalists)の結成を呼びかけ、翌一九〇七年三月、バーミンガムで行われた大会で組合の設立を宣言した。(34) その目的は労働条件と賃金の改善にあった。ワッツは初代書記長に選ばれた。フレデリック・ジョン・マンスフィールドは組合結成について、「上品にいえば専門職だが、実際には下働き以上の生活ではなく、しばしばそれ以下でもある従業員を多く抱える手仕事や工芸に属する労働者への、組合を結成しようという呼びかけにはかならない」と記している[35]。

それまで、ジャーナリストの経済的な成功は、個人的な成果とみなされており、労働条件や賃金に統一的な決まりはなかった。貧困にあえぐジャーナリストは助け合いによって時々の苦境を乗り切ろうとした。組合を作ろうという呼びかけに対し、障害となったのはジャーナリストたち自身の意識だった。自らの地位について、華やかではあるが中身のない主張が先行していた。機械的で凡庸な生産者として、固定された給与水準をもつことへの反発である[36]。当時、ひどい低賃金は週刊紙のみならず、日刊紙のジャーナリストにも見られた。実態は悲惨であった。徒弟がスタッフのなかで大きな割合を占め、シニアでも立場は不安定、競争から低賃金に甘んじ、それがまた報酬の水準を下げるという悪循環を生んでいた。労働時間は超過勤務が多く、余暇はほとんどなかった。さらに、彼らはジャーナリズム活動とはいえない雑務まで引き受けさせられることがあった。

組合設立に先立つ一八六四年、貧困に陥ったジャーナリストやその未亡人に対し、新聞プレス基金が立ち上げられたこともあり、一八七三年までに一〇〇人以上のジャーナリストに対し総計二二八二ポンドが支払われてきた。だが、こうした試みは組合として待遇の改善を要求するものではなく、慈善事業に位置づけられるものでしかなかった[37]。こうしたなか、ジャーナリスト協会からジャーナリスト組合が分裂し、試験や資格化といったジャーナリスト協会の試みは頓挫する。マーク・ハンプトンは「排他的な専門職を作ることへの協会の失敗は、専門職という観念の消滅と、労働組合という観念の成長に帰する」と述べている[38]。英語では「労働に従事するジャーナリスト（working journalist）」という言葉が職業としての実態を反映するものとして採用された。彼らは週に三〇シリング（＝一ポンド半）かそこらの賃金で「みすぼらしくペンをふるう者たち」であり、「やせこけた文士」であった㊴。

五　高等教育の模索

一八九六年にアルフレッド・ハームズワースが『デイリー・メール』を創刊する。一部半ペニーでの大量販売とセンセーショナリズムで、彼は新聞を商売として成長させた。その後、叙爵されてノースクリフ卿となったハームズワースは、一九〇二年から一九〇五年にかけて、中等教育機関であるシティ・オブ・ロンドンスクールへ、G・W・スティーブンズ記念ジャーナリズム奨学金として三〇〇〇ポンドを寄付した。この奨学金は、学生に海外での見聞を広めさせるためのもので、一般教養を重視するパブリックスクールの伝統に則っていた㊵。また一九〇八年八月、ジャーナリスト協会会長のアルフレッド・ロビンズが行った講演では、ジャーナリストが知的な職業とされ、敬意を抱かれる存在でなければ良い記事は書けない、三文文士がその職業を代表するなら新聞、出版などプレスは頽廃してしまうと語られた㊶。

二〇世紀に入り、高級なジャーナリストが抱く「開かれた」職業という方向性は、学校教育との結びつきを模索し始めた。大学教員のジョン・チャートン・コリンズは、古典的なカレッジで良質の学位を取得した若者なら、新聞社で一年も経験を積めば使えるようになると主張した㊷。彼らはさらに議会へとキャリアを進めることもできるだろう。オックスフォードのベイリオル学寮で学ぶということは、政治経済や歴史、芸術の講義を聴き、博物館を訪ね、学者たちと語らうことを意味する。大学でクラブやイベントに参加することがジャーナリズムの訓練につながるという。

さらにコリンズは、新聞社で身につける技術を先取りしてもよいのではないかと考え、ディプロマによってジャーナリストの資格を証明する案を披露している。新聞社の編集幹部は新人の訓練を煩わしく思っている。ジャーナリズムの世界に進む大卒も年々増えてきた。ただし、こうした訓練をオックスフォードやケンブリッジで行うことは難しい。これらの大学は学術的な指導を受ける場所だからである。ジャーナリストの教育はロンドン大学、あるいはバーミンガム大学などが担当すべきであるとコリンズは考えた。

ハンターによれば「一九〇八年までに、バーミンガム大学はジャーナリズムに関するイングランドで初めてのシラバス〔授業計画〕を公表していた」という。[43] コリンズは一九〇四年からバーミンガム大学で英文学を教えていた。このシラバスは彼が提案したものである。大学院における一年制のコースで、運営に年間一〇〇ポンドかかると見積もられた。しかし、大学はこの費用を負担しようとせず、すべて寄付でまかなうようコリンズに求めた。[44] また、政治哲学や英国史、英文学、外国語など一般教養と「ジャーナリズムの技術に関する特別な訓練」や社説の執筆、速記といった実践的な指導の両方がシラバスに盛り込まれたが、大学側は一般教養のカリキュラムしか認めようとしなかった。このような条件を受け入れたうえで計画は承認され、委員会まで組織されたが、結局、コリンズの死により実施にはいたらなかった。

また、同じ一九〇八年、ダブリンのトリニティカレッジでジャーナリズムに関する連続講義が行われている。ロビンズが「ロンドンの通信員」[45] というテーマで初回の講義を担当した。教室となったリージエントホールには多数の参加者が集まった。冒頭、司会者は、講義の内容について、すぐれたエッセイを書いた学生に一〇ギニー（＝一〇ポンド半）の賞を与えると告げた。この企画に対し、セシル・ハームズワースは年に五〇ポンドの寄付を行う予定であった。

これらの試みに、メディア業界は必ずしも好意的ではなかった。雑誌『ニューズペーパー・オーナー』には、大学の授業はジャーナリスト養成の助けにはならず、「事業全体が無駄な夢」であり、金をどぶに捨てるようなものであると記されている[46]。また、ウィリアム・マッケイは『フリート・ストリートにおけるボヘミアンな日々』という著書において、ジャーナリズムを教える大学教授を「ばかばかしい」と批判し、例によってジャーナリストは生まれる者であって作られる者ではないと指摘する[47]。

一方、ジャーナリスト協会が目指した知識や技能による専門職化の方向性は、一般教養を重視する声も含めつつ、一九〇〇年に開かれたロンドンにおける協会の会合で再び取り上げられ、もはや試験を延期すべきではないとの合意に達していた[48]。実施は一九〇二年一月と決まった。ところが、計画は何度も変更を余儀なくされ、試験の実施は結局一九〇八年一月に延期される。試験は徒弟準会員にのみ適用され、既存の会員は受験しなくてもよいことになった。また、学位を取得している者も試験を免除されることが決まった。一九〇七年から翌年にかけ、リーズ地区ではジャーナリストを訓練するための講義が行われ、一九〇八年にはマンチェスターでジャーナリスト教育についての会議が催されている[49]。しかし、試験の計画は一九一三年まで振り返られることなく捨ておかれたままとなり、その後、実施されたのかどうかも不明である。

(1) Alan J. Lee, 1977, "Early Schools of Journalism Training: From 1878 to 1900," *Journalism Studies Review*, 1 (2): pp. 35-36.
(2) A. Arthur Reade, 1885, *Literary Success: Being a Guide to Practical Journalism*, London: Wyman & Sons, pp. 9-10.
(3) Philip Waller, 2006, *Writers, Readers, and Reputations: Literary Life in Britain 1870-1918*, Oxford: Oxford Uni-

versity Press, pp. 399-400.
（4） 1887, "A School of Journalism," *The Pall Mall Gazette*, March 14: p. 6.
（5） Robert Hichens, 1947, *Yesterday: The Autobiography of Robert Hichens*, London: Cassell, pp. 44-45.
（6） Ibid., p. 46.
（7） Ibid., p. 48.
（8） University of the Arts London, 2010, "History of LCC," (Retrieved July 8, 2010, http://www.lcc.arts.ac.uk/lcc_history.htm).
（9） 森本真美「職業としてのジャーナリズム――世紀転換期イギリスの少年雑誌にみる助言から」『神戸市外国語大学外国学研究』五三号、二〇〇一年、一二九頁。
（10） Arthur Shadwell, 1898, "Journalism as a Profession," *The National Review*, 31: p. 845.
（11） Fred Hunter, 1982, *Grub Street and Academia: The Relationship between Journalism and Education, 1880-1940, with Special Reference to the London University Diploma for Journalism, 1919-1939*, London: City University PhD thesis, pp. 28-30.
（12） A. M. Carr-Saunders and P. A. Wilson, 1933, *The Professions*, Oxford: The Clarendon Press, p. 266.
（13） スーザン・ビビン・アラー（奥田実紀訳）『ピーター・パンがかけた魔法――J・M・バリ』文溪堂、二〇〇五年、四〇―四二頁。
（14） Ernest Phillips, 1895, *How to Become a Journalist: A Practical Guide to Newspaper Work*, London: Sampson Low, Marston and Company, p. 4.
（15） Mark Hampton, 2005, "Defining Journalists in Late-nineteenth Century Britain," *Critical Studies in Media Communication*, 22(2): pp. 140-141.
（16） Phillips, 1895, op. cit., p. 1.
（17） Thomas Catling ed., 1909, *The Press Album: Published in Aid of the Journalists' Orphan Fund*, London: John Murray, p. 217.

（18）Hunter, 1982, op. cit., p. 407.
（19）Reade, 1885, op. cit., pp. 1-4.
（20）Hunter, 1982, op. cit., p. 32.
（21）勅許は国王、女王によって与えられる特許状であり、法人格や学位授与権など、法律同様、個人や団体に権利、権力を授けるものである。ジャーナリスト協会の場合、会員は「勅許ジャーナリスト（Chartered Journalist）」を名乗ることができたが、自らをそのように称する者はまれであった。
（22）Fred Hunter, 1993, "Institute of Journalists," G. A. Cevasco ed., *The 1890s: An Encyclopedia of British Literature, Art, and Culture*, New York: Garland, p. 306.
（23）Mark Hampton, 1999, "Journalists and the 'Professional Ideal' in Britain: The Institute of Journalists, 1884–1907," *Historical Research*, 72(178): p. 186.
（24）1899, "The Examination Test," *The Newspaper Owner and Manager*, September 6: pp. 14–15.
（25）Hampton, 1999, op. cit., pp. 189–190.
（26）Hunter, 1982, op. cit., p. 131.
（27）Shadwell, 1898, op. cit., p. 847.
（28）F. J. Mansfield, 1943, *Gentlemen, the Press!: Chronicles of a Crusade: Official History of the National Union of Journalists*, London: W. H. Allen, p. 16.
（29）1898, "The Remuneration of Journalists," *The Newspaper Owner and Manager*, December 28: p. 8.
（30）Hampton, 2005, op. cit., p. 148.
（31）Hunter, 1993, op. cit., p. 307.
（32）Hampton, 1999, op. cit., p. 186.
（33）Cyril Bainbridge, "History of the CIoJ," (Retrieved December 22, 2017, http://cioj.org/history-of-the-cioj).
（34）Tim Gopsill and Greg Neale, 2007, *Journalists: 100 years of the NUJ*, London: Profile Books, p. ix.
（35）Mansfield, 1943, op. cit., p. 13.

(36) Ibid., p. 17.

(37) Hampton, 1999, op. cit., p. 186.

(38) Ibid., p. 195.

(39) Mansfield, 1943, op. cit., p. 13.

(40) Hunter, 1982, op. cit., p. 111.

(41) Ibid., pp. 118–119.

(42) J. Churton Collins, 1908, "The Universities and a School of Journalism," *The Nineteenth Century*, 63: pp. 333–337.

(43) Hunter, 1982, op. cit., p. 74.

(44) 1908, "The University Course for Journalists," *The Newspaper Owner*, July 18: p. 6.

(45) 1908, "Diploma of Journalism Lecture: The London Correspondent," *The Newspaper Owner*, December 5: p. 19.

(46) 1908, "Teaching Journalism," *The Newspaper Owner*, December 26: p. 22.

(47) William Mackay, 1913, *Bohemian Days in Fleet Street*, London: John Long, p. 19.

(48) E. J. Line, 1916, "Institute History: How the Organisation Grew into Its Present Form," *The Institute Journal: The Official Organ of the Institute of Journalists*, March: p. 60.

(49) Hunter, 1982, op. cit., pp. 147–148.

第二章　ロンドン大学ジャーナリズムコースの挫折

日本においても、一九世紀末は、ジャーナリストの職種が二つにわかれていた。そもそも、新聞に知識人を対象とした政論新聞である「大新聞《おおしんぶん》」と、庶民を対象とした娯楽紙「小新聞《こしんぶん》」という区別があった。後者は警察種や艶種を含み、市井の雑報を扱った。そこで取材を担当する者を探訪者という。彼らはちまたの話を聞いてきて面白おかしく脚色し、内勤の記者に話して記事を書いてもらっていた。「記者」はイギリスでいうところの高級な文士に相当し尊敬も受けていたが、探訪者は無学な者も多く、世間からは軽蔑されていたという。日清、日露の戦争を経て、報道が重視されるようになると、やがて「記者」も取材をするようになり、探訪者という言葉は消えてしまう。しかし、新聞記者は二〇世紀初めにおいても世間からは正業とみなされず、社会的な地位は低いままであった。

イギリスにおいても、レポーターや整理担当者など「労働に従事するジャーナリスト」は、世紀が変わっても「工学士より機械工」と自らをみなした。高い倫理水準を設定し、知識や技能で希少性を保ち、社会的地位を向上させる専門職化への支持は薄かった。しかし、発行部数が増加し、新聞社が企業として成長すると、ノースクリフ卿のようなプレス貴族が力をもつようになる。経営者とジャーナリストの距離はますます広がり、高級な文士が理想とした「開かれた」専門職は、資格化により競争を制限する「閉ざされた」専門職に魅力を感じるようになっていった。また、薄給に耐えながらも、自らを冒険家に見立てるような三文文士も、ジャーナリストが労働組合を結成するなかで、立場を見直さざるを得なくなったのである。

一 労働条件から教育へ

第一章で見たように、一九〇七年に結成されたジャーナリスト組合は、賃金の向上、労働条件の改善を第一とした。社会的地位の向上を優先するジャーナリスト協会の専門職モデルに幻滅したからである。一九一三年、組合は全国紙の経営者団体である新聞経営者連合(Newspaper Proprietors' Association)との交渉に成功し、一九一九年に最低賃金の導入を勝ち取っている。組合員の数はジャーナリスト協会を超え、労使交渉は順調に進んでいた。彼らは経済的な問題からほかの問題へ視野を広げる余裕をもてるようになった。

ジャーナリスト組合の機関誌『ジャーナリスト』[1]において、スタンリー・ボンドは「この国でジャーナリストの大半の教育程度は、ジャーナリズムという職業に求められるほど向上していない」[2]と記し、日々の仕事をこなすだけでは新たな知識を獲得できず、成長を促すことはできないと警告した。最高のジャーナリストは「生まれもった執筆力、想像力と、ニュースバリューを見抜き、これをつかむ能力」をもっている。これらジャーナリストにふさわしい資質に加え、労働組合は教育において彼らを援助せねばならない。そのために、まずは教育委員会が系統的な読書計画を立てるべきだとボンドは訴えた。

一九二四年、ジャーナリスト組合の代表者会議において、初めて教育委員会が設置された[3]。翌年、南ウェールズ支部と協力して、カーディフの技術カレッジ[4]でジャーナリスト向けの授業を行う準備が進められた[5]。経験を積んだジャーナリストが教えることになった。第一回は『ウェスタン・メール』紙のジヨン・アーサー・サンドブルックが担当した。テーマは「植民地におけるジャーナリズムとその特派員への影響」である。三七人が受講した。毎回、平均二八人が参加し、たとえば『サウスウェールズ・ニューズ』紙のジェームズ・A・ウォーカーは「社説執筆」について、⑥『ブリストル・タイムズ・アンド・ミラー』紙のチャールズ・ウェルズは「ジャーナリストの図書館」というテーマで授業を行った。⑦

教育委員会は全国の大学に向け、コース設置の可能性を問う手紙を送ることにした。

もし手配できるなら、最初の段階として非常に有益なのは、われわれ組合員が自由に参加できる大学のコースです。そのようなコースは、週のうち必然的に数時間、一日か二日に限られるでしょう。参加者は一つの大学につきあまり多くはありません。授業料の負担が困難な組合員もいます。しかしながら、そのようなコースには二とおりの価値があります。学生に指導を与えることと、ジャーナリストのための教育という考えをジャーナリズム関係者全員に広めることです。したがって、もし次の質問にお答えいただけるなら、非常にありがたく思います。

(一)可能なら、大学で〔組合員向けの〕コースを設置するかどうか
(二)求められる学生の最低数
(三)授業料
(四)授業料免除や奨学金など学生への金銭的な援助の可能性⑧

高等教育には手が届かないかもしれないが、通信制も含め、ジャーナリストの教育、訓練のために組合として何ができるか、彼らは調査するところから始めようとしていた。

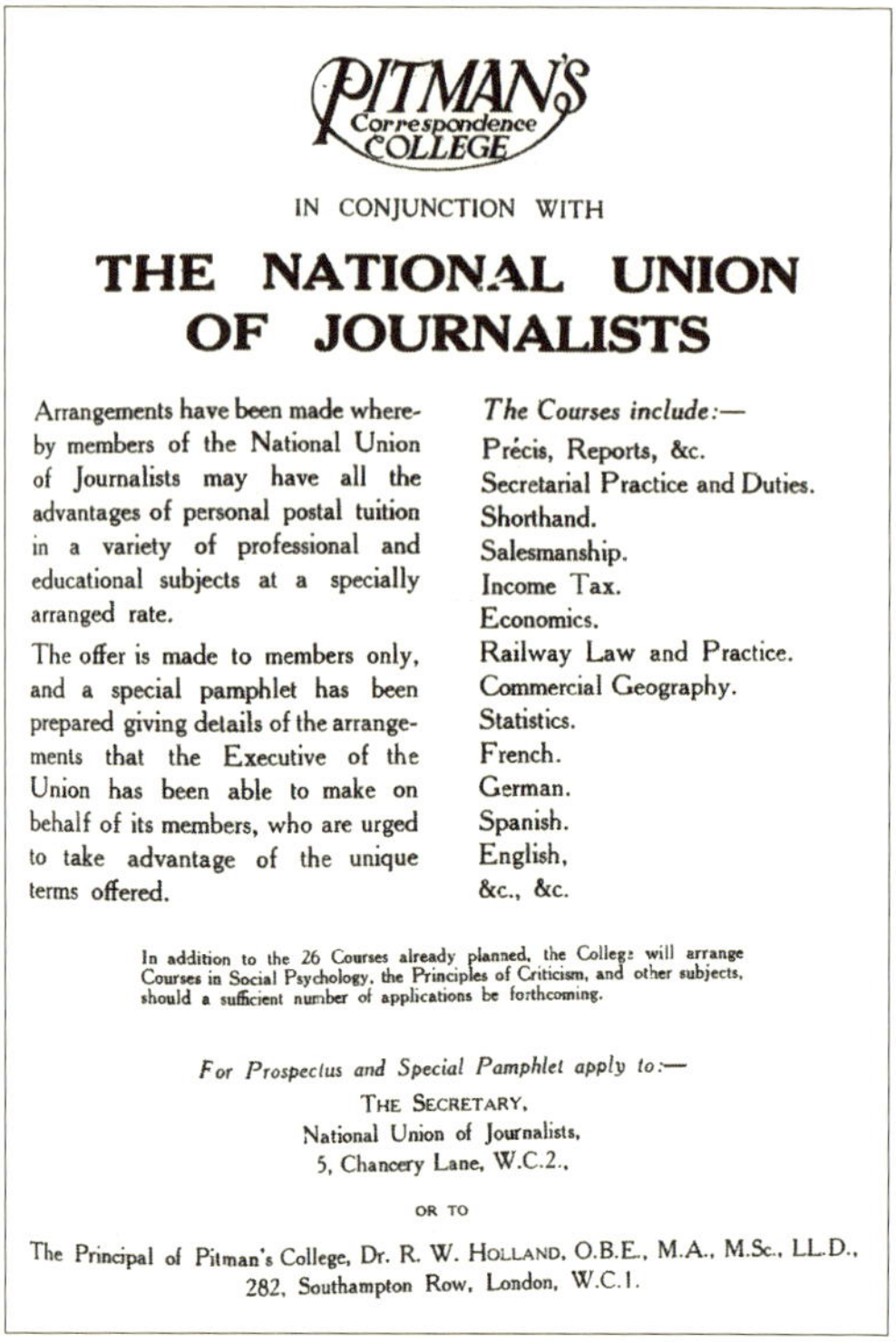

ピットマン通信制カレッジ
出典：1927, *The Journalist*, May.

ジャーナリスト組合サウサンプトン支部も一九二六年、新聞『ハンプシャー・アドバタイザー・アンド・エコー』と協力し、地元のユニバーシティカレッジにジャーナリストのための講義を手配した[9]。「表現」「英語の執筆と形式の問題」「英語の執筆に用いる書籍の利用」「一九世紀の作家」「現代の作家」「文学の最新の事情に通じておくこと」というように、これらの講義は英文学に特化した内容であった。[10]また、同リバプール支部はリバプール大学と提携し、ジャーナリストのために二〇の授業を用意している。教室は『リバプール・ポスト』紙が無償で提供し、授業料に政府の助成金を活用した。ここでは、たとえば「一九世紀の出版人」と題した講義が行われた。新聞経営者と交渉し、開講時間は午後五時四五分から七時一五分と決められていた。

一九二七年一月、ジャーナリスト組合の教育委員会はジャーナリストが修得すべき科目を通信制で受講させる計画を立てた[11]。ピットマン社が運営していたカレッジの科目を、組合員には特別価格で提供するというものである。同年一一月号の機関誌『ジャーナリスト』に通信制コースの様子が描かれている。社会・政治史、地方行政、社会心理学などを学ぶことで、有能なジャーナリストになれるという[12]。これに関連して、『ミドルセックス・アンド・バッキンガムシャー・アドバタイザー』の編集長ハリー・トム・ハムソンは「過去についての知識があれば、現在をよりよく理解できる。また、英文学の発展についての優れた知識は、形式をより良く学べるだけでなく、ものの考え方や理想的な目標を育てる鍵となろう。社会心理学は多くの問題についていっそう現代的な見方を提供し、生物学もまたほかの問題に解決の手がかりをもたらすものである」と述べている[13]。つまり、ここで強調されているのは、取材や編集のやり方というより一般教養修得の重要性である。

とはいえ、一九二六年の代表者会議では、ジャーナリストの教育、訓練への関心がいまだ「漠然とした共感」にとどまっていると指摘されている。教育についてこれまで具体的な計画を立てても組合員の支持は容易に得られなかった。「第一歩は、教育について組合員に考えてもらうことであり、そのような機会に接するよう彼らを促すことである」と教育委員会は考えていた[14]。そして、各支部で教育について取り上げ、話し合ってほしい、関心を呼び覚ましてほしいと訴えている。ジャーナリスト組合において、教育への取り組みはまだ始まったばかりであった。

二　ジャーナリズム学校

事件報道の取材に駆け回るレポーターや、字句の訂正、紙面の割り付けなどを行う整理担当者など労働に従事するジャーナリストは、貧困から脱却するために組合を結成し、賃金や労働条件を徐々に改善して、ようやく、その余力を教育や訓練に向けることができるようになってきた。一方、聖職者や弁護士、大学教授などを含めた高級な文士は、これまで本業の片手間に新聞雑誌へ寄稿し原稿料を稼いできたが、彼らが「開かれた」専門職として自由に活躍できる舞台はいっそう狭められていく。なぜなら、ジャーナリズムは創作や政論から報道へと軸足を移し、意見よりニュースに商品価値が見いだされるようになっていったからである。あるベテランジャーナリストは次のように記している。

社説は数を減らし、しばしば「標準的なもの」にカットされる。そしてそれは、スマートな若いニュース編集者でも提供することができる。記述的な書き手の仕事は、電信の大胆な要約に置き換えられ、通信社の知的な事務員によって配信される。そして、文学的なエッセイはほぼ消滅している。新しい新聞——日刊紙、夕刊紙、週刊紙はわれわれの周囲に続々と現れた。特殊な能力を除けば、それらはあなたのような上級なジャーナリストを決して欲しない。(15)

彼は「アメリカ式」という言葉を用い、大西洋の向こう側ではジャーナリストはニュースを扱う人であり、「ノートブックの人」すなわちノートを取るだけの存在であると説明する。政治的意見を吐く批評家は重視されていないと述べ、アメリカでの安い給料の具体例もあげている。

一九世紀末、ニュージャーナリズムの影響下で、しだいに台頭してきた報道重視の傾向は、政論や劇評を執筆する高級なジャーナリストの需要を減らしつつあった。高等教育出身者の「ジャーナリスト」という職業に対する現実認識のズレも、一九二〇年代になると明確に記されるようになる。オックスブリッジの卒業生は、ロンドンの新聞街であるフリート・ストリートで「優れた傍観者」になりがちであると指摘する『ジャーナリスト』の記事は、大卒について以下のように記している。

> 彼らは「大学的観点」を容易に失わない。新聞の水準は必然的にその公衆の水準であり、〔新聞の〕総売上高が学問的な理想より重要であるということに、彼らが気づくようになるまでには時間がかかる。〔中略〕新聞に得たいものを得られない読者は、ほかを好んで〔そのような新聞を〕避けてしまうだろう。われわれはオックスフォードの理想と公衆の両方に仕えることはできない。[16]

前章に見たように、ジャーナリストを徒弟から始める気のない人々に対し、ジャーナリズム学校が元記者などによって細々と運営されてきた。そのなかで、二〇世紀に入って有名なものに、マックス・ペンバートンによるロンドンジャーナリズム学校がある。

一九一九年、『デイリー・メール』を経営するプレス貴族、ノースクリフ卿の後援でこの学校は設立された。一九〇九年にT・P・オコーナーによって作られたロンドン通信制カレッジを、記憶術を教えるペルマン協会のW・J・エネバーが引き継ぎ、さらにそれを執筆に関する教授法とともに株主のペンバートンに残したものである[17]。その後、有限会社として営利目的でジャーナリストを養成する通信制の学校となった。場所はブルームズベリーのグレートラッセル・ストリートにあった。

ペンバートンはミステリー作家で、ケンブリッジを卒業後、少年誌の編集を経てノースクリフ卿に見いだされ、彼の新聞社に勤めてきた。広告によれば、学校は短編小説の書き方も教えており[18]、いまだ文学とジャーナリズムの境界があいまいであることをうかがわせる。この学校は新聞経営者、編集幹部の支持も集め、フリーランスのためのコースや、のちにラジオ、テレビのコースも加え、現在もロンドンで運営されている。

また、当時は助言斡旋所という、原稿の批評を行う商売も営まれていた。編集幹部から寄稿者へ差し戻された原稿の、どこがいけないのかを指摘するほか、話の筋書きを作家に提供するなどしていた。文筆業だけではやっていけない「ルンペン文学者」が、こうしたアマチュアの相談に乗り生計を立てていた(19)。

しかし、こうした学校に対する評価は総じて好意的ではなかった。理由の一つは、生徒たちがフリーランスといえば聞こえは良いが実質アルバイトで寄稿し、専業ジャーナリストの仕事に食い込んできたからである。ジャーナリスト組合の機関誌『ジャーナリスト』は次のような例を引いて状況を警告している。

新聞社からジャーナリズム学校へ電話がかかってきた。

「そちらは——学校ですか」

「そうです」

「今、本を探す仕事ができる生徒はいますか」

「ふさわしい人が男女で六、七名います」

「臨時雇いで編集を補佐する人がほしい。週に四ポンド払います。できるだけ早く彼らを寄こしてください(20)」

経営者はジャーナリズム学校が「安い労働力」の供給源であることに気づいていた。ジャーナリスト組合は、生徒の労働条件がそのまま専業ジャーナリストにも適用されることを恐れた。

加えて、専門職としてジャーナリストの地位を向上させたい人々が、雑多な人材を輩出するこうした学校を敵視した。ジャーナリスト協会事務長のロバート・ビクター・ウォーリングは、協会の承認を受けていない学校に会員が参加することは望ましくないと考えていた[21]。元ジャーナリスト協会会長のアルフレッド・ロビンズ卿も、これらの学校はできもしないことを広告で押し売りしており有害だと述べている。

これに対しペンバートンは、ロンドンジャーナリズム学校が八年で約五〇〇〇人の卒業生を送り出し、彼らが多彩な分野で活躍している実績を強調する。そして、ジャーナリスト協会を「金曜日の朝に新聞社から給料を受け取らないような執筆者を無慈悲に除名するジャーナリズムのファシズム」と非難した[22]。協会はフリーランスの役割を認めるべきであり、初歩的な技術を教えるジャーナリズム学校の意義を理解すべきだとペンバートンはいうのである。

こうした学校の出身であるC・ピルディッチもジャーナリズム学校に高い評価を与えている[23]。短期間に多くの手法を習得でき、彼は八か月後にはレポーターとして生計が立てられるようになった。三年たった今もジャーナリストとして満足のいく生活を送っている。素材が確かなら、ジャーナリズム学校は荒削りなものに磨きをかけ、シニアレポーターへの道を開いてくれるだろうという。

ジャーナリズム学校は印刷を含め、およそ文筆に関連する仕事であれば、どのようなものでも引き受けた。労働組合は専業ジャーナリストの職域を脅かすものとしてその生徒を警戒した。また、小説や詩、劇評とのあいだに垣根を設けない総花的な姿勢は、専門職の確立を目指すジャーナリスト協会の眉をひそめさせた。「イングランドは通信制や夜間制のおびただしい数の「ジャーナリズム学校」に苦しめられており、大学レベルに設置された全日制の学校はたった一つしかない」と記されるように[24]、ジャーナリズムに関する教育への期待はその後、ロンドン大学ただ一校に託されることになる。

三　戦後処理としてのジャーナリズム教育

一八二六年、ロンドンにユニバーシティカレッジが誕生し、設立目的を「旧大学のカリキュラムにはない学問を学ぶ機会を学生に与えること」と定めた[25]。非国教徒にも開かれたこの学校は神学を教えることができず、学位授与も行うことができなかった。一八二九年に神学を教えることのできるキングズカレッジが開校すると、一八三六年、これら二校は勅許を得て学位授与機構ロンドン大学を成立させた。「新設のロンドン大学とそれを模倣したマンチェスター、リーズ、バーミンガムその他の大きな産業都市における諸大学が、医学、化学、工学、経済学・商学の学部や学科――さらには醸造や染色さえも――を発展させた」と評されるように[26]、ロンドン大学にはもともと実学を受け入れる素地があった。

前章に見たように、一八八四年創立のジャーナリスト連合は、一八八七年に入会試験の導入を検討し、ジャーナリストの専門職化に取り組んできた。しかし、何をもって入会を認めるのかという基準は容易に定まらず、自由放任、教養を重視する声が、速記など取材の技能を要件とすることを妨げてきた。ジャーナリストは生まれる者であって作られる者ではないという信念が根強く残っていた。やがて、業界における教養主義と専門職主義の闘争は、舞台を高等教育に移すことになる。前者はオックスフォード大学のベイリオル学寮を例にあげ、後者は新興の大学における実学教育に期待をかけた。

こうしたなか、ジャーナリスト連合の後身であるジャーナリスト協会は、ロンドン大学と密接なつながりをもつようになる。一九一〇年八月二四日付の『タイムズ』に、ジャーナリスト協会とロンドン大学がジャーナリズム学校創設の計画を話し合い、協会は近くキングズカレッジを訪問する予定であると報じられている[27]。また、オックスフォード大学でも高等教育とジャーナリズムの関係を検討するという。

一九一八年一一月、第一次世界大戦で休戦協定が結ばれると、翌一二月にはアメリカからコロンビア大学教授ジョン・ウィリアム・カンリフが訪れ、ジャーナリスト協会で新聞界、大学関係者と懇談し[28]、ジャーナリストを養成するための大学カリキュラムを作成することになった。委員会が組織され、イギリスのジャーナリストW・L・コートニーが委員長に選ばれた。カンリフを始めアメリカ大学連合のG・E・マクリーン、ウィスコンシン大学のフィッシュらが委員に加わった。労働大臣の命を受けて委員会に出席したダートンが、戦争でキャリアを妨げられた若者に対し、大学で訓練が受けられるよう年間一七五ポンドの補助金を出すと申し出ている[29]。ジャーナリスト協会は一九一九年一月にもロンドン地区で会合を開き、『モーニング・ポスト』などで劇評を担当するサミュエル・ロビンソン・リトルウッドが大学へのコース設置を提案したと記録している。また、ロンドン大学のシドニー・リー卿はこの問題を検討するため、協会との合同委員会を発足させた[30]。

これらはすべて戦後処理の一環であった。第一次世界大戦に従軍した兵士をすみやかに復員させるため、政府は職業訓練の提供を決め、ジャーナリスト協会にも協力を要請した。ところが、前述のように協会はジャーナリストの養成を制度化できておらず、のちに会長を務めるフレデリック・ピーカーはリー卿を通して、高等教育機関に働きかけざるを得なかったのである。こうしてロンドン大学にジャーナリズム委員会が設置され、一九一九年、ジャーナリズムのためのディプロマコースが誕生した[31]。委員長にはリー卿自身が就任し、委員はキングズカレッジ校長R・M・バロウズ、ロンドンスクール・オブ・エコノミクスのウィリアム・ベバリッジ卿、イーストロンドンカレッジのJ・L・S・ハットン、ベッドフォードカレッジ校長マーガレット・テュークで構成された。

『タイムズ』はロンドン大学が同年一〇月三一日で第一回の入学申し込みを締め切るというニュースを報じている[32]。復員兵は大学、ジャーナリスト協会、労働省の任用委員会、教育委員会によって選抜され、最初に入学した一二八人のうち九九人が政府から奨学金を受けた[33]。一九二〇年八月に初年度が終了し、二年目は一〇月に始まるという記録が残っている[34]。ディプロマの試験は一九二一年七月に行われる予定であった。ところが、一九二二年度にイーストロンドンカレッジ、クイーンメアリーカレッジがディプロマから撤退する意向を表明する。復員兵への奨学金がなくなり、学生数も減少したためである[35]。三年後、平時への移行が進むとジャーナリストを目指す若者が独自に入学を希望するようになり、ようやく自立した運営が行われるようになった。

リー卿と協力してディプロマの新設に取り組んだピーカーは、一九二三年から二五年にかけてジャーナリスト協会の会長を務めた人物である。彼は一九二七年七月、ロンドンで開催された国際ジャーナリスト連合の会議においてロンドン大学のコースを紹介し、「ジャーナリズムは専門職(profession)であって商売(trade)ではない」と述べている[36]。しかし、その内容は徹底した教養主義に彩られていた。ジャーナリストのなかには庶民院のフロントベンチに座っていてもおかしくない者がいる。つまり、一流の政治家に匹敵するこうした人材を養うのは一般教養であり、必ずしも画一化された訓練ではない。英語を書く能力、そして読書が有益であるという。また、一九三〇年三月、ジャーナリスト協会グラスゴーおよび西部スコットランド支部における講演で、彼は「ジャーナリストのための訓練として一般に認められた形式はまったくない」と述べた[37]。最高のジャーナリストはほかの職業を経験し、そのあとにジャーナリズムに入るものである。また、政治家や学者もつねに書き手として求められている。ニュースの収集、整理に人生を捧げる者でも、「第一に重要なのが健全な一般教養であることはいうまでもない」とピーカーは考えた。

こうした教養主義はジャーナリストの地位向上を目指す動きと密接に結びついていた。一九二四年のケント州マーゲートにおける会議で、ピーカーは「クリーンなジャーナリズム」という方針を主張している。ジャーナリストは広い意味で公務員である。彼らは自らの幸福より公共の福祉に奉仕する者であり、ほかの人々より利他的でなければならない。公共のモラルを低下させるような出版を戒め、ジャーナリストの水準を高く保つことが大切であるという。そして、次のように述べる。「われわれはジャーナリストの物質的な幸福を方針として前面に打ち出していない。それと同じく重要であり、われわれが気にかけるものはジャーナリストの地位である。それを確保すれば、物質的な幸福もついてくるだろう」[38]。これは多分にジャーナリスト組合を意識した発言であった。

ロンドン大学はジャーナリズム委員会に参加するようジャーナリスト組合を勧誘した[39]。これに応えて一九二〇年、ジャーナリスト組合は組合員になるための要件である見習い期間三年を、ロンドン大学におけるディプロマコース二年に代えることを検討し、また、年間二〇〇ポンドの奨学金も提供するようになった。とはいえ、ジャーナリスト協会にジャーナリスト組合が歩み寄ったわけではない。一九一六年に行われた協会と組合を合同させるという話し合いは決裂し、一九一九年にジャーナリスト組合は印刷関連労働組合連盟と提携してむしろ左傾化を強め、一九二一年の交渉でも、経営者に腰の低いジャーナリスト協会を組合側は疑い続けた。一方、協会側も、ジャーナリスト組合のなかに「職業の責任や特権より、自分たちの物質的な福祉を考え、専門職の理念や考えをもたないジャーナリストがいる」と非難して[40]、組合に協調するどころか従来の路線である教養主義を堅持し続けたのである。

四　ロンドン大学ディプロマコースの教養主義

したがって、ロンドン大学のディプロマコースに技術的な授業は含まれていなかった。学生は速記やタイプライティングを自前で身につけるよう助言されるのみであった。歴史、政治学、経済学、自然科学と生物学、物理学、現代語、英文学のなかから四科目を選択し、副次的な科目としてこれに自然科学(科学的原理の歴史)、英文学(評論、作文、ジャーナリズム史)、外国語(会話と作文)を加えることができた。いずれにせよ、専任講師はおらず、学生は各カレッジが提供する学位取得コースの科目を受講した。四半期ごとにジャーナリストの話を聞く機会が与えられたが、ジャーナリスト協会が求める姿勢は「学術的な信任にともなう上品さ」だったのである。[41]

一九一九年七月、コースの開設を知った復員兵から手紙が届いている。宛先はロンドン大学、およびジャーナリスト協会で文面は以下のようであった。

ジャーナリズムコース開設の予告をロンドン大学から受け取りましたが、失望しています。それはジャーナリズムにおけるコースというより、人文自然科学であって、一般教養を修めるには有益だと思いますが、ジャーナリズムの学生にはまったく場違いなものです。[42]

続けてこの復員兵はアメリカのミズーリ大学ジャーナリズム学科を例にあげ、ロンドン大学は理論に偏りすぎていると批判した。これに対し大学と協会は、ミズーリ大学やコロンビア大学とはかねてより交流があり、その内容は把握している。学術的な科目から始め、場合によっては技術的な実習を接ぎ木したいと返答している。また、一九二二年六月刊行のジャーナリスト協会機関誌でも、ミズーリ大学、コロンビア大学などに比べて、イギリスの大学は「現代ジャーナリズムの実状に即した技術について、これまで詳細で建設的、継続的な授業や訓練に成功していない」という評価が記されている。[43]

ロンドン大学ジャーナリズム委員会は、シドニー・リー卿の後任に、新聞『サリー・コメット』元編集長で地方紙の経営者団体である新聞協会[44](Newspaper Society)の会長を務めたバレンタイン・クナップを選んだ。クナップはジャーナリズム実習を必修に変更し、新聞社から資金を集め、一九二二年、学生たちが実務経験を積めるよう新聞協会の支持を取りつけた。ジャーナリストによる講義は一九二一年度、「新聞製作」「レポーターとその仕事」「海外特派員の仕事」「ジャーナリズムの責任」「整理の洗練された技術」、一九二二年度に「地方における若いジャーナリスト——その訓練と仕事」「記述的な報道」「インタビュー」「整理」「書評」「議会報道」「議会の描写」が行われている。[45] 一九二四年には、ジャーナリスト協会が、一〇〇〇ポンドをロンドン大学に寄付したと報告している。また、ジャーナリズムの実践的な側面にあてる奨学金も提案した。[46] 一九二六年には、ジャーナリズム実習に筆記試験が導入され、実用的な講義も一年生から受けられるようになり、また、休暇中に新聞社で訓練を積めるようにもなった。年三回大学で発行される『LUJSガゼット』は一九二七年に創刊され、ここでは学生たちが自らレポーターや整理担当者を務めた。ジャーナリズム実習は一年生を『スペクテーター』誌のエドワード・

バレンタイン・クナップ
出典：Fred Hunter, 2012, *Hacks and Dons: Teaching at the London University Journalism School, 1919–1939: Its Origin, Development and Influence*, Essex: Kultura Press.

ジョージ・ホークが、二年生を『タイムズ』のフレデリック・ジョン・マンスフィールドが担当した。一例として、以下に試験の内容をあげておく。

テスト一——ニュースの執筆
内閣は二一歳以上の女性に選挙権を拡大することを決めた、と編集長に情報が入った。あなたは議員の意見を得るよう命じられた。担当する選挙区は労働党の議席であり、地方自治体も労働党で多数派を形成している。三党のリーダーをインタビューできたとして、見出しをつけ、五〇〇語の記事を書きなさい。ただし、あなたの新聞社は独立した立場を取るものとする。
テスト二
公衆一般の利益について、見出しをつけて四〇〇語の社説を書きなさい。
テスト三
大きなスポーツイベントについて、五〇〇語の記事を書きなさい。
テスト四
あなた自身でテーマを選び、劇評を書きなさい(四〇〇語)。
テスト五
最近刊行された本について書評を書きなさい(四〇〇語)。
テスト六
大きな産業をもち、農業の中心でもある、人口の多い町で週刊紙が創刊されたとして、あなたは社の方針と計画を書くよう依頼された。五〇〇語でこれを仕上げなさい。(47)

このように一九二〇年代においても、一般教養のみならず、コースには実学的な要素が加味されつつあった。「新聞は教育競争に遅れた最後の業界である」[48]と述べたクナップが、ジャーナリズム委員会の委員長に就任することで一定の進展を見せたといえよう。しかしながら、一九二八年にジャーナリスト協会会長に就任したラルフ・デイビッド・ブルーメンフェルドは、機関誌の巻頭に「専門職としてのジャーナリズム」というタイトルを掲げ、ペンさえあればさしたる訓練もなく「ジャーナリスト」を自称できる現状を批判し、地方紙での訓練、組織的な徒弟制の整備を訴えている。レポーターは植字工の仕事を知らず、整理担当者はニュースの収集に疎く、優れた執筆者が必ずしも新聞社で有能なわけではない。むしろ、多方面を見渡せるジャーナリストを養成することが大切であると彼は主張した[49]。さらに一九二八年八月、会員へ向けたメッセージのなかで、ブルーメンフェルドは次のように語っている。

> 私はいわゆるジャーナリズム学校の有効性に、ほとんど信頼を置いていない。それらは句読点を打ち、章立てを考え、エッセイや批評をどのように書くのかについては有益だろう。しかし、それでは〔ジャーナリストにとって〕十分でない。そうしたことはふつうの学校で教わるべきだ[50]。

ラルフ・デイビッド・ブルーメンフェルド
出典：Institute of Journalists, 1932, *Journalism: by Some Masters of the Craft*, London: Pitman.

ジャーナリズムを志す者は新聞社で実務的な経験を積む。そこであらゆる部署を見て回り、視野を広げるべきであるという。とりわけ地方紙が訓練にとって有効であるとブルーメンフェルドは考えた。一方、できる限り旅行に出かけ見聞を広めるよう勧めている。このように、ジャーナリスト協会会長は教養を学校教育や遊学にゆだね、技能や経験は新聞社で積ませるという構想を抱いていた。

一九二七年一月、入会資格にジャーナリズムのためのディプロマまたは評議会が認めた学位を取得し、一年以上ジャーナリズムに従事していること、という条件を加えて協会は高等教育との結びつきを強化している。また、一九二九年六月には、協会内の教育委員会において、クナップを会員と認め、ディプロマの構想を発展させるよう新聞社と話し合ってもいる。同年八月には、ロンドン大学のディプロマコースに通う会員の子女に対し、年間八〇ポンドの奨学金を与えることを決めた。とはいえ、ロンドン大学に期待する教育の内容は、依然として教養主義が基調であったろう。

一九二六年から二八年まで、キングズカレッジでジャーナリズムのディプロマコースに参加したシドニー・ジェイコブソンは、「コースを取ることは、フリート・ストリートに仕事を見つける助けとなったが、どちらかといえば、そこで働き始めるとき障害となった。新聞社の幹部はまだ、伝統的な訓練を経ていない新顔に疑いをもっていた」と回想している[51]。授業は一般教養が中心で、どちらかといえば学術的な内容であったという。反対に、その教養主義的な側面を評価する卒業生もいる。業界誌『ニューズペーパー・ワールド』一九二九年四月号には、ヨーロッパ史など一般教養の修得が「間接的に、大いに価値がある」という意見が載せられている。そして、さまざまなテーマで勉強する学生たちと交流することもまた、教育なのだという[52]。

五　トム・クラークのジャーナリズム実習

ロンドン大学ディプロマコースの学生は、所属するカレッジが分散していた。また、戦後処理も終息し、復員兵への奨学金が途絶えると、各カレッジの足並みにはばらつきが生じてきた。そこでジャーナリズム委員会は一九二九年、登録者数のもっとも多いキングズカレッジに学生の所属を統一しようとする。一九三〇年にはロンドンスクール・オブ・エコノミクスがディプロマから撤退し、一九三一年、キングズカレッジが運営を管理する体制となった。一九三二年三月、ロンドン大学ジャーナリズム学生クラブが、ユニバーシティカレッジで食事会を開いたとき、バレンタイン・クナップはロンドン大学がジャーナリスト教育の重要性を最初に認め、新聞界に多大な貢献をしたと評価した[53]。だが実際は、運営体制を含め、ディプロマコースの方針はいまだ確固たるものではなかったのである。

一九三二年一〇月、『デイリー・テレグラフ』紙総支配人のエドワード・フレデリック・ローソンがジャーナリズム委員会の委員長となる。フレッド・ハンターによれば、一九三〇年代前半、学生は実用的な講義を増やし、自らが発行する新聞『ＬＵＪＳガゼット』を充実させるよう求めていた。委員会はカリキュラムの再検討に着手し、一九三三年一二月までに授業時間の三分の一をジャーナリズム実習にあてるという提案がなされた。しかし、一般教養を重視する声もまだ強く、また経済的な問題から実現は難しいと判断され、改定は容易に進まなかった[54]。

一九三五年二月にロンドンで開かれたジャーナリスト協会の会議において、キングズカレッジで英文学を教えていたジョージ・バグショーウ・ハリソンは、新しいディプロマコースの構想を披露している。これまで、ジャーナリズム実習は非常勤講師によって行われてきた。あるいはジャーナリストが整理や

トム・クラーク
出典：1936, *The Newspaper World*, March 14.

議会報道など、それぞれの専門分野を一週間に一度、午後の授業で教えてきた。このシラバスは約一二年間続けられ、すばらしい成果も残したが、満足のいくものではなかった。そこで一九三五年秋から新しいカリキュラムを始める。責任者にトム・クラークを置き、学生は一学期に二回新聞を発行、少なくとも二年のうち一か月は休暇中に新聞社で研修を行うというものであった。学術的なシラバスは大学本部を三か月で通過するのに、クラークを招くには三年もかかったとハリソンは苦労を語り、「教室でジャーナリズムその他の専門職を学べるわけではないが、最初のポストを得る前に、初歩的なミスをしないよう基礎を教えることはできる」とこの構想に理解を求めている[55]。

そして一九三五年一〇月、キングズカレッジにおけるジャーナリズム実習の指導教員にクラークが任命された。彼はイングランド北西部に位置するランカシャーで兄が経営する週刊誌『ノーザン・ウィークリー』に一六歳で加わり、使い走りやお茶くみなどをこなしつつ印刷の仕事を学んだ。その後、毎分一二〇語書けるよう速記を練習し、フリーランスとして新聞社に記事を投稿し始める。大学の公開講座で歴史や文学を学ぶうちに、オックスフォードのラスキン・ホールで学ぶ機会を得た。その後、求人広告を通してロンドン郊外の週刊紙『ルイシャム・ジャーナル』にジュニアレポーターとして採用され、本格的なジャーナリストの道を歩み始め、のちに『デイリー・メール』『ニューズ・クロニクル』で活躍した。

実習を始めるにあたり、クラークはアメリカのジャーナリズム学科に助言を求めた。なかでも、ミズーリ大学ジャーナリズム学科長のウォルター・ウィリアムズから深く影響を受けた。ウィリアムズの方法において、クラークは新聞社との協力、学内における日刊紙の発行に注目した。そして、キングズカレッジに新聞社の雰囲気を再現しようとした。これについてハンターは「ロンドン大学におけるジャーナリズムのためのディプロマは、実際の取材に教養教育を結びつける、一般にアメリカのジャーナリズム学校に見られた特色を採用した」と明確に位置づけ[56]、ジョン・ハーバートも、クラークによってコースが刷新され、内容がアメリカのそれに近づいたと評価している[57]。

前述のとおりジャーナリスト協会は、ディプロマコース開設以前からアメリカと交流を進めており、ロンドン大学にもその動向は伝えられてきた。一九〇九年、イングランド南西部プリマスで行われた大会では、ウィリアムズに、協会はジャーナリストの専門教育について講演を依頼している[58]。一九二二年の協会機関誌には、ウィリアムズが議長を務める世界プレス会議の様子が報じられている[59]。ウィリアムズは、アメリカの大学でジャーナリズムに関するコースが提供されていることに触れながら、「新聞社が新聞人を育てるという古い理論は欠点をもつ」と述べ、編集幹部には若手のめんどうをみる余裕がないこと、また、大学でなら学術的な側面についても知識を与えられるなど、高等教育でジャーナリストを養成することの利点を強調した[60]。

一九二四年にはジャーナリスト協会元会長のアルフレッド・ロビンズ卿がミズーリ大学を訪ね、ウィリアムズからジャーナリズム学科を案内され、三〇〇人の学生たちと交流する機会をもった。正確なノートの取り方など、実践的な勉強に多くの時間を割いていると彼は報告している[61]。のちに同協会の会長となるアラン・ピット・ロビンズも、ウィリアムズの招きでミズーリ大学を見学し、一九二九年三月の協会機関誌にその様子を記している[62]。講義は通常の大学カリキュラムに接ぎ木する形で提供され、ここでは学術と実学が共存している。大学内で発行される日刊紙は四〇〇〇部も刷られ、しかも一般の読者に向けられたものである。植字、印刷以外は、営業も含めすべて学生たちで運営され、費用は広告収入でまかなわれている。アラン・ピット・ロビンズが訪問したとき、撮影された記念写真がすぐさま印刷にまわされ、一時間四〇分後には早くも紙面となってロビンズに届けられるという一幕もあった。学生はその九割がメディア業界に就職する。ウィリアムズも一九二九年八月、ジャーナリスト協会を視察するためイギリスを訪れている。

一九三五年一二月、クラークはカフェロイヤルでの昼食会に招かれた。彼はジャーナリズム委員会の委員長であるエドワード・フレデリック・ローソンとレスター・ハームズワース卿、ハリー・ブリテン卿にロンドン大学の試みを説明した(63)。会談の焦点は運営資金にあった。学生に費やされるコストは授業料の二倍に及んでおり、赤字分は国やロンドン市の補助金に頼っている。これに加え年間二〇〇〇ポンドの予算があれば、理想的なコースを作ることができるとクラークは彼らに訴えた。その理想はアメリカに追いつくことであった。

レポーターに必須の資格は速記であるとクラークはいう(64)。地方紙では速記ができなければ仕事にならない。ディプロマコースの志願者は多くが劇評、書評、論説の執筆を望んでいるが、それらは実際の仕事とかけ離れている。クラークは現実を見せるべくボー・ストリートの警察裁判所に週二回、四人の学生を通わせ、また、六人の学生を隔週でロンドン市議会の傍聴に行かせた。象牙やウール、ワインの輸入について船舶の情報を得るため、学生たちは港湾施設に出入りした。毎年一一月にはウェストミンスター議会の開会式に立ち会わせている。広告代理店を訪問して仕事のやり方を学ばせ、郵便局が用いている電報用紙を使って記事を書く練習をさせた。クラークはジュニアレポーターと同じ気概をもつよう学生に望んだ。ジャーナリズム実習で理論を教えることはない。「なすことによって学ぶ」が基本であった。新聞社でしなければならないことを大学においてするというのである。

一九三六年三月九日、クラークは「ジャーナリズムを教えることはできるか」と題する講演を行っている。クラークが若かりしころは、ジャーナリストは一五、六歳で小さな新聞社に入り、苦い経験を積んでフリート・ストリートへの栄転を勝ち取った。第一次世界大戦後、ジャーナリズムの水準は高度化し、ジャーナリストの年齢もそれにともない上昇した。今では一六歳で学校に通うことをやめ新聞社に入るか、教育を受けつつ実践的な経験を積むか、二つの選択肢がある。クラークはロンドン大学を念頭に置きつつ後者を推薦する。そこで教えられるのは文章の書き方ではなく、新聞社でのルーティンワークである。文筆活動は余暇に行うこともできるが、ジャーナリズムはそうではない。新聞社という組織においてニュースを集め、価値を判断し提示する方法は、単なる文筆家にはわからない。ジャーナリズムに固有の技能を学校教育で身につけることが大切である。クラークは「平均的な教育と知性をそなえた人間が、容易に手早く学べないような実際的なジャーナリズムの基礎などない」と述べ⑮、ジャーナリズムは教えることができると宣言した。

六　実学の進展と戦争による中止

ここで少し日本との比較を試みよう。実は日本においても、二〇世紀初頭、高等教育でジャーナリストを養成する試みが行われている。一九〇六年、早稲田大学の学生が新聞の専門知識を得ようと運動を起こし、自主的に新聞研究会を結成する。大学もそれに応えて、政治経済学科に新聞に関する科目を設置した。一九〇九年には新聞研究科を始めるにいたる。また、中央大学でも新聞記者の卒業生が母校に集まり、学内におけるジャーナリスト養成を検討し、一九一〇年、新聞研究科が開設された。一九一三年には慶應義塾大学が新聞科を設置する。こちらは学部から記者志望の学生を募集して、授業料を免除して育成するという計画を立てた。

ところが、当時はメディア業界の社会的な地位も低く、高等教育を受けてまで新聞社を目指す若者は少なかった。官公庁や大会社、銀行に比べて就職先として見劣りしたのである。その結果、大学における記者養成はあまり成功しなかった。また、大学側も職業訓練のような実学だけでカリキュラムを構成することを許さなかった。たとえば、早稲田大学のコースは、「西洋新聞・雑誌研究」「日本新聞研究」「支那新聞研究」「新聞史」といった学術的なものを併存させていた。

イギリスとの比較で興味深いのはアメリカの影響である。ロンドン大学のトム・クラークがミズーリ大学のウォルター・ウィリアムズに助言を求めたように、日本においても、アメリカのジャーナリズム学科は参照すべき対象として考えられていた。実際、ウィリアムズは何度も来日して、日本の新聞関係者に影響を与えており、また、日本からも留学してアメリカのジャーナリスト養成を体験する者が現れた。

政論ではなく報道を重視するアメリカ式のジャーナリズムを、いち早く日本に紹介したのは朝日新聞社の杉村広太郎だった。彼は一九一五年にサンフランシスコで開かれた第一回世界プレス会議に出席し、帰国してから中央大学、慶應義塾大学での講義をもとに『最近新聞紙学』(慶應義塾出版局)を出版した(66)。また、同じく中央大学で教鞭をとった新聞記者の小野瀬不二人《ふじと》も、ウィスコンシン大学のジャーナリズム学科長であるウィラード・ブライヤーの著書を訳して自らの考えを織り交ぜた『最新実際新聞学』(植竹書院)を刊行している(67)。

このように、アメリカ式のジャーナリズム学科という新奇な考えは、日英両国に影響を及ぼした。第一次世界大戦が終結し、戦場となったヨーロッパは再建途上にあり、こうしたなか、アメリカは国際秩序を導くものと考えられ、その経済力はヨーロッパを凌ぐと注目を集めていた。新聞社がアメリカにモデルを求めたのは、自然な成り行きであった。

日本において、アメリカのような高等教育におけるジャーナリスト養成は、決して主流になることはなかったが、さてその後、イギリスにおけるロンドン大学の試みはいかなる結末を迎えたのだろうか。

一九二六年のジャーナリスト協会機関誌には、ロンドン郊外に位置するサリーの新聞経営者がロンドン大学に二年で二〇〇ポンドの奨学金を申し出たと記されている。ただし、受給対象者はサリーに住所がある者に限るという。(68) 同様に、地方紙を代表する新聞協会も経済的な支援を行っている。仕事が忙しすぎて、若手に文法や句読点の打ち方など教えているひまがないとW・E・パインは述べ、ロンドン大学のディプロマコースは地方紙にこそ必要であると主張した。(69)

ところが、全国紙が集まるロンドンのフリート・ストリートでは、ジャーナリズムのためのディプロマをもっていることがむしろ不利に働くことすらあった。そこでは卒業生がディプロマの取得を隠すよう先輩から助言を受けている。また、経営者がコースの存在を知らないことも多く、雇っているジャーナリストがロンドン大学出身であることに気づかないこともあった。卒業生も就職においてディプロマを印象づけようとしなかった。その一人であるデイビッド・ウェイトは「ジャーナリズムに関する大学ディプロマをほとんど信用していない多くの新聞人がいる。この手の学術的訓練は、原則として良いものだと私には考えられるのだが、現実からかけ離れていると時折、批判を浴びる」と率直に書き残している。(70) ウェイトは、ディプロマのみでは編集幹部に認められないが、実践的な新聞の経験を組み合わせることで、それは効果を発揮するかもしれないという。

キングズカレッジの教員ジョージ・バグショーウ・ハリソンは、そのようなディプロマの価値について学生の親から質問を受けている[71]。それに対し彼は、ロンドンにおいて最初のポストを得る助けにはならないと率直に答えている。長い目で見れば、中等学校から直接ジャーナリズムの世界に入るより出世の道は開けるだろう。将来、面接でディプロマの有無を尋ねられるようになれば、有能な人材が取得を目指すようになる。しかし現状では、学生の多くが三流の人材であり、卒業後、地方でジュニアレポーターから始める者が多い。彼らはラテン語や数学で挫折した人々であり、正規の大学生になることができず、ジャーナリズムのコースを逃避の手段にしてきた。女性の学生もいるが、真剣にジャーナリストを目指すのはそのうち四分の一で、ほかはカレッジでの生活を楽しみたいと考えている。なんらかの事情で正規の学位コースを受講できない留学生も集まっている。

一九三〇年代のイギリスにおいて、メディア業界への就職は買い手市場で、新聞社には就職の申し込みが殺到していた。本章の前半で述べたように、ジャーナリズム学校は「学びながら稼げる」という過剰な広告で文学青年を集め、生徒たちをアルバイトに従事させることで専業ジャーナリストの失業を悪化させていると批判を浴びていた[72]。次の引用は、そのような状況に対するジャーナリスト組合員の感想である。

> 『ジャーナリスト』を手に取って、「ジャーナリストの失業が悪化し、失業者の見通しは暗い……状況は危機的である」という記事を読んだ。〔中略〕
> しばらくして、妻の雑誌を何気なくめくり広告に目を通した。何を見つけたのか。私は目を疑う

ほど驚いた！　私は自分に問うた。失業者が苦境にあるのにジャーナリズム学校の広告には、（もちろん、訓練にお金を払ってのことだが）だれにでも〔記事が〕書けるかのように黄金郷《エルドラド》、「金に狂った」生気あふれる説明がこれほど載っているのかと。

こうした学校や講師によって作られたチラシ、意見表明を私は一度ならず見てきた。場合によっては、経験を積んだジャーナリストまでもがこれらを支えている[73]。

全国紙への採用を夢見て編集幹部への接触を試みる若者はあとを絶たなかった。業界誌『ニューズペーパー・ワールド』には「こうした無垢な人々〔ジャーナリスト志望者たち〕が、編集者はランチに誘われることを待っており、何か安易に頼みごとをする客人からの招待を必ず受けてくれるだろうと信じているのは驚くべきことである」と記されている[74]。議員や有力者の推薦状をもってくる者もいるが、自分の考えをしっかり示し、ジャーナリズムの経歴をふまえて優れた業績を印象づけなければ時間の無駄であると、その記事は忠告する。

経営者に有利な労働市場のなか、採用された若者はわずかな賃金を与えられ、雑用から始めざるを得なかった。経営者はジュニアジャーナリストの教育に無関心であり、文章表現はもちろん、タイピングなど初歩的なことでさえ、訓練を授けようとはしなかった。こうしたなか、ジャーナリスト組合はジャーナリストの質の低下を危惧して、一九三三年に試験制度の導入を示唆している。

第四階級〔ジャーナリスト〕の一員になりたい、ジャーナリズムはすばらしい紳士的な職業であると考える若者、あるいは単純に地元の映画館やサッカー場、裁判所に自由に出入りできるという幻想をもつ若者に対し、ジャーナリスト組合は遅かれ早かれ、資格を問わずにジャーナリズムへの参入を許すかどうかという問題に直面せざるを得ないだろう。(75)

一九三六年になっても議論は続けられていた。ジャーナリスト組合の教育委員長ジェームズ・ギルロイ・グレッグソンは、試験制度について新聞協会と再交渉するよう執行部を促した。試験を行うことで経営者に組合員の価値を知らしめることができると考えたからである。(76)ジャーナリスト養成の制度化について、すでに一九二九年、交渉は決裂していた。理由は、ジャーナリスト組合が、ジャーナリスト協会との協力を拒んだことにあった。ジャーナリスト協会が教育的なサービスを提供するのに積極的なのは、非組合員を協会へ勧誘するための戦術であると組合側は邪推した。ジャーナリスト組合の執行部は一〇〇%の組織率に固執していた。

また、業界の多勢もジャーナリストの教育、訓練に懐疑的であり、ましてや試験などでその才能を測れるとは考えていなかった。J・W・T・レイは「数か月前、ジャーナリストの教育水準について私は大まかに論じて別の雑誌に寄稿した。〔そこではジャーナリスト教育に〕反対するすべての者が、ジャーナリストは生まれる者であって、作られる者ではないという主張に立ち返っている印象である」と述べている。(77)グレッグソン自身も教育委員会の活動について「今のところわずかしか成果をあげていない。現在の〔われわれの〕立場は移ろいやすく、率直にいって失望している」と述べ、(78)失敗の原因として組合員の無関心、ジャーナリスト教育に対する公然とした反対、各支部や代表者会議の活動が低調であったことなどを指摘した。このように、実際に新聞社で仕事をしながら積む経験こそ、唯一の訓練であるという風潮は色濃いものであった。

そうであればこそ、大卒に対する懐疑はこの時代においてごく自然な反応である。一九二九年、ジャーナリスト組合の代表者会議において、組合員資格取得の条件を大卒に対しては緩和するよう執行部が提案したとき、マンチェスター支部のホリデーは強く反発し、次のように述べている。

彼らにある種の紳士気取りを促すべきではない。それは階級差別の手段ともなろう。かなりの優位性〔学位〕をもってほかから新聞社へやって来た者より、新聞社から始めた兵卒(rank-and-file men)にもっとも強力な支援を与えたほうがよい。新聞社で成長した者より、大卒を好むような例など私は聞いたことがない[79]。

フレデリック・ジョン・マンスフィールド
出典：1983, *The Journalist*, November-December.

オールダム支部のグラハムも、組合員資格はジャーナリズムで実際に経験を積んだ人々に限るべきであり、「本当は何も身につけていないのに、肩で風を切って歩く」ような大卒が良い地位を得ているのはおかしいと批判した。

これに対し、ロンドン大学でジャーナリズム実習の講師を務めたフレデリック・ジョン・マンスフィールドは、高等教育を無視するのは近視眼的な考えであると反論している。印刷工でさえ、仕事の合間に学校で指導を受けるような時代である。また、大卒はまじめに働き、労働組合の活動にも熱心である。そのほかにも、W・メーキンは、ロンドン大学のコース修了者と大卒一般を混同すべきではないと指摘し、仕事について何も知らないオックスブリッジ出身者と区別すべきだと注意を促した。

とはいえ、業界が吸収できる以上に大学でジャーナリストを訓練するのは無意味だとする意見もある[80]。実際、ジャーナリスト組合では一九三四年にロンドン大学から採用する学生数を制限すべきであるとの提案がなされた。シニアのジャーナリストが失業しており、雇用環境が悪化していたためである[81]。クラークもジャーナリスト志望者の人数調整を意識していた。ロンドン大学のコースが唯一の採用過程ではないことを忘れてはならないと述べ、入学者数を就職できる人数に限定して決めるべきだと考えた[82]。

加えて、ジャーナリストは一七歳か一八歳で採用するのが適切であり、ディプロマの取得により入社年齢が上がることを危惧する新聞社も多かった。そのため、コースが三年制や四年制に拡大することは望まれなかったのである。

それでも一九三八年、ジャーナリスト協会はロンドン大学でジャーナリズムのコースを受講する学生に年間八〇ポンドの奨学金を提供することを決めている[83]。五月に大学本部のセネートハウスで奨学金受給者の選考試験を実施するという。ジャーナリスト組合もまた、年間一〇〇ポンドの奨学金をロンドン大学の学生に支給する予定であった[84]。

コースの知名度が低いことや学生の質のばらつき、業界における雇用環境の悪化など、上記に述べたような問題点はあったにせよ、ジャーナリズムのディプロマは、クラークの実学志向を取り入れロンドン大学に定着しつつあった。

発足当初の教養主義は、アメリカの影響を受けて徐々に影を潜めていった。代わって重視される知識や技能が、弁護士や医者をモデルとする専門職主義の期待に応えうるのかどうか当時はまだ未知数であった。しかしながら、判断は二〇世紀後半へともち越される。なぜなら、一九三九年、第二次世界大戦の勃発によりこのコースは中断され、戦勝後も復活することがなかったからである。一方、クラークはキャンパスを離れなかった。ロンドン大学セネートハウスが情報省の本部として接収されると、白いコンクリートの威容を誇るこの建物で、彼はエズモンド・ハームズワースの右腕として、情報省ニュースおよびPR部門の副部長に転身したからである。

（1）月刊で各支部のニュース、委員会や執行部の取り組みを掲載する。また、基金や収支、毎年開催される代表者会議の情報などを組合員へ提供する。
（2）Stanley J. Bond, 1923, “The Education of the Journalist,” *The Journalist*, April: p. 67.
（3）J. W. T. Ley, 1936, “Journalists and Education: What Is the Attitude of Union Members?,” *The Journalist*, March: p. 49.
（4）技術カレッジは中等教育修了後に職業訓練を行う専門学校である。
（5）1925, “National Union Notes,” *The Newspaper World*, June 27: p. 22.
（6）1926, “Cardiff Journalism Class: Address on Leader-writing,” *The Newspaper World*, January 23: p. 25.
（7）1926, “Cardiff Journalism Lectures,” *The Newspaper World*, February 27: p. 31.
（8）1925, “Journalists' Education Problem: An Appeal to British Universities,” *The Journalist*, October: p. 205.
（9）W. H. P., 1926, “Journalists' University Lectures,” *The Journalist*, May: p. 109.
（10）J. G. Gregson, 1927, “Lectures for Journalists,” *The Journalist*, June: p. 126.
（11）H. T. H., 1927, “Education by Correspondence: N. U. J. Arrangements with Colleges,” *The Journalist*, February: p. 37.
（12）H. T. Hamson, 1927, “N. U. J. Education Course: Room at the Top,” *The Journalist*, November: p. 233.
（13）H. T. Hamson, 1928, “Education for Journalists,” *The Journalist*, January: p. 11.
（14）H. T. Hamson, 1926, “Education for Journalists,” *The Journalist*, August-September: p. 190.

(15) 1898, "Journalism as a Career," *The Newspaper Owner and Manager*, October 5: p. 25.

(16) An Ignorant Provincial, 1923, "The Making of a Journalist: Some Points for 'Futurist' to Ponder," *The Journalist*, May: p. 94.

(17) Christopher Hilliard, 2006, *To Exercise Our Talents: The Democratization of Writing in Britain*, Cambridge, Massachusetts: Harvard University Press, pp. 23-25.

(18) 1922, "London School of Journalism," *Notes and Queries*, 12S. XI, November 25: p. 440.

(19) Hilliard, 2006, op. cit., pp. 20-21.

(20) 1928, "Schools of Journalism: Cheap Labour for Editorial Work," *The Journalist*, February: p. 34.

(21) 1927, "The Institute and 'Schools' of Journalism: A Brisk Conflict of Opinion," *The Journal of the Institute of Journalists*, November-December: p. 207.

(22) Ibid., p. 208.

(23) C. Pilditch, 1931, "A Good Word for Schools of Journalism," *The Journal of the Institute of Journalists*, November: p. 162.

(24) Reuel R. Barlow, 1936, "French and British Schools of Journalism with a Comparative Analysis," *Journalism Quarterly*, 13(2): pp. 162-163.

(25) ヴィヴィアン・H・H・グリーン(安原義仁、成定薫訳)『イギリスの大学――その歴史と生態』法政大学出版局、一九九四年、一二一頁。

(26) H・J・パーキン(有本章、安原義仁編訳)『イギリス高等教育と専門職社会』玉川大学出版部、一九九八年、六五頁。

(27) 1910, "Journalism and Education," *The Times*, August 24: p. 8.

(28) 1922, "Appendix," *The Institute Journal: The Official Organ of the Institute of Journalists*, June-August: p. 83.

(29) 1918, "University-Taught Journalism," *The Times*, December 17: p. 5.

(30) 1919, "University Training," *The Institute Journal: The Official Organ of the Institute of Journalists*, January-

February: p. 4.

（31）　ロンドン大学が設置したジャーナリズムのためのディプロマについては、すでにフレッド・ハンターによる詳細な研究がある。Fred Hunter, 1982, *Grub Street and Academia: The Relationship between Journalism and Education, 1880–1940, with Special Reference to the London University Diploma for Journalism, 1919–1939*, London: City University PhD thesis. ジャーナリズム教育を取り上げた研究が乏しいなか、これは画期的な成果であった。とりわけ、キングズカレッジでジャーナリズム実習を担当したトム・クラークの講義録を発見したことが大きい。のちに、Fred Hunter, 2012, *Hacks and Dons: Teaching at the London University Journalism School, 1919–1939: Its Origin, Development and Influence*, Essex: Kultura Press として出版されている。

（32）　1919, "Journalism Diploma Courses," *The Times*, October 23: p. 9.

（33）　Howard C. Strick, 1958, "United Kingdom," UNESCO ed., *The Training of Journalists: A World-wide Survey on the Training of Personnel for the Mass Media*, Paris: UNESCO, p. 207.

（34）　1920, "London University Courses for Journalism," *The Institute Journal: The Official Organ of the Institute of Journalists*, August: p. 78.

（35）　Hunter, 1982, op. cit., p. 171.

（36）　F. Peaker, 1927, "The Training of the Journalist," *The Journal of the Institute of Journalists*, October: p. 196.

（37）　1930, "The Training of a Journalist," *The Journal of the Institute of Journalists*, April: p. 81.

（38）　1924, "Margate Conference: President's Address: A Plea for Professional Standards," *The Institute Journal: The Official Organ of the Institute of Journalists*, September-October: p. 109.

（39）　Hunter, 1982, op. cit., p. 300.

（40）　1923, "What Are Professional Ideals?," *The Journalist*, October: pp. 169–170.

（41）　Hunter, 1982, op. cit., p. 165.

（42）　Herbert Cornish, 1919, "University Courses for Journalism: Some Notes on the London Scheme," *The Institute Journal: The Official Organ of the Institute of Journalists*, August: p. 95.

(43) 1922, "Appendix," op. cit., p. 83.

(44) 新聞協会は一八三六年に一八人の地方紙経営者によって結成された。初代会長は『フェリックス・ファーレイズ・ブリストル・ジャーナル』のジョン・マシュー・ガッチが務めた。一九一〇年代には労使交渉を行うようになり、一九二〇年代にほかの新聞経営者団体を統合して、地方紙経営者団体として拡大する。

(45) 1922, "University Courses in Journalism," *The Institute Journal: The Official Organ of the Institute of Journalists*, June-August: p. 77.

(46) 1924, "Institute of Journalists: Annual Conference," *The Newspaper World*, September 13: pp. 14-15.

(47) Peaker, 1927, op. cit., p. 196.

(48) Valentine Knapp, 1930, "Training for Journalism at the University of London," *Journalism Quarterly*, 7(4): p. 303.

(49) R. D. Blumenfeld, 1928, "Journalism as a Profession: What the Institute Could and Should Do," *The Journal of the Institute of Journalists*, January: p. 2.

(50) R. D. Blumenfeld, 1928, "The President's Message," *The Journal of the Institute of Journalists*, October: p. 182.

(51) Sydney Jacobson, 1977, "Journalism Training in the 1920s," *Journalism Studies Review*, 1(2): p. 38.

(52) R. Y., 1929, "University Training for the Journalist: By a 1928 London Diplomé," *The Newspaper World*, April 6: p. 4.

(53) 1932, "London University and Journalism," *The Times*, March 23: p. 11.

(54) Hunter, 1982, op. cit., p. 188.

(55) G. B. Harrison, 1935, "The Universities and Journalism," *The Journal of the Institute of Journalists*, October: p. 156.

(56) Hunter, 1982, op. cit., p. 26.

(57) J. Herbert, 2000, "The Changing Face of Journalism Education in the UK," *Asia Pacific Media Educator*, 1(8): p. 114.

(58) 1909, "Institute of Journalists," *The Newspaper Owner*, August 28: p. 3.

(59) 1922, "Appendix," op. cit., p. 83.

(60) 1922, "The Training of Journalists: American Method of Training Explained by Walter Williams, Dean of the School of Journalism, University of Columbia," *The Journalist*, August: p. 114.

(61) 1925, "University Training for the Journalist: Suggested Post-graduate Course," *The Journal of the Institute of Journalists*, September-October: p. 103.

(62) Alan Pitt Robbins, 1929, "A Real School of Journalism," *The Journal of the Institute of Journalists*, March: p. 60.

(63) 1935, "Training for Journalism," *The Times*, December 14: p. 7

(64) Tom Clarke, 1945, *Journalism*, London: Robert Ross & Co., Ltd., pp. 10–12.

(65) 1936, "Journalism Can Be Taught," *The Journal of the Institute of Journalists*, April: p. 40.

(66) 杉村広太郎『最近新聞紙学』慶應義塾出版局、一九一五年。

(67) 小野瀬不二人『最新実際新聞学』植竹書院、一九一五年。

(68) 1926, "University Courses for Journalism," *The Journal of the Institute of Journalists*, March-April: p. 46.

(69) 1936, "Young Journalists: Practical Training Scheme Urged," *The Journal of the Institute of Journalists*, March: p. 26.

(70) David Waite, 1936, "What College Diplomas Mean in Practical Journalism: An Old Student Advises the New Director," *The Newspaper World*, January 4: p. 16.

(71) Harrison, 1935, op. cit., p. 157.

(72) 1932, "Schools of Journalism on Trial," *The Journalist*, February: p. 22.

(73) C. F., 1931, "Schools of Journalism!," *The Journalist*, February: p. 42.

(74) 1930, "How to Get a Job," *The Newspaper World*, October 11: p. 44.

(75) 1933, "Journalism: A Close Profession?," *The Journalist*, May-June: p. 91.

(76) 1936, "Journalists and Educational Training: Education Committee to Be Re-formed," *The Journalist*, May: p. 109.

(77) J. W. T. Ley, 1933, "Are Journalists Born or Made?: Which Is Better, 'Flair' or Education?," *The Journalist*, Janu-

ary: p. 10.

(78) J. G. Gregson, 1936, "Education for Journalists: A Straight Talk to the Branches," *The Journalist*, January: p. 1.

(79) 1929, "Students and Union Membership," *The Journalist*, May: p. 120.

(80) Knapp, 1930, op. cit., p. 304.

(81) 1934, "University Students in Offices," *The Journalist*, April-May: p. 76.

(82) 1936, "Journalism Can Be Taught," op. cit., p. 41.

(83) 1938, "Scholarship for Journalism: Institute's Offer at London University," *The Journal of the Institute of Journalists*, March: p. 52.

(84) 1938, "University of London: Scholarships for Journalism," *The Journalist*, February: p. 37.

第三章　ジャーナリスト資格化の試み

イギリスの新聞業界は、景品を用いた読者獲得など激しい販売競争を展開していた。一九二九年、オダムズプレスのジュリアス・ソールター・イライアスがＴＵＣ（労働組合会議）と組んで『デイリー・ヘラルド』の経営を引き受けると、新聞の購読を迫る販売拡張員が拡材と呼ばれる景品を各地でばらまき始めた。これを発端に一九三〇年代初頭には、『デイリー・メール』『デイリー・エクスプレス』など各社も、読者獲得のために景品をばらまく競争を激化させていく。万年筆や靴下などの物品はもとより、新聞を購読すれば無料で傷害保険を付けるなどサービスも過剰となった。有力なメディア経営者は全国紙、地方紙を買収し、新聞所有の集中を進め、爵位を得て政界にも影響力をふるった。しかしながら、新聞社への人材供給はいまだ制度化されておらず、さまざまな経歴をもつ人々がメディア業界へ入ってきた。

こうしたなか、ジャーナリストの不安定な地位を解消するため、専門職化を目指す動きが生じてくる。前章に見たように、解決策の一つは高等教育への接近である。しかし、それはジャーナリスト養成の主流になり得なかった。アメリカ新聞学の影響を受けて、イギリスでも実学志向が徐々に取り入れられようとしていたが、メディア業界の風潮は高等教育におけるジャーナリスト養成に懐疑的であり、やはり仕事の術を身につけるのは現場における鍛錬しかないという考えが根強かったからである。ピットマン社刊行のジャーナリズムへの案内書を見ても、「結局、ジャーナリズムそれ自体と同じく、ジャーナリストのための学校はない。資格の大部分は、実際にそれをこなすことによってのみ得られる」と記されていた(1)。

では、ジャーナリストの社会的地位を確立するには、ほかにどのような手段があるだろう。教育資格をもって参入を調整することが難しいのなら、職業資格をもってジャーナリストの身分を法制化してしまえばよい。そのように考える人々が現れ始めた。

一　モデルとされた職業

専門職化を国家資格によって達成しようという発想は、一九三〇年九月にイングランド中部のバクストンで開催されたジャーナリスト協会の大会にさかのぼる。そこで協会内に「法令による登録委員会」を設置することが認められ、翌年五月、この委員会は計画を実現するため政府へ交渉をもちかけると宣言する。それから数年を経て、ジャーナリスト協会は議員を通して庶民院へジャーナリスト(登録)法案(Journalists (Registration) Bill)を提出した。一般に法案は三回の審議過程を経て可決され、国王の裁可を得て成立する。本節と次節でまず、法案提出にいたるまでの過程を明らかにしよう。最初にジャーナリストたちが専門職化を進めるにあたってモデルにした職業を確認する。彼らはそこからどのような着想を得たのだろうか。

一九三二年一一月に業界誌『ニューズペーパー・ワールド』に掲載された、ハロルド・L・ホワイトサイド「ジャーナリズムの法的地位」という論文から見てみよう。そこには次のように記されている。「われわれはジャーナリズムを本物の専門職にしたいのか。もしそうなら、ジャーナリスト協会のように単に専門職と呼ぶだけで、あるいは、ジャーナリスト組合のように賃金や労働条件に集中するだけでは達成できないだろう」[2]。それではどうするのか。ホワイトサイドはまず、これまでの取り組みを整理する。(一)法的および政治的な取り組み、(二)水準や資格に関わる取り組み、(三)賃金と労働条件に関する取り組みである。(二)と(三)は従来から議論されてきたが、(一)は手つかずのままである。そこで、(一)のモデルに医者と弁護士を取り上げる。医者はもともと薬屋で小さな商売を営んでいたが、法的な力を得て威厳に満ちた専門職となった。弁護士は数世紀前、代書屋として軽蔑されていたが、今では法的地位を確立し、専門職として受け入れられている。ジャーナリズムは多くの国会議員を輩出しているが、おもに取材を担当するジャーナリストであるレポーターは、庶民院でよそ者扱いされ、確固たる職業的地位を築けずにいる。職業団体、経営者は団結し、ジャーナリストの法的地位を確立させるよう努めるべきだとホワイトサイドは主張する。

このように、医者や弁護士をモデルとする言説がジャーナリストの専門職化において存在する。しかし、それは一九三〇年代に突然わき起こったのではない。少しさかのぼって検討しよう。たとえば、ジャーナリスト協会の機関誌『ジャーナル』で、ウィリアム・レーティは「だれもが法廷弁護士、聖職者、事務弁護士、勅許会計士、あるいは医者が何者であるかを知っている。彼らの立場は十分に定義されている。彼らは規則と規制によって管理され、仕事において守られている。しかし、ジャーナリズムについては、そのようなものがない」と述べている[3]。職域を保護すべきという観点から、レーティは単なる新聞への寄稿者、経営者や管理職を「準会員」として扱い、ジャーナリスト協会に所属していなければ法的に活動できないよう、ジャーナリストにも資格を定めるべきだと訴えた。

つまり、専門職化を目指すにあたり、ジャーナリストにおいても、かつて医者や弁護士がモデルとされていたのである。そこでは、法的地位を確立させることが模倣の焦点となっていた。理由は職業の独占にある。

ジャーナリスト組合の機関誌『ジャーナリスト』を見てみよう。「地位」と題する主張のなかで、組合員F・G・ウォルターズは次のように述べている。[4] 現状としてジャーナリズムは「開かれた」専門職であり、聖職者から村の大工までだれでも参入できる。ジャーナリスト協会と組んで、専門職の勅許を得るよう動き出すべきである。つまり、「閉ざされた」専門職として有資格者による職業の独占を目指そうと提案した。

同じような議論は繰り返し現れる。弁護士が新聞社に起用されることはある。実際、週刊紙が出したレポーターの求人に、法廷弁護士であることが望ましいと記されたものがあった。逆に、被告人を弁護できる法的知識をもったジャーナリストがいる。しかし、彼らは法廷に立つことができない。『ニューズペーパー・ワールド』には、このような論理でジャーナリストという職業の不利を説き、法曹と同じような資格を求める声が載っている。[5] 一九三四年二月の記事においても、ほかの専門職による寄稿と、ジャーナリストによって執筆された記事は質的に区別されねばならないと主張されている。ジャーナリストとは何かを正確に定義するため、国家資格を設けるべきであるという。[6] 新聞社は雇用したジャーナリスト以外から寄稿を受けつけていた。ジャーナリストとの境界があいまいな作家、批評家はもとより、他業種の専門家によって書かれた原稿は、専業のジャーナリストにとって職域を脅かすものに映った。資格化は自らの職を守るための手段と考えられた。

さて、このようなジャーナリストを資格化するという発想は、イギリスだけに見られるものだったろうか。実は日本においても、一九一〇年代ごろより、新聞記者を資格化してはどうかという考えが披露されている。玄文社という出版社に勤める結城礼一郎が新聞研究会を作り、一九一九年に会誌『新聞研究』を創刊したとき、新聞紙法の改正をテーマに内務大臣らと懇談した。そのなかで結城は、新聞記者試験法を制定して、合格した者に特権と待遇を与え、彼らを雇わなければ新聞の発行を許可できないようにすればよいと提案している。

政論が中心であった時代とは異なり、二〇世紀初頭、企業化された日本の新聞社は、記者個人の思想に重きを置かないようになった。経営側の方針が優先され、言論の自由に窮屈さを感じ始めた新聞記者は、自らの立場を労働問題としてとらえ直すようになり、その独立を資格によって確立するという発想が芽生えたのである。

ロシア革命やパリ講和会議に触発され、政治における民本主義は日本社会へ拡大し、紙面には資本主義批判が表れていた。こうしたなか、一九二〇年に東京で新聞記者協会が設立される。ジャーナリストたちにも団結の機運が生まれていた。彼らは試験によって免状を与え、「新聞士」として認定する制度を検討した。資格を付与する権限を協会が独占できるよう、法案の作成まで始めていた。しかし、大手新聞社の記者たちが離反して労働争議は成果をあげられず、また、関東無産俸給者組合から発足した東京記者連盟も、三・一五事件で逮捕者を出すなどして脱退者が続出し、ジャーナリストの労働組合は急速に勢力を失ってしまう。こうして日本では、参入を制限することで希少性を高め、経済的立場を守ろうとする資格化の構想はいつしか忘れられてしまった。

二　プレスの自由を侵害する

イギリスにおいても、だれでも参入できる「開かれた」専門職への不満が、職業独占の手段として

ヘンリー・マリオット・リチャードソン
出典：F. J. Mansfield, 1943, *Gentlemen, the Press!: Chronicles of a Crusade: Official History of the National Union of Journalists*, London: W. H. Allen.

人々に資格を求めさせた。その際、「閉ざされた」専門職のモデルとなったのは医者や弁護士であった。しかし、こうした専門職化の構想は、結論を先取りすれば、多くの反対にあう。次に、対立する言説におけるそれぞれの論拠と、その論拠が参照する事例に焦点を移そう。

業界誌『ニューズペーパー・ワールド』のなかで、ジャーナリスト組合書記長のヘンリー・マリオット・リチャードソンは、法令による資格化は組合内でほとんど議論されていないと指摘する。資格をもたない者が「ジャーナリスト」を称することができないとすれば、ジャーナリストはすべて役人となり、IDカードを支給される者になってしまう。それは専門家からの寄稿を阻み、政府の干渉を引き出すだろう。ジャーナリスト組合は「ジャーナリズムが完全に閉ざされた専門職になることができる、という考えを決して取らない」とリチャードソンは断言した。(7)

一方、ジャーナリスト協会は一九三四年一月に、ラルフ・デイビッド・ブルーメンフェルドを中心とする代表団を国内行政を担当する内務省に送っている。医療や法律、その他の専門職と同じく、法令によって定められた職業団体をジャーナリズムにも創設するよう、政府委員会を設置して調査してほしいと要望を出した。これに対し内務大臣は、議員提出法案として提出されるなら政府はそれに反対しないと回答している。法案は議会に提出が認められると、第一読会、つまり一回目の審議で読み上げられ、第二読会で趣旨説明がなされて審議が行われる。可決されると委員会へ付託され、さらに詳細な検討が行われる。その後、検討の結果が報告され、第三読会で最終的な賛否が問われる。貴族院でも認められれば国王が裁可して法として成立する。業界誌でも、医学総評議会のような団体をジャーナリストのために設ける議員提出法案が庶民院に提出され、第二読会の機会が与えられるなら、内務省は特別委員会の設置に反対しないだろうと報じられた⑧。こうして一九三〇年代なかば、にわかにジャーナリストの資格化は具体性を帯びることになる。

しかし、『タイムズ』は同年二月、いち早くこうした動きへの反論を、プレスクラブ⑨のＪ・Ｍ・デンバーに許している。

ジャーナリズムへのドアは開かれているべきであるということが、どのような事情があれ肝要である。それなしにプレスの自由はあり得ない。〔中略〕政府のお墨付きをもつジャーナリストのみが、ジャーナリズム活動を許されるとすれば、どこまで意見が自由で、ニュースが神聖なのか追求する必要もない⑩。

デンバーによる右の寄稿の背景には、一九三三年一〇月に制定されたドイツの記者法があった。国民啓蒙宣伝大臣ゲッベルスによって公表された同法は、ジャーナリストの資格を得るための要件に、ドイツ帝国の国籍を有した二一歳以上のアーリア人種をあげている。訓練として一年間の実務が求められ、政府から認められた者だけが登録簿に記載される。ジャーナリストはすべて法令による団体に所属し、同法に定める責務に違反した場合、警告や罰金、除名などの処分が下される。『タイムズ』は「おもにゲッベルス氏の仕事であると理解されるその法律は、ヒトラー氏と同じく彼によって署名され、ジャーナリズムという職業に属するすべてにおいて、彼を事実上、独裁者にするものであり、事実上、ジャーナリストを公務員とするようなものである」と報じている。[11]また、一九三四年一月の『ニューズペーパー・ワールド』では、ドイツのジャーナリストは「記者」と称する権利を得て、医者と同じように登録されると記されている。責務を果たしていないとゲッベルスが判断するなら、登録は抹消されるだろう。「刑法や民法以前に、彼の書くものには責任があるということに加え、ジャーナリストは今や「専門職の」法にも責任を負う。記者法に違反した者を裁くため、特別な「プレス法廷」が法律で定められている。こうした法廷の裁判官、裁判所補佐官は、宣伝大臣によって任命されるだろう」と解説する。[12]

ジャーナリストの資格化を推進する人々は、再反論をせまられることになった。たとえば、業界誌の読者欄では、政府の介入を恐れる医者や弁護士がいるだろうかといった疑問が呈され、[13]ジャーナリスト組合の機関誌にも、中央ロンドン支部のJ・S・ディーンが、資格化を擁護する次のような発言を載せた。[14]彼によれば、国家登録は敵意を表明するほどの計画ではない。ジャーナリストを資格化し、専門職として確立することは組合にとっても有益ではないか。そして、現時点で国家の干渉を危惧するのは悲観的にすぎると考える。イギリスがファシスト政権を樹立すれば、国家登録の有無にかかわらず政府はどのみちプレスの自由を侵害するからである。

とはいえ、こうした再反論がジャーナリスト組合員の多くを納得させたわけではない。一九三四年三月にスコットランドのスターリングで開かれた組合の代表者会議において、グラスゴー支部のJ・H・エイトケンは、やはりプレスの自由を侵害するという理由で、ジャーナリストの資格化に危惧を表明している。[15]また、ニューカッスル支部から出された賛成意見、すなわち医療や法律、その他の専門職と同じような法定の団体をジャーナリズムにも設置したいという要望に対し、マンチェスター支部のヘンリー・ダックワース・ニコルズはこれに真っ向から反対意見を突きつけた。医者や弁護士のような資格は、労働組合主義を破壊する。ジャーナリズムという職業を独占する手段は、国家登録ではなく、すべてのジャーナリストが労働組合に参加することであると彼は主張した。このニコルズの動議は投票で三九〇二対四三一により可決され、ジャーナリスト組合は法令による資格化という構想を正式に否定する。組合執行部も、国家登録に賛成するいかなる試みも早いうちに芽を摘み取る必要があると述べ、国会議員へ反対を働きかけるよう各支部へ協力を要請した。

ここまで、ジャーナリストの専門職化に向けた構想と、それに対する反論を見てきた。医者や弁護士をモデルに専門職化を訴える形式が、英米におけるほかの職業と同じく、ジャーナリズムにも存在したことを明らかにした。新聞、雑誌への寄稿者を排除したいという要求が専門職化への動機の一つであり、それに賛成する者たちは国家資格による職業独占を目標とした。教師や法律家、聖職者など副業で原稿を書いて収入を得る人々がおり、専業のジャーナリストにとって彼らは職域を脅かす存在とみなされたからである。一方で、反対の主張には、おもに二つの論拠があった。一つは国家による干渉を危惧する声であり、反対者たちはドイツの記者法を参照していた。もう一つは、労働組合への参加資格が国家資格に代わりうるという意見である。資格化による労働組合の衰退を恐れる人々は、採決で反対票を投じ、ジャーナリスト組合の方向性を資格化反対に定めさせた。

三　雇用者と被雇用者の考え

ジャーナリスト協会の「法令による登録委員会」は、一九三五年二月に法案を評議会に諮っている。そこで承認された内容が、ほぼそのまま議員であるパーシー・ハード卿を通して議員提出法案として庶

パーシー・ハード
出典：Public Domain（Wikimedia Commons より取得）.

民院へ提案された。したがって、ここでまず法案の内容を簡単に紹介しておく。

法が成立すれば、六か月以内に内務大臣はジャーナリスト登録評議会を設置する。評議会はジャーナリズム教育委員会、入会委員会、懲罰委員会で構成される。委員にはジャーナリスト協会、ジャーナリスト組合のほか、経営者団体やロンドン大学の代表などが含まれる。資格授与の要件として（a）法令を施行するにあたり、協会または組合の正会員としてジャーナリズム活動を実践している、あるいは実践していたこと、または（b）ジャーナリストと認められるだけのディプロマまたは経験を有していることがあげられる[16]。ここで注意すべきは、懲罰委員会の設置と経営者の評議会への参加である。これらはのちにジャーナリスト組合とのあいだで争点を形成する。また、ジャーナリスト協会の評議会は、国会議員のハード卿に「法令による登録委員会」への参加を認めた。彼はロンドンで週刊誌『アウトルック』の編集者を務め、『モントリオール・スター』紙などカナダのジャーナリズムにたずさわった経験をもつ。一九一八年、イングランド南西部の町フルームで保守党議員として当選し、一九三二年、ナイトに叙せられた。

一九三五年、ジャーナリスト協会は法案をジャーナリスト組合書記長、ヘンリー・マリオット・リチャードソンに手渡し、組合の協力を求めた。法案とともに配布された覚書には、「これらの提案が目標とするところは、イギリスのジャーナリスト登録評議会として知られる団体によって管理され、制定法によって認められた登録簿に名前が記載されている者に「ジャーナリスト」という表現を確保することである」と記されている。[17] つまり、これは「ジャーナリスト」と称する権利を与えるだけであり、プレスに寄稿する専門家を排除するものではなかった。

ミルトン・フリードマンは、資格化を職業選択に対する公的規制ととらえ、三つの段階に区分している。[18] 一つは登録制で、公的機関へ氏名を登録する。二つは認定制で、能力についての証明を与え名称を独占する。三つが免許制で、免許を取得しなければ職業に従事することができない。ジャーナリスト協会の構想は、単に登録を行うというのではなく、能力を証明し「ジャーナリスト」という名称を独占することを目指している。したがって、これは認定制というレベルでの資格化といえよう。法案の説明では、登録されていない者が「ジャーナリスト」を称した場合、一〇〇ポンド以下の罰金を科せられるという。また、ジャーナリストとして不名誉な行為におよんだ場合、懲罰委員会で除名処分が下される。

ジャーナリスト協会は広く法案を周知するため、一九三五年四月に公開会議を催している。協会所有のホールで、会長のアラン・ピット・ロビンズを議長に、「法令による登録委員会」の委員長であるラルフ・デイビッド・ブルーメンフェルドと、法案の起草者であるヘンリー・アーチボルド・テイラーが質問に答えることになった。これはなんらかの結論を得るというものではなく、参加者に対する情報提供がおもなねらいである。機関誌『ジャーナル』は当日の模様を「法案に対する敵対的な考えは完全に霧散した」と記している。[19] ここで、ロビンズは法案を議会へ提出すると決意を表明した。ジャーナリスト協会は、ジャーナリスト組合の支持を得られようが得られまいが、進める腹づもりであった。

ヘンリー・アーチボルド・テイラー
出典：1947, *The Newspaper World*, September 20.

アラン・ピット・ロビンズ
出典：Institute of Journalists, 1932, *Journalism: by Some Masters of the Craft*, London: Pitman.

一九三五年三月の時点ですでに、ジャーナリスト組合の各支部には、ジャーナリスト(登録)法案を批判する声明が執行部から届けられていた。とりわけ、不名誉な行為を行ったジャーナリストを除名するという条項が問題となった。不名誉な行為を雇用者から命じられた場合はどうするのか。断れば「ジャーナリスト」の称号は残っても職は失われる。逆に、命令を遂行すれば「ジャーナリスト」は名乗れずとも職を失うことはない。結局、名誉あるふるまいを保ち、かつ命令に背いたジャーナリストを守れるのは労働組合だけであると考えられた。こうした観点はさらに、経営者団体の参加というジャーナリスト協会の構想に不信感を抱かせる。既述のとおり、法案では資格を管理する登録評議会へ経営者も関与することになっていた。加えて、政府からの干渉も危惧される。しかも、認定制による名称独占では、ボクサーやフットボール選手、「ライター」を名乗る寄稿者を排除できない。当時はスポーツ選手が専門家として報道にたずさわることがあり、ジャーナリストの職域を脅かす存在ととらえられていた。

このように、ジャーナリスト組合の執行部は法案に否定的な見解をもち続けた。機関誌『ジャーナリスト』は法案について、「労働組合の活動によって、世界でもより良い地位を現場のジャーナリストにもたらしたジャーナリスト組合の二八年にわたる仕事を、まさに無かったことにしようという試みにほかならない」と断じている[20]。

翌四月、ジャーナリスト組合の代表者会議がイングランド南部のサウサンプトンで開かれた。ジャーナリストの国家登録も議題とされ、満場一致でジャーナリスト協会の法案を却下している。執行部を代表してヘンリー・ダックワース・ニコルズは、法案の成立に反対するよう組合員に要請し、次のように語った。

合法な組合活動が不名誉なものと判断されるかもしれない。そのようなふるまいについて、法令による定義も、判例法も、前例も、ふさわしくないかどうかを決める原則もなしに、その委員会は人を死罪に問う力を得るのである。(21)

また、議会担当記者支部のアーネスト・ハンターは、国家に協力しないジャーナリストを登録から除名するドイツの記者法を例にあげ、改めて政府による統制の可能性を指摘した。『ジャーナリスト』四月号には、「報道人」「新聞人」「レポーター」などと呼べば、「ジャーナリスト」でなくても問題はないという意見が掲載され、名称独占にメリットを見出せない組合員の意見を代弁している。(22)

こうしたなか、経営者団体もジャーナリスト協会の法案に反対しているというニュースが、ロイターを通して伝わってきた。カナダ、オーストラリア、ニュージーランドなどイギリス帝国下のプレス関係者を集めて、用紙の供給や電信料など、メディア、コミュニケーションの問題を検討する帝国プレス会議に出席するため、南アフリカに滞在していた新聞経営者連合のトーマス・マッカラ卿と新聞協会のアーサー・グライムは、一九三五年三月、インタビューのなかで次のように語っている。(23) マッカラ卿は、ロンドンの全国紙がジャーナリストの試用を妨げられ、資格をもつジャーナリストのみに雇用を限定されることに反対すると述べた。グライムも資格化は実現しそうにないと強調し、そもそも医者や弁護士と比べること自体、理にかなっておらず、多彩な才能をジャーナリズムから締め出すような恣意的な規則は誤っていると述べた[24]。

これに対し、ジャーナリスト協会は機関誌『ジャーナル』において、経営者の権利を妨害する意図はないと弁明する。登録された者に雇用を限定するという考えは「愚にもつかないこと」であるとし、法案は強制ではなく、単にジャーナリズムの質を向上させることを企図したものであると説明した[25]。また別の業界誌で、会長のロビンズは、マッカラ卿とグライムが南アフリカにいて法案を読んでいないのではないかと疑い、ほかのジャーナリストが法案を検討する前に彼らが非難を表明したことは、法案成立に努力してきた者たちを落胆させたと記している[26]。一九三五年七月には、新聞協会の事務所でロンドン周辺および南部新聞連合会が催され、ジャーナリスト（登録）法案の起草において中心的役割を果たしたテイラーと、法案に反対するリチャードソンがそれぞれ一〇分間の演説を行っている。その後、地方紙の経営者が参加する同連合会は、最終的に法案を支持しないことを決定した。

以上のように、労働組合は経営者による統制を恐れ、経営者は雇用の自由が妨げられることを懸念し、双方がジャーナリスト協会の法案を否定した。免許制による職業独占でなければ経営者から自立することはできず、被雇用者としてメリットが見出せない。他方、認定制による名称独占であっても、雇用者の判断に影響を及ぼすことは必至である。業界での支持が得られないなか、実際に提出された法案には新たな人々の思惑が重なってくる。次に、国会議員の発言を中心に法案提出後の動きを追っていこう。

四　品位を改善するため

一九三五年七月一一日、パーシー・ハード卿はジャーナリスト（登録）法案を庶民院へ提出する。そして、第二読会にまわされることなく廃案となった。しかし、一度の失敗で彼らはあきらめない。

ジャーナリスト協会の大会が一九三五年九月、ロンドンのギルドホールで開かれたとき、ジャーナリスト（登録）法案について、ジャーナリスト協会のヘンリー・アーチボルド・テイラーとジャーナリスト組合のアーネスト・ハンターによる公開討論会が設定された。ハンターは医者や弁護士、その他の専門職とは異なり、ジャーナリズムの知識は厳密に範囲を定められないと主張した[27]。どのようなテストがジャーナリストの登録で課されるのか、法案の反対者は心配している。学術的なテストをすれば、若い大卒で業界はごった返すだろう。また、除名の要件である「不名誉な行為」も定義があいまいである。職業上の行為に限るのか、それともモラル一般まで求められるのか。経営者を含む評議会で決めることは危険である。むしろジャーナリストだけの強力な組織が必要である。ハンターはこのように述べ、登録の要件も除名の要件もあいまいであり、仮に定めるとしても経営者が判断すべきではないと考えた。一方、テイラーは、ほかの専門職のように学術的な試験をまねるのではなく、登録の要件としてジャーナリストの経験も重視すると反論する。また、除名の要件として行動綱領を定めなければ、将来、立法によっていっそう厳格な規則が定められることになる。ジャーナリストの側で統制は先どりしたほうがよいと訴えた。

このような議論が続くなか、ジャーナリスト組合のなかからも法案に賛成の声があがる。機関誌『ジャーナリスト』には「ジャーナリスト協会のファシストのごとく陰険な提案に激しく反対しているにもかかわらず、ジャーナリストの国家登録については好意的な組合員が多くいる」と記されている[28]。ジャーナリストに専門職としての威厳をもたせることは必要であり、国家登録はそのための有効な手段であると考える組合員もいるというのである。一九三五年一二月、ジャーナリスト組合の業界紙および雑誌支部が、ジャーナリストの国家登録に賛成を表明した。「この提案の賛同者はおそらく、反対者と同じく、その通過に大いに驚いたろう」と記されるように、この賛意は組合のこれまでの方針に反しており、執行部に衝撃を与えた。[29]論拠の中心は新聞社の悪しき行為にある。たとえば、経営者の方針で事実が曲げられて報道される。資格をもつジャーナリストが自律的に紙面を編集することで、こうした事態は防ぐことができると考えられた。

新聞が抱える問題を解決する手段として、ジャーナリストの資格化を用いるという言説は、法案が提出されるまでほとんど見られなかった。こうした言説が登場するようになった発端は、一九三五年七月二七日号の業界誌『ニューズペーパー・ワールド』にある。法案を提出したハード卿自ら「なぜ私は登録法案を提出したか」と題する論文を寄稿した。すべてに優先するのは公益の問題であると彼は述べる。プレスは誤りやすく、「力の濫用を防ぐ魔除け」をまったく用意していない。ジャーナリストによる評判の悪いふるまいが議会で問題視されている。「過度の自由が容認されるなら、その数〔ジャーナリストによる悪しき行為〕は急速に増え、統制というたちの悪い手段が公憤によって招かれるのは必至である」という。[30]こうした事態を防ぐには、ジャーナリストを真の専門職にする必要があり、その手段こそ法令による資格化であるとハード卿は訴えた。

議会でどのような問題が指摘されているのか。たとえば一九三五年六月四日、アーネスト・グラハムリトル卿は内務大臣に次のような質問をした。

事故で兄弟を亡くした子どもたちに新聞記者たちがインタビューを求めたという最近起きた事件について〔政府は〕注意を払っているかどうか。例としてあげたような、深刻なけがを負っているかもしれないなかで、こうした私的な悲しみへ踏み込むことについて、これを妨げる行動を取る可能性を考慮しているかどうか[31]。

これに対し、内務大臣Ｊ・ギルモア卿は、プレスの一部がこうしたふるまいをする傾向を強めていることは遺憾であると答弁している。ジャーナリスト協会においても、私的に見舞われた不運や純粋に個人的な問題について、プレスが介入することは良識に反するという声があがっていた[32]。当初、専門職化の言説には、部外者を排除するという考えが含まれていた。職業を独占することで、社会的な地位を確立させようという構想である。しかし、ハード卿が「真の専門職」を訴えるとき、排除すべき部外者とは不名誉なふるまいをするジャーナリスト自身である。

一九三五年一一月、ジャーナリスト協会会長のアラン・ピット・ロビンズは、ジャーナリスト（登録）法案を再度提出するよう国会議員に依頼すべきであると主張した[33]。前回は第二読会まで進むことができなかった。今期の議会において再度、法案を出してもらい、協会としても努力せねばならないとロビンズは訴えた。一九三六年四月の論文で、法案起草者の一人であるテイラーも「議員はいわば拡声器であり、選挙区はマイクである。選挙区であるマイクが整わなければ、拡声器から発せられるものに期待することもできない」と書いて会員に支援を募っている[34]。協会はジャーナリスト組合員や経営者への宣伝に加え、政治家へのロビー活動を各支部に要請するようになった。

そして、一九三六年七月九日にジャーナリスト（登録）法案が再度、庶民院へ提出された。今回も提案者はハード卿である。しかし、テイラーによれば、二回目の提案も失敗に終わっている。一〇分ルール[35]の下で提案されたが、第二読会に進むことはできなかった。「法案を支持する議員が「正式な勝負事」

で思わぬ幸運をつかむことはなかった」とジャーナリスト協会機関誌には記されている。[36] 第二読会の審議にかけることができれば、法案の重要性が明らかにされ、誤解を蹴散らすこともできたのだがとテイラーは嘆いた。そのうえで、あきらめることなくさらなる宣伝活動を協会員に求めた。

一九三六年一一月六日、ケント州メイドストーンの議員であるアルフレッド・ボッソムが中心となり、三度目の提案が庶民院に対してなされた。もちろん、ハード卿も共同提案者に名前を連ねている。一九三六年一二月の報告で、テイラーは第二読会でのボッソムの強力な演説を期待している。

翌年二月九日付『タイムズ』に、ボッソムとハード卿は連名で寄稿し、次のように説明した。[37] ジャーナリストの資格化は、単に専門職としての確立を目指すという業界内の問題にとどまらない。目下、プレスにおける自由の濫用が公衆の憤りを招いている。「ジャーナリスト」と称して不名誉なふるまいをする者たちを、この法律は懲戒することができる。そして、ジャーナリストは自らを律し、攻撃的なジャーナリズム活動を慎むようになるはずである。

この記事が掲載される数日前、二月四日にも議会において、プレスによる迫害事件についてアシュトン・パウナル卿から内務大臣ジョン・サイモン卿へ質問があった。[38] ジャーナリストやカメラマンがセントメアリー病院へ乗り込み、品位に欠けるふるまいをしたという。また、婚約者が自殺してしまった女性をセンセーショナルに書き立てるという事件もあった。ハード卿も同様の質問を繰り返した。内務大臣は、こうした苦情について、ほかの事例も含め、その都度、新聞経営者連合や新聞協会に連絡を取り、知らせるようにしていると回答している。

とはいえ、三度目の試みも失敗に終わった。同月、ジャーナリスト協会の評議会では、テイラーが法案を「愛おしい亡骸」と呼んでいる。[39]

一方、私人への攻撃に対し、ジャーナリスト組合がとった解決策は行動綱領の遵守であった。私的な悲しみへジャーナリストが介入することについて、苦情の深刻さは以前から問題視されてきた。書記長のクレメント・バンドックは組合の立場を代表し、行動綱領の違反者に規律を守るよう訴えている。また、経営者団体とも協力し、ジャーナリストを国家資格化することなく業界で問題を解決したほうがよいと主張した[40]。

一九三七年一一月一〇日、四度目の提案がボッソムから庶民院に行われた。業界誌『ニューズペーパー・ワールド』一一月一三日号には、「〔うまくいけば〕法案は三月一一日の第二読会にかけられる予定となるが、その機会は期待できそうにない」と記されている[41]。そして、法案はプレスに対する規制を招くものであり、また、その品位を改善する役には立たないという他紙の記事を紹介している。こうして四度目の試みも、実質的な審議に入ることなく潰えていった。

五　ジャーナリストが資格化されるとき

イギリスにおけるジャーナリスト資格化の動きは、同時代の日本にもかすかに伝えられていた。東京帝国大学の小野秀雄が「非常時の新聞」と題した講演において、「まさかと思つて居りました英国が昨年になりまして、新聞記者の職業登録の問題を協議しだしてゐる」と言及している[42]。すでに一九二九年、日本の第五六回帝国議会において、「新聞記者優遇ニ関スル建議案（篠原和市君外四名提出）」「新聞記者ノ資格制定ニ関スル建議案（飯村五郎君外一名提出）」が提出されていた。これは要するに、新聞記者に資格を与えて優遇し、職業としての地位を保証する一方、詐欺や恐喝を行うような者からは資格を取り上げ、締め出したほうがよいとする提案であった。とはいえ、日本の内務省はこうした考えに同意を与えていない。新聞記者の品位が社会に及ぼす影響は認めるにせよ、その統制は新聞社自らが行うべきことであり、法律によってなすべきものではないと考えていたのである。

しかし、ドイツやイタリアに続き、やがて日本においても新聞記者の資格化は言論統制の側面から模索されるようになる。一九四〇年にそれまでの情報統制機構が最終形態である情報局として確立するにあたり、松村秀逸陸軍大佐の命令で「新聞統制私案断片」が執筆され、統制の手段として新聞紙法の改正と新聞記者法の制定が検討されるようになった。一九四二年には統制団体として日本新聞会が業務を開始し、記者登録制について協議し始め、ついに日本新聞会記者規程を制定して、「国体観念ヲ明徴ニシ記者ノ国家的使命ヲ明確ニ把握シ且常ニ品位ヲ保持シ公正廉直ノ者タルコト」を新聞記者の条件に定めている。

このような登録制を含め、ジャーナリストを資格化する動きが第一次世界大戦後に各国で生じていた。イギリスは法制化を見送ったが、それでも新たな戦争において、ジャーナリストを動員する必要から、政府の名簿に氏名を記載することが求められるようになる。

一九三八年九月、チェコスロバキアへのドイツ軍侵攻を止めるため、イギリス、フランス、ドイツ、イタリアの四か国による会談がミュンヘンで行われ、協定によりチェコスロバキア西部の重要な工業地帯ズデーテン地方のドイツ領有が認められ、チェコスロバキアが分割されることを条件にドイツは開戦を見送った。しかし、翌年三月には協定を破ってチェコスロバキアに領土の割譲を迫り、ドイツ軍はプラハへ進駐する。ヒトラーに対するイギリスの宥和政策は破綻し、戦争の可能性は時とともに高まっていった。

こうしたなか、イギリスでは労働省において、ジャーナリストを政府に登録するための委員会が設置される。戦時に備え、専門技術をもつ個人を政府に登録し徴用する制度が立ち上がり、ジャーナリストもその対象とされたのである。彼らはプロパガンダなどに従事することが予定されていた。名簿に記載されるジャーナリストを選抜するため、メディア業界は中央登録諮問委員会に代表者を送るよう求められた。この要請に応じて、ジャーナリスト協会から事務長のスチュアート・ニコルソン、ジャーナリスト組合から副委員長のアーネスト・ハンターが参加することになった。

ジャーナリスト協会はいち早く、独自に三〇人以上の自発的な登録を募って名簿を作成し、当局の求めに応じていつでも提出できる用意を調えた。ニコルソンは勅許をもつ団体として、ジャーナリスト協会の存在を労働省に売り込んだ。登録すべきジャーナリストについて助言を行う中央登録諮問委員会が設置されると、協会執行部は労働大臣からの依頼を即座に受け入れた。ジャーナリスト協会会員は、特殊な資格をもっているかどうかなど、経歴の詳細を提出するよう求められた。

ドイツへの宣戦布告という戦時において、プロパガンダなど国家への奉仕にたずさわるジャーナリストの雇用がヘンリー・アーチボルド・テイラー会長によって強く主張された。ニコルソンは「危機に際して特殊な仕事を引き受けるため、ジャーナリストが彼らの資格を適切に認められるよう、もし可能であれば、そのことを確実にしたい」と抱負を語っている。[43]

ジャーナリスト組合は、ジャーナリスト協会のこのような動きを、雇用の機会に対する抜け駆けであると考え、政府から優遇措置を受けようとしていると邪推するようになっていた。[44] そこで、ジャーナリスト組合も自発的な登録リストを作り始める。戦争において専門的な能力を発揮できるジャーナリストを政府に雇用してもらうためである。書記長のクレメント・バンドックは組合員に登録のための案内を送った。そこには「国家的な危機に際して奉仕するジャーナリストのリストに、あなたの名前を記載することが求められている」と記されていた[45]。

一九三九年八月になると、多くのジャーナリストが中央登録に氏名を記載するようになった。登録簿は労働省兵役部において整理され、戦争が始まればしかるべきポストにジャーナリストを任用する予定であった。新聞経営者に対しても、国家的な利害を考慮して従業員を登録させるよう促した。

一九三九年八月二三日、独ソ不可侵条約が締結され、ドイツ軍は九月にポーランドへ侵攻、イギリスとフランスがドイツへ宣戦布告して第二次世界大戦が勃発した。一九三九年九月四日、イギリスに情報省が復活する。戦争開始とともにロンドン大学のジャーナリズムのためのディプロマコースは中断され、実習の責任者であるトム・クラークが情報省へ移ったことは先述したとおりである。業界誌『ニューズペーパー・ワールド』は、情報省がスタッフを任命する際、労働省によって準備された中央登録が利用されるはずであると期待していた。

とはいえ、はやる気持ちを抑えきれないジャーナリスト組合は、登録簿に記載されているジャーナリストを情報省が積極的に任用していないと不満を漏らし、ジャーナリスト協会も雇用について「情報省が〔任用を〕開始しない態度に深い不満と遺憾の意」を表明する決議を採択した[46]。エドワード・グリッグ卿は庶民院でのこうした問題についての質疑に答えて、登録簿は情報省への任用において必ず考慮されると保証を与えている。しかし、ジャーナリスト組合内に設置された戦時危機委員会では、「時として、もっとも望ましくない縁故主義、えこひいきが含まれる」という意見が出され[47]、情報省の地域スタッフの任命には不公平な面があるとして政府に再検討を促している。カムローズ卿は、情報省のスタッフ任用について見直しを行い、中央の登録にしたがってすべてのジャーナリストを政府に奉仕させるよう努力すると釈明した。

このように、強制されたものではないにせよ、戦時下においてイギリスでも記者の登録は行われた。とはいえ、日本やドイツのように言論統制の一環ではなく、人材の動員が目的であった。本章では専門職化の構想として、国家資格に焦点を合わせ、一九三〇年代を中心にジャーナリストの資格化について検討してきた。最後にその過程を整理し、ジャーナリストを専門職化するうえで「資格」が及ぼす影響について考察しておこう。

専門的知識の独占により市場を形成し、報酬、社会的地位を高めるには、養成プロセスの確立が重要である。とりわけ、高等教育と採用が密接に関連していれば、入学段階で人数を統制することが可能となる。そうでなければ、資格を制度化することで制限をかける。後者は日本における新興専門職に見られる傾向でもある。(48)ジャーナリストが高等教育と密接な関連をもたない一九三〇年代のイギリスにおいて、資格化の構想は採るべき選択肢の一つであったろう。

しかし、彼らが国家資格を得ることは結局適わなかった。専門職化を阻む要因として、たとえば臨床心理士や医療福祉士の過程では、ほかの医療専門職との葛藤が指摘されている。(49)医療行為であるなら医師の指示に従わねばならない。どこまで職業の自立性を確立できるのか、既存の専門職との関係に注意が払われてきた。ドイツの事例では、望田幸男らが科学技術者やディプローム・カォフマンという商人の称号を導入する際、旧来の職業資格からの排除、抵抗があったことを明らかにしている。(50)では、イギリスのジャーナリストにおいて、いかなる組織が、どのような論理で専門職化を阻んだのだろう。

当初、彼らは英米のほかの職業同様、医者や弁護士をモデルに専門職化を模索した。「閉ざされた」専門職という表現に見られるように、ジャーナリストの目標は職業独占に定められていた。聖職者や大学教授、スポーツ選手など専門家による寄稿が、専業ジャーナリストの職域を脅かしていたからである。

そこで、ジャーナリスト協会は「法令による登録委員会」を設置し、国家資格の制定を目指した。ところが、同業であるジャーナリスト組合が資格化に反対を表明する。

職業独占を達成して利益を得るのは、ジャーナリスト組合も同じである。にもかかわらず、反対を表明した理由は二点ある。一つは、資格を管理する法定の団体に経営者が参加することへの懸念であり、もう一つは労働組合それ自体の弱体化を恐れたことである。なぜなら、資格は労働組合の機能の一端を担うことができるからである。国家資格が賃金や労働条件を保障するのであれば、労働組合の活動は不要となる。反対に、労働組合も資格の機能を代替できる。組合がジャーナリストの地位を守るという方法もあり得る。国家資格が業界参入の条件となるように、労働組合への参加を雇用の条件とし、組合員のみ雇用するシステム、クローズドショップ制に置き換えることができる。つまり、資格化という手段は組合員のみ雇用するシステム、クローズドショップ制に置き換えることができる。このように考えれば、国家資格の管理に経営者を参加させるという構想は、ジャーナリスト組合にとって危険なものに見えたろう。

しかも、議会へ提案されたジャーナリスト（登録）法案は、職業独占の免許制ではなく、名称独占の認定制だった。これでは、当初目指していたはずの「閉ざされた」専門職にはなり得ず、資格化するメリットも失われてしまう。ジャーナリスト協会はこの譲歩を経営者の説得に用いたが、結論からいえば彼らも資格化に賛成しなかった。経営者から見た資格の排他性とは、雇用の自由を妨げることである。資格をもつ者しか雇えないというのでは、専門家による寄稿はもとより、紙面に対する経営者の裁量が著しく狭められることになる。

そして、国家による干渉の問題がある。この観点からの反対において、最初に参照されたのはドイツの記者法であった。ヒトラー政権下で成立した同法は、ユダヤ人を含め、国家の目的にそぐわないジャーナリストを新聞雑誌から排除した。ここでの争点は表現の自由、ひいてはプレスの自由に対する侵害であった。しかし、法案提出後、この国家統制の主張は思わぬ形で資格化の言説に組み込まれる。つまり、不名誉なふるまいをするジャーナリストを排除せよという要請である。二〇世紀前半の大衆紙の躍進は、私生活を暴露するセンセーショナリズムをジャーナリズムにもたらした。行き過ぎた報道を取り締まるよう世論に促された国会議員が、資格化に統制の手段を見出したのである。

結局、イギリスにおいては、ジャーナリスト(登録)法案は成立しなかった。しかし、戦争への動員という過程において、登録制は国家への奉仕という形で実現している。もちろん強制ではない。ただ、どのような体制であれ、ジャーナリストが資格化される瞬間がいかなる状況の下にあったのかということは、心にとめておかねばならないだろう。

（1）Alfred Kingston, 1925, *Pitman's Popular Guide to Journalism: A Practical Handbook for All Engaged in or Seeking to Qualify for Professional Work on the Newspaper Press*, London: Sir Isaac Pitman & Sons, Ltd., p. 20.
（2）Harold L. Whiteside, 1932, "The Legal Position of Journalism: A Way to Improve Status and Conditions," *The Newspaper World*, November 19: p. 1.
（3）1925, "Definition of Status and Qualification," *The Journal of the Institute of Journalists*, March-April: p. 20.
（4）F. G. Walters, 1924, "Status," *The Journalist*, January: p. 13.
（5）A. S. N., 1932, "Journalism as a Closed Profession," *The Newspaper World*, March 26: p. 8.
（6）P. A. Shaw, 1934, "What Is a Professional Journalist?," *The Newspaper World*, February 10: p. 6.
（7）1933, "Proposed Registration of Journalists," *The Newspaper World*, October 28: p. 11.
（8）1934, "Statutory Body for Journalism: Home Secretary Seems Favourably Disposed," *The Newspaper World*, May 19: p. 1.
（9）プレス関係者の社交を目的とする紳士クラブ。ジャーナリストだけでなく、新聞経営者、写真家などを含む。

(10) J. M. Denvir, 1934, "The Profession of Journalism," *The Times*, February 1: p. 10.
(11) 1933, "German Press: State Control of Journalists," *The Times*, October 6: p. 12.
(12) 1934, "German Press Law in Force: Drastic Code Controlling All Journalists," *The Newspaper World*, January 6: p. 6.
(13) Eric Kinton, 1934, "State Register of Journalists," *The Newspaper World*, February 10: p. 6.
(14) J. S. Dean, 1934, "That National Register: Wanted a New Policy," *The Journalist*, August: p. 130.
(15) 1934, "A Code of Conduct for Journalists: N. U. J. Resolution," *The Times*, March 31: p. 7.
(16) 1935, "Journalists (Registration) Bill Explained: Memorandum Outlining Main Provisions," *The Journal of the Institute of Journalists*, March: p. 34.
(17) 1935, "Terms of Journalists' Registration Bill: Institute Hopes for Support of N. U. J.," *The Newspaper World*, February 23: p. 1.
(18) ミルトン・フリードマン(村井章子訳)『資本主義と自由』日経BP社、二〇〇八年、二六七―二六八頁。
(19) 1935, "The Register: No Opposition at Open Meeting in London," *The Journal of the Institute of Journalists*, May: p. 77.
(20) 1935, "Trade Unionism or Registration," *The Journalist*, April: p. 72.
(21) 1935, "Criticisms of State Register Bill," *The Newspaper World*, April 27: p. 10.
(22) 1935, "The Institute Bill: A Glaring Danger," *The Journalist*, April: p. 73.
(23) 新聞経営者連合はロンドンおよびマンチェスターで全国紙を発行する新聞社により一九〇六年に結成され、おもに労働条件の調整を目的とした。トーマス・マッカラ卿は植字工として業界に入り、ロンドン植字工協会の会長を務めたのち、新聞経営者連合に登用され事務長となった。新聞協会は一八三六年に設立され、地方紙や週刊紙の経営者を会員とする団体である。アーサー・グライムはイングランド北西部ブラックプールの地方紙経営者で、当時、新聞協会の会長を務めていた。
(24) 1935, "Institute's Registration Bill Condemned," *The Newspaper World*, March 16: p. 1 and p. 14.

(25) 1935, "The President Rebuts Criticism of the Bill: Hasty Comments That Are Wide of Mark," *The Journal of the Institute of Journalists*, April: p. 66.
(26) Alan Pitt Robbins, 1935, "Institute's Registration Bill Defended," *The Newspaper World*, March 23: p. 1.
(27) 1935, "The Institute of Journalists," *The Times*, September 10: p. 15.
(28) Bernard Charlesworth, 1935, "The State Register," *The Journalist*, July: p. 128.
(29) 1936, "State Register: T. & P. Branch Support the Principle," *The Journalist*, February: p. 34.
(30) Percy Hurd, 1935, "Why I Presented the Registration Bill: Wrong to Assume That Press Dissension Will Kill the Measure," *The Newspaper World*, July 27: p. 1.
(31) 1935, *Hansard's Parliamentary Debates. 5th Series*, vol. 302, cols. 1705–1706.
(32) H. A. Taylor and Ernest Hunter, 1935, "Debate on Register Bill at Institute Conference," *The Newspaper World*, August 17: p. 2.
(33) 1936, "The Register Bill," *The Journal of the Institute of Journalists*, March: p. 28.
(34) H. A. Taylor, 1936, "First Steps to Registration: Story of Progress of the Institute's Bill," *The Journal of the Institute of Journalists*, April: p. 38.
(35) 議員提出法案は、抽選に漏れて審議時間が確保されない場合でも、会期中に提出の許可を求めることができる。その場合、趣旨説明は10分以内で行わねばならない。
(36) 1936, "Registration Bill: Mr. Taylor's Report on Progress of the Measure," *The Journal of the Institute of Journalists*, October: p. 165.
(37) Percy Hurd and Alfred C. Bossom, 1937, "The Journalists Bill," *The Times*, February 9: p. 10.
(38) 1937, *Hansard's Parliamentary Debates. 5th Series*, vol. 319, cols. 1752–1753.
(39) 1937, "Register Bill 'a Lively Corpse': Comment in Institute Journal," *The Newspaper World*, February 27: p. 4.
(40) Clement J. Bundock, 1937, "Registration of Journalists," *The Times*, February 8: p. 8.
(41) 1937, "Registration Bill Again: Critical Press Comments," *The Newspaper World*, November 13: p. 1.

(42) 小野秀雄「非常時の新聞」『「ジャーナリズム講演会」集』新聞之新聞社、一九三四年、七五頁。講演会は新聞之新聞社創業一一周年記念として、一九三四年四月六日、日比谷市政会館講堂で開かれた。

(43) 1939, "Journalists and Registration for Special War Work: Committee Being Formed to Advise on Position," *The Newspaper World*, May 6: p. 1.

(44) 1939, "Institute Register: Minister of Labour's Statement," *The Newspaper World*, May 13: p. 3.

(45) 1939, "N. U. J. Register for War-time Use," *The Newspaper World*, June 17: p. 2.

(46) 1939, "Information Ministry to Use Journalists' Central Register: Present Staff Selected before Its Compilation, Says Sir E. Grigg," *The Newspaper World*, September 23: p. 3.

(47) 1939, "Ministry of Information Reorganized," *The Newspaper World*, October 7: p. 1 and p. 23.

(48) 橋本鉱市編著『専門職養成の日本的構造』玉川大学出版部、二〇〇九年。

(49) 資格化に失敗した職業についての研究は乏しいが、臨床心理士を対象に専門職化の過程を追った丸山和昭「専門職化戦略における学会主導モデルとその構造——臨床心理士団体にみる国家に対する二元的戦略」『教育社会学研究』七五集、二〇〇四年、また、福祉系国家資格を対象とした京須希実子「福祉系国家資格制定過程の研究——「専門職」形成のメカニズム」『産業教育学研究』三六巻一号、二〇〇六年に貴重な事例が含まれる。

(50) 望田幸男編『近代ドイツ＝「資格社会」の制度と機能』名古屋大学出版会、一九九五年。

第四章　ジャーナリスト訓練評議会の誕生

敗戦後の日本において、メディア政策を打ち出したのは占領軍である。なかでも日本国民への啓蒙宣伝活動は、民間情報教育局（ＣＩＥ）が担当した。彼らは大学で記者教育を行うよう日本の関係者に迫った[1]。ジャーナリストの養成を高等教育で行う伝統をもつアメリカにとって、それは当然の方針であった。しかし、戦時下のみそぎや座禅による訓練はともかく、当時も日本では、実際に現場で記事を書いて仕事を覚えることが基本とされていた。取材先として警察を担当し、先輩から助言を受け、原稿をデスクに見てもらう。失敗や苦労を重ねながら経験を積み、技能を磨いていく。現在と異なるのは、社内に制度化された研修のようなものがなかったことである。こうした職場における訓練に対し、ＣＩＥ局長ケン・ダイク准将は、一九四六年五月、放送会館での会見において「次代の新聞人を養成するため教育機関を整備すること」をメディア業界に示唆した[2]。同年七月、発足したばかりの日本新聞協会は、大学に新聞の講座を設けるため補助金を支出することを決定した。

これを受けて慶應義塾大学は、アメリカのジャーナリズム学科をモデルに新聞研究室を設置し、四つの講座を開いている。あわせて、学生に実務の訓練を積ませるため『慶應ジャーナル』を創刊する。これはのちに『慶應義塾大学新聞』となる[3]。時を同じくして早稲田大学も新聞学科を設けた。一九四七年には日本大学も新聞学科を設置する。一九四八年に同志社大学新聞学専攻、一九四九年に関西大学新聞学科ほか東北大学、東北学院大学、京都大学、神戸経済大学にも新聞学に関連する講座が新たに発足した。

東京帝国大学にはダイク局長が直接訪問し、総長の南原繁にジャーナリズム学科の設置を促している。一九四七年にはミズーリ大学からフランク・ルーサー・モットが派遣され、四年制の新聞記者養成コースを作るための助言を与えることになった。[4] 結局、東京大学はジャーナリストの養成を主とすることを拒み、一九四九年五月、改めて新聞研究所を発足させる。ただし、そこには教育部が設けられ、一九五〇年から授業も請け負うことになった。

ところが今日、アメリカ式のジャーナリスト養成は日本に根づいていない。仕事は現場で覚えるものであり、外部の学校教育で訓練を受けるものではない。つまり、ＯＪＴが主流である。これについて研究者の花田達朗は、「その後、戦後五〇数年、新聞界ないしメディア産業界から大学への組織的な働きかけや提案はなかったといってよく、ジャーナリスト教育をめぐって実業界と大学は接点を持つことなく時は過ぎたのである」と記している。[5]

さて、本書はここで、第二次世界大戦の戦勝国イギリスに目を転じる。ロンドン大学でアメリカを参照しながら進められたトム・クラークの実習は、戦時下において中断していた。はたして、高等教育でジャーナリストを養成するというアメリカ式の考えは戦後、受け入れられたのだろうか。

一　ロンドン大学ジャーナリズム委員会の解散

第二章で詳細に検討したように、戦前、イギリスの高等教育でジャーナリストを養成する試みは、一九一九年にロンドン大学に設置されたジャーナリズムのためのディプロマコースに代表される。これは第一次世界大戦後、従軍した兵士をすみやかに復員させるという目的から誕生した。当初は教養主義を掲げ人文・社会科学を学ばせていたが、元ジャーナリストのトム・クラークを責任者に迎え、一九三〇年代になると実学志向を取り入れた。しかし、一九三九年、第二次世界大戦の勃発によりコースは中断されてしまう。もし、大学が戦後のジャーナリスト養成を担うとすれば、再びロンドン大学が中心的役割を果たすようになるだろう。そのように考えても不思議ではなかった。ただし、発足当初のような教養主義に立ち戻られては困る。ジャーナリスト協会のノーマン・ロブソンは戦後条件委員会で、「いっそう多くの時間と指導が実践面に捧げられるべきだ」と述べ、(6)実学でなければならないことを強調した。

いずれにせよ一九四三年、戦時下において、早くもロンドン大学の復活は検討事項として認識されていた。ジャーナリスト協会は、戦争が終わってもコースは復活しないかもしれないと危惧しており、そうであれば容易ならざる危機であると話し合いを重ねていた。なぜなら、「大卒に対する強い偏見と、若くして〔ジャーナリズム活動を〕始め、広く実践の経験を積んだ人々を好む傾向」が新聞社に存在したからである。(7)

ジャーナリストの養成には、二つのやり方があると考えられてきた。一つは一五、六歳で採用し、週刊紙から始めて速記を身につけ、仕事をしながら現場で鍛え上げるという考えである。これに対し、新聞『ウェスタン・メール・アンド・エコー』を経営したロバート・ウェバー卿は、ノートを取るだけの人ならこうしたやり方でも問題ないが、編集幹部のポストを得るには多くの知識が必要であり、より良い教育を受けていなければならないと指摘する。(8)理想的なのは職業訓練に学術的な勉強を組み合わせることであり、戦前、行われていたロンドン大学のコースがふさわしいと主張した。こうした考えは『ヨークシャー・ポスト』紙のウィリアム・リントン・アンドリューズなど、ほかのジャーナリスト協会会員にも共有されていた。強い好奇心をもち、公共精神のある使い走りの少年がジャーナリストになることを拒みはしないが、一般教養をしっかり身につけることが望ましく、教育の継続は必要だろうというのである。ロンドン大学キングズカレッジにおけるジャーナリズムコースの復活が期待されていた。

一九四四年、協会の機関誌『ジャーナル』に「将来の構築」という論文が載る。執筆者のM・V・ノアケは一九三七年のイースター休暇のとき、研修を受けたいというロンドン大学の学生をクラークから引き受けた。報道の現場で経験を積むため、一か月あまり彼の新聞社に滞在したという。彼女はレポーターの仕事から深い感銘を受けたようだった。「その示唆するところは、たとえジャーナリズムの学校が与えられても、新聞社はつねに、重要で必要な訓練の場であり続けるだろうということである。医学生や若い看護師にとって、講義や私的な勉強と同じくらい病院での経験が必要なのと一緒である」とノアケは記している[9]。

いずれにせよ、戦時下においてもジャーナリスト協会は、教育や訓練について検討を続けてきた。そこでは一般教養と実学を折衷したジャーナリズムのコースを大学において設置すべきであり、まずはロンドン大学のコースを復活させようとする構想がもち上がっていた。こうしたなか、一九四四年には労働省の諮問委員会が、ロンドン大学のコースを再開し、ほかの大学にもジャーナリズムのコースを設置するよう勧告する。それは第一次世界大戦のときと同じく、「戦後」に対する緊急の課題でもあった。

戦争が始まってから、ジュニアレポーターは努力を続けてきたが、仕事の水準は低下せざるをえなかった。しばしば人員は不足し過労気味となり、新人の訓練にあてる余力は残されていなかった。アンドリューズはこのときを振り返り、間に合わせでやっていくほかなかったと述べる[10]。加えて、訓練中のジュニアジャーナリストが戦地へと動員され、新聞社からも離れていった。彼らは復員しても日々の業務に慣れるまで時間がかかるだろう。シニアの復員兵以上に問題が予想された。戦勝後のジャーナリストの養成はまず、復員の問題として理解されねばならなかった。

アンドリューズも、ロンドン大学におけるかつての授業に期待をかけた。たしかに地方紙やロンドンの郊外紙は最良の訓練場である。しかし、一般教養はどこで身につけるのか。彼は若いジャーナリストが読むべき一〇〇冊のリストをあげ、政治制度、法律、英文学、経済や外国語の習得を訴えた。プレスの歴史、偉大なジャーナリストの伝記から学ばねばならないとアンドリューズはいう。彼は旧式の伝統的なジャーナリスト養成を警戒した。

古い友人のなかには、こうした提案が少々もったいぶったものに見えるかもしれない。われわれがかつてそうであったより高度なものを、ジャーナリズムに求めることに疑問をもつだろう。訓練について現在語られていること、大学でのコース、軍人への政府の援助でさえ、彼らの目から見てジャーナリストをあまりに学術的にする危険があるという。[11]

つまり、現場での訓練だけでは足りないとアンドリューズは考えた。ジャーナリズムの方法は変化し、読者の関心も変化する。社会や経済も含め、新たな環境に適応する努力が新聞業界にも必要だろう。訓練は高度な水準をもって行われるべきである。

ところが、一九四五年、ロンドン大学のディプロマコースは再開されることなく潰えた。いずれのカレッジも財政難により、ジャーナリズムのコースを引き受けようとはしなかった。ロンドン大空襲により、戦前、コースの中心を担ってきたキングズカレッジの校舎も被害にあっていた。ジャーナリスト協会は支援のため新聞社に接触を試みたが、大学側はすでにコースの再開を断念していた。もっとも、大学側が「ジャーナリズムに関する教育を、その職業それ自体によって実施すべき義務とみなしていた」ことも事実である(12)。

一九四六年、ロンドン大学ジャーナリズム委員会は、大学本部の決定を受けて解散となった。ジャーナリスト協会評議会はこの決定を不服とし、復活を促すことを表明している。協会の教育委員長であるヘンリー・グレゴリー・ピアースはこの件について大学本部を強く非難した。そして、マンチェスター大学、バーミンガム大学、エディンバラ大学、グラスゴー大学に代わりとなるコースを設置するという提案を行っている。また同年、ジャーナリスト協会の年次大会において、R・M・レスターはほかのプレスと協力してロンドン大学のコースを早期に再建すべきであると評議会に提案している。「閉鎖されたコースは、ジャーナリズムのさまざまな側面において実践的な訓練の適切な基礎を提供していた。それを通して、ほかの人々よりふさわしい若者がその職業に入っていた」と訴えた(13)。だが、ロンドン大学でのジャーナリスト養成は復活しなかった。

二　ケムズレー編集計画

叙爵されケムズレー卿となった新聞経営者ゴーマ・ベリーは、ロンドン大学の試みに満足していなかった。

多くの専門職とは異なり、新聞人は試験を経ていない。大学はジャーナリズムにおける学位を認めず、戦前にあったロンドン大学のディプロマコースは、実践的な指導を欠いていたため失敗した。

英国で唯一、技術カレッジがこれまで定時制のコースを設置してきた[14]。体系的な訓練は必要だが、大学は実践的な職業訓練に欠けているという認識である。他方、ケムズレー卿はプレスに関する王立委員会への警戒も怠らない。政府主導による新聞の統制は言論の自由を狭めると考え、センセーショナリズムを脱して公共サービスとして紙面を提供するためにジャーナリスト養成の計画を立てたと説明している。

こうして立案されたケムズレー編集計画（Kemsley Editorial Plan）は、新聞社主導のジャーナリスト養成として、一九四七年から一九五二年まで実施に移された。当初、ケムズレーグループ内の新聞社間でシニアジャーナリストを交換し、彼らに幅広い経験を積ませるという目的があった。マンチェスターで印刷について実務を経験させ、ロンドンで編集に従事させることが考えられた。つまり、グループ内で人材プールを作り効率化を図ろうとする戦略である[15]。ほかに、ウェストミンスタープレスも一九五一年に同様の養成制度を立ち上げている。

ケムズレー編集計画について、『ジャーナリズムに関するケムズレーマニュアル』という著作が残されている。その扉ページの文言は次のようにいう。

〔本書は〕新聞の仕事、そのキャリアのすべてについての詳細なガイドであり、一般読者向けの、出版の自由に関する原理、基準、規則の分析と、ジャーナリズムを勉強するコースのための教科書である。新聞業界の編集幹部、および一流の権威ある人々によって執筆されている[16]。

編集室
出典：Kemsley Newspapers ed., 1950, *The Kemsley Manual of Journalism*, London: Cassell & Co.

このマニュアルで、ライオネル・ベリーは「新聞の編集にたずさわる人々すべての職業を表す用語であるジャーナリズムは、ほかの専門職のように訓練や参入、資格に関する公式の手段を備えていない」と現状を述べ⑰、業界に統一した採用、訓練の過程がないと指摘する。中等学校を修了した一六歳から一八歳の若者が、でたらめであいまいな方法により新聞業界へ入ってくる。訓練は親切な編集幹部やシニアレポーターの自主性にゆだねられており、多くの場合ほとんど個人的な努力によって能力が培われる。加えて、第二次世界大戦により新聞社のスタッフは激減しており、経験を積む機会を失った多くの若者があぶれている。そこでケムズレー編集計画が誕生したという。

まず、編集幹部はジュニアジャーナリストの希望に応じて必要な訓練を考える。編集室から始め、写真室、電話室、図書室へ短期間配属させ、製造部門で印刷工程も学ばせる。教室での授業は週に一時間程度、同僚のジャーナリストが報道や整理の方法について教える。模擬演習で記事を書かせ、実際に紙面に掲載された先輩ジャーナリストの記事と見比べることでミスを指摘し、改善のための指導が行われる。一般教養は週に五時間、歴史、文学、経済、地方行政について学ぶ。もちろん、速記とタイプライティングは必須である。

また、一九四八年、ケムズレー卿はカーディフの技術カレッジに、ジャーナリズムのためのディプロマコースを設置した。当初は二年制でのちに三年制となった。一八歳から入学できた。授業は夜間に週五時間行われる予定であった。また、国際関係や経済学、ヨーロッパ史について、大学や新聞社で公開講座を催し、新聞社のスタッフに聴講させるという計画も立てられている。午後五時から六時三〇分まで九〇分の授業である。毎週行われ、七回ほどを予定していた⑱。ロンドン、マンチェスター、グラスゴー、ニューカッスル、シェフィールド、ブラックバーンなど主要な都市で開催し、各回五〇人から一〇〇人の参加者を見込んでいた。これはケムズレーグループ以外の新聞社スタッフにも開かれていた⑲。

三　業界団体の確執

一方、地方紙経営者の団体である新聞協会も、戦勝後の動きを模索していた。一九四四年、新聞協会はジャーナリスト協会とジャーナリスト組合に対し、ジャーナリストの教育に関する委員会の設置を申し入れた。同年、ジャーナリスト協会は、教育大臣リチャード・バトラーに、ジャーナリストの養成について検討するようもちかけている。しかしバトラーは、ジャーナリストの能力を高めることには賛成したが、教育省として主導するつもりはないと返答した。とはいえ、業界で統一された委員会が設けられた場合、官僚の派遣には応じるという。

背景には、兵役についていたジャーナリストたちのすみやかな復員を支え、戦時下において十分な訓練を受けることができなかったジュニアジャーナリストを速成し、人員の不足を早急に補いたいという労使双方の願望があった。ジャーナリスト組合は、一九四五年に復員兵のための補習コースを企画している。報道、整理、整理の練習、法律に関する四つの教科書を作成し、ラスキンカレッジで授業を行う

ジャーナリスト協会
出典：1948, *The Journal*(*Institute of Journalists*), November.

というものである。戦時において新聞社を離れた組合員はだれでも利用することができた。所属部隊の教育担当将校を通じて申し込み、陸軍省が受講費用を負担した[20]。

また、メディア業界から教育省への働きかけは、戦後の教育政策により義務教育の拡大、延長が予想されるなか、読者の教育水準が必然的に向上すると、新聞紙面も質的向上を図らねばならず、こうした動きにジャーナリストが出遅れてはならないという焦りを含んでいた[21]。

ところが、ジャーナリスト組合は新聞協会が申し入れた委員会設置について三者で交渉することを拒否した。ジャーナリスト協会とは協力できないというのである。そこで、被雇用者側の団体は新聞協会に個別に接触することになり、業界で統一された委員会を設置するという構想は早くも暗礁に乗り上げることになった。結局、ジャーナリスト協会は新聞協会と二者で話し合いを進め、一九四五年、訓練について協力するとの合意を形成した。

他方、ジャーナリスト組合も一九四六年に入り、ジャーナリストの参入を統制し、水準の向上を図るという目的で訓練スキームの開発を独自に始めている。同スキームの組合員への周知と実現に向けた取り組みのため、特別代表者会議が招集されることになった。計画では、経営者とジャーナリスト組合が対等に代表者を送り、教育機関にも参加してもらって、訓練のための全国評議会を立ち上げる予定であった。委員は全一五人で、うち経営者六人、ジャーナリスト組合六人、教育機関三人で構成する。この時点では、「雇用者との協力」が理想的であると考えられていた。

この全国評議会の下に地域委員会を設けて、志願者から徒弟を選抜し、中等教育、それ以降の「継続教育」(22)を管轄する当局と連携して訓練にあたる。内容は技術的な訓練と一般教養を組み合わせたものである。徒弟は取材し実際に記事を書くなかで、主任レポーターや編集幹部から指導を受ける。加えて、速記、タイプライティングを学び、英語、地理、現代史、外国語の授業を受ける。二年目にはジャーナリズムに関係のある法律や財務、統計などを勉強し、三年目に議会の機能や政党、産業について教育を受け、さらにスポーツや文化についても学ぶ機会が与えられるという構想であった(23)。

一九四六年四月一八日から二〇日にかけて、リバプールでジャーナリスト組合の代表者会議が開かれた。新聞協会が組合の訓練スキームに関心をもっていることは明白であり、一方で、組合のほうも雇用者との協力を必要としていた。組合側は雇用者との協力に楽観的な見通しをもっていた(24)。六月二二日、訓練スキームはジャーナリスト組合の特別代表者会議で正式に承認される。これはジャーナリズムの新人に「信頼の証」を与える試みと称えられた。教育大臣Ｄ・Ｒ・ハードマンはこのスキーム導入に賛意を表明し、教育省は設備の便宜を図ると約束した(25)。

次なる課題は雇用者との提携である。新聞協会はすでにジャーナリスト組合の草案を受け入れる方針であった。ジャーナリスト組合教育委員長のアーネスト・ジェイは、国家からの助成に加え、経営者からもかなりの貢献が期待できると考えていた。

しかしながら、この計画には一点、重要な問題が含まれていた。それは地域委員会による新人の採用である。採用にあたり地域委員会は選抜テストを実施するものとされ、ジャーナリスト組合では、どれほど厳格なテストを実施するのかについて議論があった。志願者には「健全で一般的な知性、素質、あるいはジャーナリズムに対する適性や社会的責任感を明らかにすること」が求められた[26]。

だが、問題の本質はジャーナリストの水準にあるのではない。この訓練スキームがジュニアジャーナリストの参入を制限し、採用に関する雇用者の自由を侵害していることが問題であった。地域委員会で経営者は組合員と同数選出され、委員会を等しく代表する。そうなれば現在のように望む者をだれでも自由に採用することができなくなるのではないか。「ジャーナリスト組合のスキームに含まれるこうした基本的な問題点を、どれほど雇用者がすすんで受け入れるかは、おそらく、組合から完全な協力を得るために、彼らが行動の自由を失うと感じるかどうかにかかっている」と疑問が呈されたのである[27]。

それでも、一九四七年初めの時点では、新聞協会とジャーナリスト組合の連携は維持されていた。新聞協会は組合が提案した訓練スキームを受け入れるつもりであった。また、労働大臣も業界で統一された徒弟制としてこれを承認し、訓練期間中、兵役を猶予する特典をジュニアジャーナリストに与えることを検討していた[28]。

ところが一九四八年なかば、ジャーナリスト組合はイングランド北部の町スカボローで開かれた代表者会議において、訓練スキームに対する新聞協会の態度が交渉を不可能にさせており、ジャーナリストの教育、訓練の発展を遅らせていると非難した。組合の訓練スキームは、ジャーナリストを選抜し採用する編集幹部の絶対的権威を攻撃するものであるという理由で、新聞協会はその導入に反対したと教育委員長ジェイは説明している。経営者側は採用を決定する「地域委員会」を単に助言を行う「諮問委員会」に変更するよう勧告してきたという[29]。

これに対し、新聞協会も反論を行った。スカボローで新聞協会は非難されたが、そもそも原因は組合側にある。第一の問題は、新人を選抜し雇用するという編集幹部の義務および経営者の権利をジャーナリスト組合が侵害したことにある。訓練の内容については協会側も同じ考えであり賛同できるが、ジャーナリストを採用する「共同の責任」という組合側の主張は容認できない[30]。また、訓練制度が始まらない遅延の責任は、大部分がジャーナリスト組合に帰するものである。そもそも、ジャーナリスト協会や英国新聞編集幹部ギルド(Guild of British Newspaper Editors)との合同会議に、ジャーナリスト組合がすすんで参加し、訓練の内容だけに特化して熟考するという当初予定されていた作業にその努力を傾注していたなら、われわれはもっと早くこの問題を進展させることができたろう。

組合の教育委員長ジェイは、より良い訓練に向けた計画が頓挫することは由々しき不幸であり、新聞協会の要求は一瞬たりとも受け入れることはできないとはねつけた[31]。最初に新聞協会が提案したスキームは読書のコースにすぎず、不適切として却下された。その後、新聞協会はジャーナリスト組合が作成した実践的なスキームに同意した。問題は、ジャーナリストの選抜に労働組合が関与するのは組合として多くを求めすぎであると、新聞協会や英国新聞編集幹部ギルドが考えたことにある。だれをジャーナリストにすべきか、だれを解雇すべきかにまでジャーナリスト組合は口をはさもうとしており、経営や編集の独立が侵害されるのではないかと彼らは恐れていたのである。こうした経営者や編集幹部の主張に対し、ジェイは「中期ビクトリア朝時代の権威主義的表現」と記して強く反発した[32]。

新聞協会と英国新聞編集幹部ギルドの合同編集委員会で委員長を務めるウィリアム・リントン・アンドリューズは、ジャーナリストの選抜は編集幹部の判断事項であるという従来の考えを維持すべきであると考えていた。これに労働組合が介入するのは「新たな攻撃」であると抗議した。たとえジャーナリスト組合が新人の採用について助言するだけであっても、それを熟考するよう経営者や編集幹部に強要するとすれば問題である。[33]

組合の教育委員の一人であるハリー・トム・ハムソンは、ジャーナリストの質を高めることだけが訓練スキームの目的であると弁明した。この問題については「冷静さと広い心」が望まれる。[34] 編集幹部が人材を選抜し、経営者がそれを採用するという権利を侵害するような野心や意図は組合側にまったくないと説明した。これに対しアンドリューズも、ハムソンは訓練スキームのために長年、骨を折ってきた改革者であると賞賛したうえで、彼が編集幹部の権力をわかち合うつもりはないというなら「われわれは何について論争しているのか」と問いかける。[35] しかし、現実にジャーナリスト組合は選抜の権力をわかち合いたいと主張している。「編集幹部の義務に干渉することから自由になり、訓練にすべてを捧げるスキームを得ることができるとすれば、進歩を生み出す最良の機会があるだろう」として、これが譲れない一線であることをアンドリューズは強調した。[36]

このようなやり取りが繰り返されるなか、ジャーナリストの訓練、養成制度はまったく成立する気配を見せず、一九四九年になっても論争が続けられていた。ジェイは、新人を任命する最終的な権限が編集幹部にあることは認めるが、[37] 組合員はシニアレポーターとして実際にジュニアを指導し、訓練生のメンターになるのであるから、採用過程においても意見を述べる必要がある。われわれは多くを求めているわけではないと訴えた。

経営者、編集幹部側に立つアンドリューズは、ジャーナリスト協会機関誌『ジャーナル』に「ジャーナリスト組合の野心によって〔訓練スキームの導入が〕妨げられていると指摘せねばならない」と記して不満を表明した。[38] ジャーナリスト組合の妥協を許さない姿勢が、訓練についての合意を妨げている。それは組合が若手ジャーナリストに影響力を保持したいという野心をもっているからである。たとえ、訓練について業界全体でスキームができたとしても、組合はジャーナリスト協会を排除するつもりなのではないかと、アンドリューズはいまだ疑念を晴らすことができずにいた。ジャーナリスト協会会長のノーマン・ロブソンも一九五一年の大会において、訓練計画の障害がジャーナリスト組合にあり、彼らは新人の選抜という編集幹部の権利に干渉しようとしていると非難し、そのような干渉は食い止められるべきであると主張した[39]。

四　プレスに関する王立委員会

戦前より、激しい販売競争は、読者獲得のため興味本位の過激な紙面を求めさせ、ジャーナリストにしばしば行き過ぎた取材を強いることになった。既述のとおり、イギリスにおいて、ジャーナリスト(登録)法案は成立しなかったが、センセーショナリズムへの批判は国会議員を動かした。行き過ぎたジャーナリズムを規制せよとの声は第二次世界大戦をはさんで継続していた。

一九四六年、ジャーナリスト組合は、一部の経営者にメディアの所有権が集中することで意見表明の多様性が損なわれることを問題とし、その解消を求めて王立委員会の設置を政府に提案した。当初、首相クレメント・アトリーはこの提案を受けつけなかったが、その後、労働党議員により取り上げられ、庶民院で審議した結果、一九四七年、プレスに関する王立委員会が発足することになった。その成果として、プレス評議会(Press Council)が誕生したことはよく知られている。しかし、同時になされた教育訓練についての勧告は、これまであまり注目されてこなかった[40]。

一九四九年に公表された王立委員会の報告書で、プレス評議会には「その職業の採用、教育、訓練に関する方法を改善すること」が求められている。(41)現在の採用と訓練は場当たり的なやり方で行われており、とりわけ一般教養を身につける機会に乏しい。正確な報道を行うには、テーマに関する知識や理解をジャーナリストが前もって得ている必要がある。教育がなければ、事実が重要であるかどうかも判断できない。にもかかわらず、現状では一六歳程度の少年を中等教育後に採用しており、高等教育出身者は論説や特集記事の専門家として少数が雇われるにすぎない。職場における訓練がもっとも効果的であることは疑いないが、それは一般教養を得るための教育と一線を画する。一般教養の習得は職場では難しいと王立委員会は結論づけた。彼らは「一般教養と職業訓練を組み合わせるという問題」を指摘した。

この問題は、古くはロンドン大学のジャーナリズムのためのディプロマコースにも見られ、また当時、実施されていたケムズレー編集計画でも取り上げられている。一般教養に職業訓練を組み合わせるという方針は、一九五一年の訓練教育スキーム草案にも引き継がれ、王立委員会の勧告を受けた英国新聞編集幹部ギルドと新聞協会は、ジャーナリスト協会、ジャーナリスト組合を交えて、一一月二七日にようやく諮問評議会を立ち上げるにいたった。彼らは次のように考えていた。

　ジュニアレポーターのいっそう制度化された訓練が必要である……標準的な訓練スキームを初心者に与えられるなら、その職業には得るものがあるだろう……現在、訓練はでたらめに行われる傾向にある。(42)

そこで徒弟制の導入が提案された。訓練期間中は特定の新聞社と年季契約を結び、ほかへの移動を認めないという取り決めである。もちろん、特殊な訓練を受けるため、他社を見学することなどは許されたが、雇用者を変えることはできなかった。また戦勝後、争われていた経営者、編集幹部による雇用の自由や訓練する権利は維持されることに決まった。逆に雇用者はスタッフに訓練を受けさせねばならないという義務を負った。ジャーナリスト組合は、訓練スキームが経営者、編集幹部、労働ジャーナリストの友好関係の成果であり、それぞれが合意を得るために慎みをもち賛成にいたったとしている[43]。

こうして一九五二年七月一日、ジュニアジャーナリストの訓練と教育に関する諮問評議会(National Advisory Council for the Training and Education of Junior Journalists)が発足する[44]。評議会の運営費用は業界団体の出資と試験料や出版物の販売などでまかなうとされた。諮問評議会は三年後の一九五五年にジャーナリスト訓練評議会(National Council for the Training of Journalists)へと名称を変更する。ＮＣＴＪの誕生である。正式に雇用され一人前と認められたシニアジャーナリストのさらなる向上を目指すディプロマコースも開始され、制度は徒弟期間にあるジュニアジャーナリストだけのものではなくなっていた。

評議会の構成員は次のとおりである。新聞経営者連合三人、新聞協会五人、英国新聞編集幹部ギルド四人、ジャーナリスト組合五人、ジャーナリスト協会三人、教育省一人、技術カレッジ校長会一人、スコットランド訓練委員会一人である[45]。初代会長には、元新聞協会会長でロンドンの北に位置するルートンの新聞経営者リチャード・ギブズが選ばれた。

訓練スキームは一九五二年一〇月一日に運営を開始した。一八六の新聞社から四三〇人のジュニアジャーナリストが訓練に参加した[46]。ケムズレー編集計画の一部も、ＮＣＴＪのスキームに統合、活用されることになった。ほかにウェストミンスタープレスなどが実施していたスキームもここに統一された。一九五三年五月の『ジャーナリスト』で報告された調査によれば、三七一人の経営者のうち一五四人がスキームを実施しており、三六人が受け入れたがまだ始めておらず、六四人が実施を検討中、二〇人は反対しており、九七人が何らかの理由で実施していない。つまり、必修ではないにもかかわらず、訓練スキームを受け入れるか、検討中の経営者は全体の六八・四％になっていた[47]。

マン島で一九五三年四月に開かれたジャーナリスト組合の代表者会議は、早くも訓練スキームの欠陥について議論を始めている。それは必修ではないという点にあった。「スキームが必修として発展しないというなら、スキームの下で資格を身につけた者も、そうでない者も、両者とも同じ給料を受け取ることになる」との指摘があった[48]。とりわけ、小規模の新聞社や地方においては、訓練スキームに参加しにくい現状があった。制度は一部の新聞社で始まったばかりであり、今後、すべての新聞社に拡大されることが望まれていた。

同じような不満はジャーナリスト組合員からも聞かれた[49]。一九五四年末、ヨークシャー支部の会合で、熟練度資格やディプロマに見返りを与えるべきではないかとの提案がなされた。訓練を受け試験に合格したのであれば、能力の向上が認められたのであるから、報酬にもそれが反映されてしかるべきであるという考えである。これには賛否両論があった。教育達成と賃金を結びつけるのは危険であるという反対意見が出され、さらに検討を要するものとして、ほかの支部にも意見を求めることになった。

いずれにせよ、訓練スキームは必修ではなく、そして熟練度テストは始まったばかりであり、その効果のほどは業界において未知数であった。こうしたなか、訓練スキーム全体の運営を指揮するために採用されたのが、ハワード・ストリックだった。軍隊の教育部隊大佐として六年間の兵役を勤め、ロンドン、マンチェスター、リバプールで教官を務めた人物である。復員兵のための教育訓練を専門とし、除隊後、中等教育以降の「継続教育」におけるスキーム開発にたずさわった。キングストン技術カレッジにおいて英語および時事問題の講師となり、その後、中央情報局の視覚資料担当として大蔵省へ入る。

そして一九五二年、三七歳のときに諮問評議会の幹部に採用された。

五　ハワード・ストリックの方針

日本においては、敗戦後にＧＨＱの指導があり、高等教育にジャーナリズム学科（新聞学科）が設立されるという状況がにわかに生じたことはすでに述べた。ところが、その後、これらのコースはジャーナリズム、コミュニケーション、メディアに関する教育研究機関として存続し、職業訓練機関として確立することはなかった。ジャーナリスト養成にあたり、メディア業界と大学が共同で取り組むような動きはほとんど生じなかったのである。また、新聞社や放送局が協力して業界で統一された訓練制度を設けるというような発想も、日本のメディア業界で活発に論じられることはなかった。日本では各社が、それぞれに高等教育から新卒を採用し、それぞれに独自のＯＪＴを施すというやり方が慣行とされたのである。

一方、戦後その必要性は認めながらも、統一した訓練制度を生み出せずにいたイギリスのメディア業界は、プレスに関する王立委員会の勧告によって経営者と労働組合の利害が調整され、ＮＣＴＪによる全国的なスキームを発足させることができた。大学でジャーナリストを訓練するというアメリカ式の養成は採用されず、新聞社での実地訓練とカレッジにおける一般教養の修得を組み合わせた業界主導の仕組みが確立されたのである。

しかし、ジャーナリストのなかにはこうした制度に納得できない者もいた。もっとも声高な反対は、自らの経験を頼みとするシニアジャーナリストから発せられているとハワード・ストリックはいう。慈悲深くも容赦ない編集幹部の下で、若かりしころに徹底的に鍛えられ訓練を施されたシニアジャーナリストは、自らの思い出を大切にした。

とはいえ、すべての若者がそのような幸運に恵まれるわけではない。

もちろん、仕事をするなかですべてを身につけるようジュニアを放任することもできる。しかしながら、そのようなやり方では時間がかかるだろう。そして、それは高くつく。編集幹部から見てさえ、かなり高くつく。事実、時間とお金はかなりの不経済となるだろう[50]。

ストリックはこのように述べ、良くいえば試行錯誤、悪くいえば野放しという環境よりも、初期の段階で体系化された訓練を施すほうが、時間、費用ともにコストを削減できると反論する。

もう一つの批判は、もって生まれた才能を重視する伝統からであった。ストリックはここでも真っ向からはこの批判と対決しない。「ジャーナリストは生まれる者であって作られる者ではない」という古典的な方針に同意し、ニュースセンスのないジャーナリストは成功しないという考えを認めている。

英国での伝統的な実践にしたがえば、新聞人は新聞社でのみ訓練可能であるという前提で、中等教育修了者から数多くのジャーナリストを採用してきた。評議会はこの伝統を受け入れる[51]。

そのうえでなお、制度化された訓練に全員が参加することは必要であるという。より早く高いレベルへ到達できるからである。ここで参照される職業はシェフや彫刻家、飛行機設計者やヘアドレッサーだった。彼らもまた制度的な訓練に全員が参加する。

このように、ストリックは、新聞社外の高等教育でジャーナリストを養成するアメリカ式を退け、シェフやヘアドレッサーを参照しつつ、ジャーナリストは生まれる者であるという伝統的な考えを尊重した。ＮＣＴＪの存在意義は教育内容や方法ではなく、経済的合理性にあることを強調したのである。

六　訓練スキームの内容

では、訓練制度の内容はいかなるものであったのか。ここでＮＣＴＪの仕組みについて概説しておこう。

経営者や編集幹部はイギリスの伝統に則り、ジャーナリストの候補生を中等学校から採用する。面接やテストによって選抜された候補生は、ポストに空きができしだい入社する。そして六か月の見習い期間を過ごす。この試用期間中に、経営者や編集幹部は、見習いにジャーナリストとしてのセンスがあるかどうかを見極め、不適応者を排除する。その後、地方紙において三年間の年季契約を結び、見習いはジュニアレポーターとなる。

社内で職業訓練を受けながら、社外で一般教養を身につけるという形式は、王立委員会の勧告を踏襲したものである。なぜ職業訓練は、大学やカレッジなど学校教育にゆだねられないのか。それは個々の新聞社によって条件が異なるためであるという[52]。実践的な訓練において、職業上のすべての過程を網羅することはできない。したがって、各新聞社の編集幹部がジュニアを監督し、訓練することが適切であるとされた。他方、一般教養にはおもに大学ではない中等教育後の「継続教育」を対象としたカレッジが用いられた。技術カレッジ校長会や地方教育当局との連携もあり、特別な時間割が編成されることもあった。ただし、ジャーナリストのための初級の法学だけはカレッジで用意できず、ＮＣＴＪ自ら通信制のコース「ジャーナリストのための基本的な法律」を用意した。

NCTJの訓練を受けられるのは、一般に二一歳未満のジュニアとされた。二一歳から二四歳までのジュニアや学位を有する新人には、コースの期間を短縮するなど特別な配慮がなされた。速記は一年目、一分間に八〇語の書き取りを目標に王立芸術協会などで学ぶことが奨励された。三年目には一分間に一四〇語書き取らなくてはならない。それでも速記のスピードが遅すぎるとの批判があり、一分間に一八〇語を目標にすべきとの声もあった。

基礎コースを修了したジュニアレポーターは、二月と一〇月に一般熟練度テスト(General Proficiency Test)を受ける。加えて、新聞社での訓練の様子が編集幹部からNCTJに報告される。たとえば筆記試験では、あげられたテーマを一つ選び七五〇語以上でエッセイを執筆する。テーマは次のようなものであった。(a)プレス評議会——その目的と機能、(b)編集長と広告部長、(c)ジャーナリズムにおけるユーモアのセンス、(d)自社の新聞は戴冠式をどのように扱うのか[53]。

また、インタビューのテストは、試験官二人の前で実際に聞き取りを行う。一九五三年一〇月のテーマは「交通事故防止」だった。バーミンガム大学での試験を担当したジャーナリスト協会のヘンリー・ロイ・ウィルトシャーによれば、トーマス・ボドキン教授と『オブザーバー』紙のポール・ジェニングスがインタビューを受ける役となり、午前中に一時間ほど行われ、受験生はそれをもとに記事を書き、その日のうちに採点されたという[54]。

こうして一人前のジャーナリストとして認められた者は、さらに全国ディプロマの取得を目指す。この資格は一九五三年より始められた。ただし、受験するかどうかは任意である。二四歳以上のシニアジャーナリストにも受験資格が与えられた。志願者はディプロマコースに登録後、修了までの一八か月にわたり、仕事上の成果をNCTJに提出せねばならない。論説、整理、特集などにおいて一つ以上、ジャーナリストとして有能であるという証拠をあげることが求められた。筆記試験では業界の構造や、部署の関係、ジャーナリズムの歴史が問われる。試験官には著名なジャーナリストのほか、専門家が加えられた。[55]たとえば、見本として志願者に示された試験内容は以下のとおりである。

1　新聞は司法行政に介入するとしばしばいわれる。賛成ですか。あなたの答えに対する理由を述べなさい。

2　次のそれぞれを三〇〇語で書きなさい。

(a)専門職としてのジャーナリストの立場

(b)公共のサービスにプレスが果たす方法

(c)予断によりプレスにもたらされる影響[56]

将来はこのディプロマをもっていないと、就職に際して不利になるだろうと考えられた。一方、ディプロマに反対する意見もあった。それは不公平なもので価値がないという。ディプロマをもたずとも一流のジャーナリストは存在する。ディプロマをもたない人々を業界から締め出すようなことになりはしないかと恐れられた。[57]つまり、よかれ悪しかれ、この制度は普及すると期待され、同時に危険視されていたともいえる。

一九五五年の報告で、初めてこのディプロマを取得したのは『ヨークシャー・ガゼット』紙のW・B・ガードナーとロイターのP・B・ジョンソンであると記されている。[58]いずれもジャーナリスト組合員であった。

七　コストと成績

一九五三年、ジャーナリスト協会の会議において、名誉会計ジョン・ゴードンは早くもＮＣＴＪの運営コストについて懸念を表明している。[59]受験生よりむしろ試験官のほうが費用を多く必要とし、訓練スキームを重い制度にしているのではないかというのである。前年度、ＮＣＴＪの決算は黒字だった。そのため、ジャーナリスト協会には一九一ポンドが返金されている。それでも、今後は経営者がコストを負担すべきだとゴードンは主張する。ノーマン・ロブソンはゴードンの意見に対し、新聞社もすでに応分の負担をしていると反論する。また、コストをかけるだけの価値がＮＣＴＪにはあると教育委員会を擁護し、引き続きジャーナリスト協会も資金面でＮＣＴＪを支援すべきであると訴えた。

ハワード・ストリックも、コストについて検討を加えている。そもそも教育のバランスシートを考えるのは難しいと述べ、支出は金銭で正確に測れるが、教育の成果として生じる効果は目に見えないものであり、長期的に評価すべきものであると説明する。彼は年間にかかる学費を計算し支出はそれほど大きくないと主張する。

> 社会の多くの人々にとって、一般にジャーナリストはみすぼらしく、無学であると見られていた。〔中略〕訓練スキームは〔ジャーナリストが〕そのような人々ではないとわからせるのに、おそらく役立つだろう。もしそうであるなら、それはその価格に対してお買い得というべきであろう。[60]

ストリックはこのように述べて、経営者にとってもジュニアジャーナリストにとっても、長い目で見て訓練スキームにはメリットがあると訴えた。

職業団体や労働組合にも訓練スキームを応援するメリットがあった。ジャーナリスト協会とジャーナリスト組合は勢力拡大を目指して競争しており、訓練スキームへの費用負担を積極的にアピールすることが会員や組合員の獲得につながるという思惑があった。ジャーナリスト協会サセックス支部のＥ・Ｌ・ウッディアーは、地方で若手ジャーナリストから支持を得るには、ＮＣＴＪを支援しているという態度が必須であると述べている。[61]

一九五四年になると、ジャーナリスト協会が拠出する金額は、年間二五〇ポンドから四〇〇ポンドへと上昇した。協会の評議会はこれを認めたが、やはり新聞業界全体で負担していくべきであるとの意見が付された。会費の増収が見込めないなか、恒常的に多額の支出をＮＣＴＪに行うことへの疑問も生じていた。

同年、ロブソンは年間三〇〇ポンドの費用を三年にわたって負担するという提案をジャーナリスト協会に行い、可決されている。[62]スキームの安定にはこの費用が必要であるとの主張であった。ほかの団体にもＮＣＴＪの運営を支えるよう経済的な支援が求められた。

最後に、訓練に参加したジュニアジャーナリストの成績を見ておこう。そもそも、訓練スキームへの参加は任意であり、一般熟練度テストに合格することがすなわち排他的な職業資格になるわけではなかった。それでも、このスキームに参加することはしだいに通例となり、一九五六年に新聞社に採用された三〇〇〇人中、およそ二五〇〇人がＮＣＴＪのコースを受講するという実績をあげていった。[63]

一九五四年一〇月の一般熟練度テストを受けたのは、一二二人のレポーターと七人の写真家である。

また、前年度のテストにおいて実地試験で失敗した三人のレポーターと、筆記試験で失敗した四人のレポーターも再度、このテストに挑戦した。[64] このうち八七人のレポーターと五人の写真家がすべてのテストに合格している。

一九五五年にはジュニアレポーターの約四分の三がNCTJの訓練スキームに参加するようになった。こうした実態は「この国で認められた公式のやり方としてスキームは確立されていないと不満を漏らす批判者を狼狽させる」と報告されている。[65] 新人はますます、一般熟練度テストに合格することが自らを優位にする、と楽観的な見通しをもてるようになった。

ジャーナリスト協会機関誌『ジャーナル』は、一九五二年にスキームが開始されたとき、いっそう多くの資金が必要であり、また、余計な仕事を増やすことにもなるとして、多くの編集幹部、ジャーナリストが迷惑なものに感じていたと回想している。それが一九五六年になると、採用されたジュニアレポーター二五〇人から三〇〇人のうち、すでに二一五人がスキームに参加しており、ジュニアジャーナリストでこの制度に参加しない者のほうがまれな存在になるくらい、NCTJという仕組みは普及したと制度の確立を称えている。[66]

しかし、テストの成績は思うように伸びていない。ストリックの記録によれば、一九五七/五八年度の結果は次のようである。[67]

一七九人(五〇%):すべてのテストに合格
二〇人(六%):すべてのテストに失敗
六七人(二九%):第一部(実践的課題)に失敗

一四二人（四〇％）：第二部（新聞法）に失敗
五一人（一四％）：第三部（筆記試験）に失敗

つまり、一般熟練度テストに合格したのは全体の約半数にすぎない。問題はテストが厳しいという点にあるのではなく、不合格でも彼らがレポーターの仕事を続けた点にある。このスキームの修了は、ジャーナリストとして働くための必要条件ではなかった。

最初のテストが行われたとき、七六人中一六人の不合格者が出た。『サンデー・タイムズ』の編集長ウィリアム・ウェイト・ハドリーは、スペルや句読点など誤りが多く文章力に欠け、一般教養でも驚くほど知識がなかったと結果について厳しい意見を述べている[68]。不合格者が仕事を続けているという現状は非難されてしかるべきであるという。これは訓練制度の問題ではない。最初の試用期間一、二か月で有用な人材かどうかを確かめ、ジャーナリストに不適切な者を排除することで防げるのではないかと彼は指摘した。

また、ロブソンも「業界は最良の人材を得ていないという証拠がある。私もそう思う。そして、これは個人的な意見だが、不適格な新人を取り除くために、徒弟契約のサインに先んじて六か月の試用期間を置くという優位を編集幹部は利用していない」と述べ[69]、そもそも、採用の段階で問題のあるジャーナリストを抱え込んでしまっているのではないかと疑問を投げかけている。ＮＣＴＪはテストをすることはできても、選抜することはできなかったからである。

加えて、新聞社においてまともな指導を受けていないという声も、ジュニアのあいだからあがっていた。書類上はすばらしいスキームでも、経営者によって悪用され、実際には計画どおりに運用されていないという。シニアジャーナリストは、どうでもよいお祭りやバザーの取材をジュニアジャーナリストに押しつけ、電話番やバックナンバーのチェックなど資料調査にこき使う。「がんばりが足りなかったのかもしれないが、けっして私は訓練を受けていない」と訓練生のブライアン・コリンズは断言する。(70)

これらの問題はあったにせよ、ＮＣＴＪの訓練スキームは、戦後イギリスにおけるジャーナリスト養成の制度化をおおむね達成したといえよう。一九五六年の報告では、二九〇人が訓練スキームへ参加し、うち新人は二一五人を数えていた。(71) 新規採用者のうち七割から八割が、この制度下において、シニアジャーナリストを目指して訓練を受けたのである。

八　業界全体で訓練を統一する

第二次世界大戦前にイギリスでよく知られていたジャーナリスト養成課程であるロンドン大学のディプロマコースは、結局復活しなかった。空襲により校舎が破壊され、財政難から再開は難しいとされたが、理由はそれだけだったろうか。

ＮＣＴＪの特徴の一つに入社後の訓練があげられる。ウィリアム・リントン・アンドリューズは以下のように記している。

> スキームのおもな価値は、参加するジュニアジャーナリストが職を得ることにあるのではなく、授業を受けることにある。彼らはすでに職を得ており、稼ぎながら学んでいる。新聞社が彼らを雇用するという確実性もなしに、人々の訓練を促すような古いディレンマにわれわれは立ち返る必要がない。(72)

必ずしも就職が保証されているわけではない人間に訓練を施したとして、どれほど有益なのか。ここではマッチングの問題が表明されている。これは採用前のコースを運営したロンドン大学にも当てはまる問題である。

加えて、学術志向を懸念する声が大きかった。高等教育でジャーナリストを養成しようという考えは業界全体で希薄だった。大学側も職業訓練を請け負うことに乗り気ではなかった。教養か実学かの相克は高等教育において解消されることなく、舞台は新聞業界それ自体へと移った。

ところが、業界で統一された訓練スキームは容易に確立されない。本章の第三節で述べたように、ジャーナリスト協会とジャーナリスト組合の長年の確執に加え、そもそもジャーナリストの選抜に関与せずして有効な訓練は行えるのかという疑念があった。ジャーナリスト組合は、採用での選抜に関与したいと考えたが、経営者団体はその権利を譲らなかった。膠着状態を解消するあと押しとなったのが、プレスに関する王立委員会の勧告である。従来、ＮＣＴＪは王立委員会の成果と位置づけられてきた。しかし、スキームはすでに業界において構想されており、むしろ、その役割は業界内の対立を解消し、スキームを発進させた点にあるとしたほうが適切である。

スキームの内容は、新聞社内における職業訓練と社外における一般教養の修得という組み合わせだった。それでも、すべてのジャーナリストに受け入れられたわけではない。高等教育におけるジャーナリスト養成を選択せず、徒弟制をベースとしたＮＣＴＪのような制度でさえ、コピーボーイから這い上がった才能あるジャーナリストを抹殺するという批判を浴びた。それは一九世紀より連綿と続く「ジャーナリストは生まれる者であって、作られる者ではない」というイギリスジャーナリズムの伝統が、いまだ解消されていないことを示していた。

ＮＣＴＪ黎明期の指揮をとったハワード・ストリックは、訓練スキーム導入を渋るジャーナリストや新聞経営者に対し、コストという点から説得を試みた。生まれながらの才能は認めるが、それを速成させるのは制度化された訓練であるという理屈だった。もっとも、コストの問題はＮＣＴＪ内でもしばしば疑問に付されており、当時においても全員が納得できる説明とはいいがたい。もう一つの妥協点は、六か月の試用期間にある。これは年季契約を結ぶ前に、生来の才能を見きわめて不適切な人材をふるい落とすという建前だった。しかし、実際にどれほど厳しい選抜があっただろうか。また、一般熟練度テストも結局、必要条件にはなり得なかった。テストに不合格であっても、解雇するかどうかは経営者にまかされ、しばしば彼らは解雇されなかったからである。

このように、第二次世界大戦後のイギリスのジャーナリスト養成は、高等教育という選択肢を排除し、一方で自由放任の過程を重視し天賦の才を育むという考えからは批判を受けた。ＮＣＴＪはその中間に制度化されたものと位置づけることができよう。そこでは経営者や編集幹部による選抜の権利、自社での訓練が担保されていた。

それはまた、ジャーナリストの社会的地位を教育訓練の面から規定することにもつながる。職業としての「ジャーナリスト」は、ジャーナリズム活動それ自体のみを認められて社会的地位を測られるのではない。どのように人材が供給されているのかという過程にも影響を受けている。

ＮＣＴＪの設計にたずさわったストリックは、「認められた職人(accepted craftsman)」という表現を用いている。[73]「学識ある専門職(learned profession)」という考えはもっていない。ジャーナリストは試験で選抜し、高等教育で訓練を受けるような存在ではなく、むしろシェフやヘアドレッサーに近い職人であるという考えが通底していた。ストリックのなかにある「ジャーナリスト」の定義は、ＮＣＴＪというシステムを通して、業界全体の「ジャーナリスト」とは何者であるのかというイメージを、少なくともこの時点で規定する助けになった。長らくイギリスにおいてジャーナリストを専門職ではなく労働者として考えてきた風潮を、再度、制度的にあと押ししたのである。ＮＣＴＪ議長のブライアン・プークも、教育、訓練に無関心であってはならず、真剣な取り組みを怠れば業界全体が「三流の専門職」「三流の水準の手仕事」になると警告を発していた[74]。

だからこそ、その後、社会全体の高学歴化にともない、ＮＣＴＪはまず中等教育修了資格（ＧＣＥ）[75]をめぐって改革を進めざるを得なくなる。すでにＮＣＴＪが発足する直前、一九五一年に新聞協会と英国新聞編集幹部ギルドが作成した草案には、ＧＣＥの教育水準に達していることが望ましいと記されている。ただし一方で、コピーボーイのような若者を排除すべきではないとも指摘し、こうした教育資格を要件として用いるつもりはないと但し書きがつけられている[76]。しかし、一九五〇年代なかば、ＮＣＴＪは英語、英文学、その他の三科目においてＯレベルのＧＣＥ取得を積極的に推奨するようになる[77]。また、大卒をどのようにジャーナリズムへと導くのか、新たな課題を背負うことにもなった。その過程については次章で詳細に検討しよう。

（1）敗戦直後の新聞学科設置について、森暢平「敗戦直後のジャーナリスト教育導入――占領当局・大学・新聞社の関係をめぐって」『マス・コミュニケーション研究』八一号、二〇一二年が詳しい。

（2）春原昭彦「新聞界の共同機関・日本新聞会と日本新聞協会　その成立に至る歴史的経緯について」『日本新聞教育文化財団研究室年報』一七号、一九九九年、四三頁。

（3）石川徳幸は日本大学を事例に、戦後の新聞学科設置について、戦前の人的資源や教育経験との連続性を指摘している。石川徳幸「戦前期日本の高等教育機関における「新聞教育」の萌芽——新聞学科創設以前の日本大学における新聞関連講座を中心として」『ジャーナリズム&メディア』一一号、二〇一八年。

（4）フランク・モット来日時の動向については、小林聡明「GHQ占領期日本のジャーナリズム教育とモット博士：一九四七年三〜四月——日本人教授らとの学術交流を中心に」『ジャーナリズム&メディア』一一号、二〇一八年を参照するとよい。

（5）花田達朗「諸外国におけるジャーナリスト教育の経験と日本の課題」『東京大学社会情報研究所紀要』五八号、一九九九年、一二八頁。

（6）1943, "Training of the Young Journalist: Three Authoritative Views on the Value of University Courses," *The Journal of the Institute of Journalists*, December: p. 152.

（7）1943, "Journalistic Training," *The Newspaper World*, October 23: p. 6.

（8）1943, "Training of the Young Journalist: Three Authoritative Views on the Value of University Courses," op. cit., p. 152.

（9）M. V. Noake, 1944, "Building for Future: More Thoughts on Training," *The Journal of the Institute of Journalists*, February: p. 20.

（10）W. L. Andrews, 1944, "Provincial Training Ground for Journalists: Will the Old Methods Remain Adequate?," *The Journal of the Institute of Journalists*, December: p. 157.

（11）Ibid., p. 158.

（12）1946, "Institute Deplores Abandonment of University Course: Journalism Committee Dissolved as a Result of London Senate's Decision," *The Journal of the Institute of Journalists*, July: p. 93.

（13）1946, "University Training: Call for New Diploma Course in Journalism," *The Journal of the Institute of Journalists*, November: p. 142.

（14）Kemsley, 1950, "Introduction," Kemsley Newspapers ed., *The Kemsley Manual of Journalism*, London: Cassell & Co., p. v.

(15) 1947, "Kemsley's Ambitious Plans for Staff Training: 'A Great Step Forward for Responsible Journalism'," *The Newspaper World*, November 15: pp. 189–190.

(16) Kemsley Newspapers ed., 1950, *The Kemsley Manual of Journalism*, London: Cassell & Co., title page.

(17) Lionel Berry, 1950, "Recruitment and Training for Journalism," Kemsley Newspapers ed., *The Kemsley Manual of Journalism*, London: Cassell & Co., p. 387.

(18) 1948, "University Scheme Is Latest Development in Kemsley Editorial Plan," *The Newspaper World*, September 4: p. 282.

(19) 1948, "Kemsley Editorial Plan University Lectures," *The Newspaper World*, October 23: p. 117.

(20) Clement J. Bundock, 1957, *The National Union of Journalists: A Jubilee History 1907–1957*, London: Oxford University Press, p. 229.

(21) 1944, "Training the Journalist," *The Newspaper World*, December 16: p. 6.

(22) 継続教育(further education)は、高等教育を除く中等教育以降の教育段階を指す。

(23) 1946, "N. U. J. Scheme for Training Journalists: Proposals Provide for Equal Co-operation by Employers," *The Newspaper World*, March 30: p. 344.

(24) 1946, "Warning against Staff Cuts・Royal Commission on Press Urged・Working Party Proposal Rejected," *The Newspaper World*, April 27: pp. 87–89.

(25) 1946, "N. U. J. Adopts 'Charter for Entrants to Newspaper Journalism'," *The Newspaper World*, June 29: p. 329.

(26) Ibid., p. 330.

(27) 1946, "Training the Journalist," *The Newspaper World*, July 6: p. 6.

(28) 1947, "Union Training Scheme Would Entitle Juniors to National Service Deferment: Minister of Labour's Promise," *The Newspaper World*, April 12: p. 28.

(29) 1948, "Training Scheme Facts for Press Commission 'Extreme Discontent' on Wages," *The Newspaper World*, July 10: pp. 42–43.

(30) 1948, "The Newspaper Society and NUJ Training Proposals," *The Newspaper World*, July 17: p. 76.
(31) 1948, "NUJ Training Scheme: Ernest Jay Replies to W. L. Andrews," *The Newspaper World*, July 24: p. 98.
(32) Ibid.
(33) 1948, "Training Scheme: W. L. Andrews on 'New and Aggressive Doctrine'," *The Newspaper World*, July 31: p. 130.
(34) 1948, "Journalists' Training," *The Newspaper World*, August 7: p. 161.
(35) W. L. Andrews, 1948, "Training: The 'Clear Issue'," *The Newspaper World*, August 21: p. 225.
(36) Ibid.
(37) 1949, "Ernest Jay's Plea for Training Scheme," *The Newspaper World*, July 21: p. 117.
(38) W. L. Andrews, 1950, "Training of Journalists," *The Journal* (*Institute of Journalists*), January: p. 11.
(39) 1951, "Safeguard Press Freedom by Our Own Strength," *The Journal* (*Institute of Journalists*), November: p. 151.
(40) イギリスを視察した報告に、江尻進「新聞をよくするための英国の試み——新聞総評議会と記者訓練機構」『新聞研究』七八号、一九五八年、長谷川進一「イギリスのジャーナリスト訓練制度」『新聞研究』一五九号、一九六四年がある。
(41) 1949, *Royal Commission on the Press: 1947–1949*, London: His Majesty's Stationery Office, p. 178.
(42) 1951, "Training of Junior Journalists: Proposed National Scheme Would Provide for Five-year Period," *The Journal* (*Institute of Journalists*), March: p. 35.
(43) 1952, "The Training Scheme," *The Journalist*, November: p. 152.
(44) 当時のイギリスの様子について、一九五六年にパリで行われた国際会議の記録であるHoward C. Strick, 1956, *Facilities and Methods of Professional Training for Journalism in the United Kingdom and in the Countries of the British Commonwealth of Nations*, Paris: UNESCOを参照するとよい。ジャーナリストの訓練について話し合うため、約三〇人の新聞、ニュース映画、放送の専門家が集まった。いち早く日本にも紹介され、千葉雄次郎が「ヨーロッパ各国の新聞教育」(『新聞学評論』六号、一九五七年)と題して、当時配られた資料から概要をまとめている。また、ユネスコは一般にもUNESCO, 1958, *The Training of Journalists: A World-wide Survey on the Training of Personnel for the Mass Media*, Paris: UNESCOを作成し，ここでもストリックがイギリスの事例を紹介している。

(45) Howard C. Strick, 1958, "United Kingdom," *The Training of Journalists: A World-wide Survey on the Training of Personnel for the Mass Media*, Paris: UNESCO, pp. 209–210.

(46) Linton Andrews, 1962, *Problems of an Editor: A Study in Newspaper Trends*, London: Oxford University Press, pp. 74–75.

(47) 1953, "Picture of the Scheme from 90 Branches," *The Journalist*, May: p. 70.

(48) 1953, "Training Scheme," *The Journalist*, April: pp. 23–25.

(49) 1955, "'Proficiency' Pay Plea," *The Journalist*, January: p. 6.

(50) H. C. Strick, 1953, "Training Scheme's Sole Objective Is Highest Standards," *The Journal* (*Institute of Journalists*), February: p. 17.

(51) H. C. Strick, 1953, "Desirability of Indentures for Basic Training Period," *The Journal* (*Institute of Journalists*), March: p. 33.

(52) 1951, "Training of Junior Journalists: Proposed National Scheme Would Provide for Five-year Period," op. cit., pp. 35–37.

(53) 1953, "Just Try These Questions-and Note Your Score," *The Journalist*, December: p. 164.

(54) H. Roy Wiltshire, 1953, "Impressions of the First General Proficiency Test," *The Journal* (*Institute of Journalists*), December: p. 155.

(55) 1953, "Fleet Street Journalists Can Enter for National Diploma," *The Newspaper World*, January 1: p. 11.

(56) 1954, "Specimen Paper for the Diploma Examination," *The Journalist*, July: p. 98.

(57) Raymond Japhet, 1953, "Diploma? No!," *The Journalist*, April: p. 50.

(58) 1955, "Training Council Changes Name," *The Journalist*, March: p. 37.

(59) 1953, "Institute Reviews Training Progress: Council Examines Cost and Endorses Importance of Supporting

Scheme," *The Journal* (*Institute of Journalists*), November: p. 137.

(60) H. C. Strick, 1953, "Expenditure of Two 'Average' Weeks' Salary per Year," *The Journal* (*Institute of Journalists*), August: p. 101.

(61) L. H., 1954, "Institute Increases Training Grant: But Council Expresses View That the Industry Should Bear Whole Cost of Scheme," *The Journal* (*Institute of Journalists*), March: p. 29.

(62) 1954, "Training Contribution: Grant of £300 a Year for Three Years," *The Journal* (*Institute of Journalists*), July: pp. 79–80.

(63) Strick, 1958, op. cit., p. 214.

(64) 1955, "General Proficiency Test Results, 1954," *The Journalist*, January: p. 4.

(65) 1955, "Trainees Reach the Four-figure Mark," *The Journalist*, November: p. 153.

(66) 1957, "After Five Years Britain Heads the World in Training System for Juniors," *The Journal* (*Institute of Journalists*), September-October: p. 79.

(67) Andrews, 1962, op. cit., p. 77.

(68) W. W. Hadley, 1954, "Training Scheme Test," *The Journal* (*Institute of Journalists*), June: pp. 66–67.

(69) 1956, "Training: 1956 Reviewed," *The Journalist*, December: p. 145.

(70) Brian Collins, 1959, "Training Scheme: The Debate Continues," *The Journalist*, December: p. 142.

(71) 1956, "Training Scheme Enrols over Five Each Week: Mr. Norman Robson Calls for More Money and Less Apathy," *The Journal* (*Institute of Journalists*), December: p. 129.

(72) Andrews, 1962, op. cit., p. 76.

(73) H. C. Strick, 1953, "The National Diploma Is Something Entirely New," *The Journal* (*Institute of Journalists*), July: p. 92.

(74) 1959, "Pook Reviews Year of Training Advance," *The Journalist*, December: p. 147.

(75) ＧＣＥ(General Certificate of Education)は一六歳で受験するＯレベル(Ordinary Level)と、一七歳、一八歳で受

験するＡレベル（Advanced Level）がある。Ｏレベルは一九八八年、ＣＳＥ（Certificate of Secondary Education）と統合してＧＣＳＥ（General Certificate of Secondary Education）へ名称を変更している。Ａレベルは大学入学資格として存続する。

（76） 1951, "Training of Junior Journalists: Proposed National Scheme Would Provide for Five-year Period," op. cit., p. 35.

（77） Bundock, 1957, op. cit., p. 231.

第五章　学校で学ぶジュニアレポーター

どのような人材を欲しているのかは各社によって異なり、人事担当者の考えもまたさまざまである。採用の段階ではむしろメディアについて何も知らないほうが望ましいという考え方もある。一九五〇年代の日本について、末松満編『ジャーナリスト入門』(みすず書房)は次のように記している。

学生新聞をやっていたからといって、当時の新聞社側で特に歓迎したわけではない。むしろ逆であったらしい。取材の手口、活字の大きさ、紙面の体裁など、生半可な知識を持っている青年よりも、新聞ズレのしない純な子飼いの記者を各新聞社で望んでいることは、昔も今も変りはない。(1)

日本では当時、ジャーナリストとしての訓練は新聞社が行うという了解が存在していた。その点はイギリスも同じである。つまり、採用してから訓練する。ただし、イギリスでは業界全体でその内容を制度化しようとした。前章ではジャーナリスト訓練評議会、略してNCTJの成立過程を検討してきた。もう一点、日本との違いを指摘するとすれば、イギリスでは中等教育修了がジャーナリストの学歴として当然とされたことである。日本ではすでに大手メディアにおいて高学歴化が進行し、大学から新卒を採用するほうが自然であった。戦後の教育改革により、読者の知的水準が向上するであろうことは日英とともに共通であるが、ジャーナリストの一般教養が読者に比べてひどく見劣りするといった危機感は、日本の新聞社には存在しなかった。だとすれば、日本の新聞記者にとって、ジャーナリストは労働者や職人であるとするイギリスの感覚は、一九五〇年代においても奇異に感じられたかもしれない。

そして、一九六〇年代に入り、中等教育が拡大すると、イギリスでもジャーナリストに学歴が必要であるという風潮が生まれてきた。発足後一〇年近くが経過したＮＣＴＪは、こうした新たな社会環境への対応を迫られることになる。以下、ジャーナリストの養成にたずさわった人々が現状をどのようにとらえ、いかなる対策を打ち出そうと考えていたのか、ＮＣＴＪのその後の改革に迫っていく。

一　地方紙からの人材流出

ＮＣＴＪはジャーナリストの職業団体、労働組合、経営者などで構成される。そのうちジャーナリスト協会からは三人の代表者が送られた。そして、協会内では三年おきに彼らを選出する決まりとなっていた。新聞『ダービーシャー・タイムズ』の整理担当者で、ノースミッドランズ支部のマルコム・ショーもその一人である。彼は支部を代表して次のように述べた。訓練スキームの最後に受験する熟練度テストの合格率を高めようというＮＣＴＪの努力は歓迎するが、「学術的な内容を主とすることには反対であり、健全な職業訓練の達成を目指すいっそう現実的な訓練スキーム」を真剣に検討することが求められる。

ケネス・メドーズも学校に通いながらでは職業訓練は難しいという。学問を身につけることはジャーナリストにとっても必要であるが、スキームの「あまりに多くが学術的な要件に置かれすぎている」と主張し、また、所属する新聞社によって職業訓練の質が左右されてしまう現状に問題があると指摘した(2)。

このような一般教養よりも職場での訓練を重視する考えは、それまでの英国ジャーナリズムの伝統に則っている。しかし、職場での訓練がうまくいっていない点に、一九六〇年代の課題があった。

ジャーナリスト協会評議会が、各支部に訓練スキームの運営について課題や問題点がないか尋ねたところ、イーストミッドランズ支部のドン・メイから次のような回答がよせられた。イングランド中央部の東に位置するイーストミッドランズの困難は、中心的な都市がないことにある。新聞社は広い範囲に散在している。そのため、専門的な指導者を確保することが難しい。訓練生を受け入れている技術カレッジの校長は、以下のように述べたという。

〔新聞社から送られる訓練生は〕少人数のため、一年生、二年生、三年生の学生が同じクラスにおり、加えて、学期中、異なる時期に入学してくる学生によって状況が複雑になっている。三人はちょうど夏学期の初めに入学してきたが、学生の多くが秋学期の初めに入学するのであれば、教えるにあたり、クラスをわけて配置するのが間違いなく効果的である。(3)

カレッジでの一般教養だけでなく、新聞社における職業訓練においても、シニアジャーナリストの数には偏りがある。大手新聞社において、支局から本社へ来たジュニアジャーナリストは、本社の仕事が支局のそれと異なることに驚かされるだろう。幅広い経験を積ませるため、訓練生は相互にほかの新聞社で働く機会が与えられたほうがよい。また、各社から訓練生を週末講習に送り、それぞれの経験を比較検討させることも有効である。そして、このように苦労してジャーナリストを養成したとしても、多くの地方紙は給与の問題などから、有能なジャーナリストを維持できていないという。

当時、イギリスのジャーナリストはまず地方紙で採用され、経験を積んだあと、全国紙へ出世を目指すのが通例であった。したがって、訓練は地方紙が担当することになっていた。当然、それは全国紙が地方紙の人材を引き抜く、つまり訓練を放棄することを意味する。

ところが、その出発点である地方紙に人材が集まらない。ジャーナリスト組合の機関誌『ジャーナリスト』によれば、地方紙には経験を積んだジャーナリストが不足しており、より良い新人を惹きつける必要があるという[4]。そのため、ジャーナリストに長期の休暇を与えるよう、地方紙の経営者団体である新聞協会へ申し入れが行われていた。地方紙ジャーナリストという職が、給与や休暇の点で魅力的なものにならないと人材は集まらない。そして、ようやく育て上げたジャーナリストもラジオ、テレビ、PRのような領域に流れていく。これでは訓練が「浪費」になってしまうという。

また、発足当初よりＮＣＴＪの訓練スキームを指揮してきたハワード・ストリックも、地方紙がラジオ、テレビ、広告業界の訓練場として機能しており、「毎年、最良の潜在的なジャーナリストを数ダース失わせている」と指摘する[5]。このような人材流出が地方紙におけるシニアスタッフの不足につながり、ひいてはいっそう多くのジュニアが無差別に採用される要因になるという。もちろん、指導する者が不在であれば、ＯＪＴによる訓練の質は低下せざるを得ない。

二　ふさわしい教育資格

こうしたなか、一九六一年、イングランドとウェールズにおいて、地方紙やロンドン郊外の新聞社へ採用された新人について、ＮＣＴＪの訓練スキームへの参加が義務となった。ただし、採用それ自体にＮＣＴＪは関与しない。これまでどおり、各社の編集幹部、経営者の判断により採用される。した

歴代新聞協会会長
出典：H. R. Pratt Boorman ed., 1961, *Newspaper Society: 125 Years of Progress*, Maidstone: Kent Messenger.

がって、ＮＣＴＪの訓練制度は、大学におけるジャーナリズム学科のように就職について心配する必要がない。もちろん、ＮＣＴＪが仕事を斡旋することもない。いずれにせよ、これまで必修ではなかったＮＣＴＪの訓練スキームが、地方紙において制度化され、ジュニアジャーナリストは単に安い賃金で働く被雇用者というだけでなく、訓練生としての身分を保障されるようになった。

また、新聞協会との協定により、より高い学歴をもつ新人が採用において優遇されるようになった。中等教育修了資格のいっそうの上昇が見込まれていた[6]。一九六一年の時点で、ＮＣＴＪの訓練スキーム参加者のＡレベル[7]（大学入学資格）取得率は一二％にすぎない。Ｏレベル取得者は約七〇％で定着しつつあることがわかるが、いまだまったく中等教育修了資格を得ないまま新聞業界へ入ってくる者もいた。もちろん、この時代、教育資格は必須ではない。学歴を考慮するかどうかは編集幹部の自由である。

だからこそ、ＮＣＴＪ幹部のハワード・ストリックは最初の選抜を問題視する。中等教育が普及する第二次世界大戦後の社会環境にＮＣＴＪの制度はついていっていない。進学校であるグラマースクールの生徒の多くは義務教育終了後、五つのＯレベルを取得する。Ａレベルの取得者も年々増加している。NCTJが「参入に際し三つのOレベルの資格取得しか勧めないのは、古風な時代錯誤である」という。[8]

ジャーナリストの学歴が低いということは、かねてより専門職化を目論むジャーナリスト協会にとっても看過できない問題であった。一九六一年に開かれた年次大会における会長演説では、『デイリー・テレグラフ』編集局次長ロイ・パウリーが次のように語っている。[9]

まず、ニュースメディアとしてラジオやテレビが発達し、PR業界の規模も大きくなり、メディア業界に新たなポストが生まれると、訓練を積んだジャーナリストの需用が増大する。その影響は、より小さな新聞社に生じる。専門職としてジャーナリズムが受け入れられる余地は大きい。給与や労働条件といった物質的報酬のみならず、個人のプライド、享受できる立場もジャーナリストにとっては大切である。専門職化を求めるなら、それにふさわしい水準へジャーナリズムのイメージを高める必要がある。新聞協会と結ばれた協定により、教育資格が報酬と結びついたことはその第一歩である。ジャーナリスト協会はこれを歓迎せねばならない。すべての新人が参入資格を気にするようになるからである。現在推奨されているのは、中等教育修了資格で英語を含む三つのOレベルである。具体的には中等教育修了資格のOレベルで五つの科目をとった場合、年間二六ポンドのインセンティブが与えられる。さらに、Aレベルで英語を含む三科目を取得すれば五二ポンドが与えられる。こうして、ジャーナリストは地位とそれに見合う報酬を得ることができる。

このように、ラジオ、テレビ、PRなど新聞以外のメディア産業が台頭することにより、地方紙に生じた人材不足は、現場における職業訓練を主体としていたNCTJ当初からの構想にひびを入れ始めた。シニアジャーナリストが新聞社でジュニアを鍛えるという余裕がなくなってきたのである。

地方紙経営者はスタッフを育成しても、ほかの業界に引き抜かれてしまうことから、高い訓練コストの負担をメディア業界全体で負うべきだと考え始めた。特にBBCやITV（民間放送局）といったテレビ業界は訓練スキームに貢献すべきである。一九六一年には、全国紙の経営者団体である新聞経営者連合が、年間五〇〇〇ポンドを三年間の保証付きで拠出することを認めた。新聞協会もさらなる資金の拠出を検討している。こうした経営者側の投資は、NCTJに次世代の訓練スキームを構想させるあと押しとなった。具体的には、訓練に関する諮問委員会を各地方に設置し、ジュニアが適切に扱われるよう監督することで、職業訓練の水準を向上させる案などが考えられていた。

NCTJを指揮するストリックも、新聞、雑誌だけでなくラジオ、テレビ、広告など関連業界による委員会の設置を提案する。また、寄宿制のコースも新たな企画として考えていた。全国のカレッジに業界が運営するコースを作り、現場を離れて集中的に職業訓練を施そうという発想である。ジュニアのための初級に相当するコースとして六か月から一二か月の「新人研修コース」、また一か月から一〇か月、あるいは一二か月の、若いシニアのための短期の「補習」、または「継続訓練」のコースを検討している。つまり、OJTにおいて生じている問題を解決する方途が、学校教育に求められていた。ストリックは「自暴自棄になり、すべてに見切りをつけて墓穴を掘る前に」、なんらかの調整をNCTJに施す必要性を感じていた。(10) 従来、一般教養を補強するために用いていたカレッジにおける教育で、職業訓練も含めた方向性を模索し始めたのである。

三　拡大されるコース

一九六一年、これまでNCTJを率いてきたハワード・ストリックが退任する。代わって登場したのがジョン・ドッジである。すでにNCTJの訓練スキームは地方紙において必修となり、新聞経営者連合と新聞協会は大幅な投資を決め、新たな方向性を模索する用意が調っていた。ドッジは以下のようにジュニアジャーナリストの訓練を整理する。

(一)教育面は通常、地方の技術カレッジでデイリリース[11]の授業を授けられる。
(二)職業面は新聞社における実践的な「オン・ザ・ジョブ」の経験で構成される。[12]

一般教養を身につける技術カレッジは全国に約三〇校あり、英語はもちろん、政治経済など多様な科目が用意されていた。一方、徒弟制のもっとも重要な部分はつねにオン・ザ・ジョブ、すなわち職場で働きながら行われる訓練により与えられる。しかし、職業面については新聞社によって水準にばらつきが生じていた。大手新聞グループは週末講習を組織し、常勤の担当者を雇うことができるが、小さな新聞社はシニアジャーナリストの不足から、ジュニアへの仕事上の圧力も大きく、経験者からジュニアが適切な指導を受けるのは難しい。こうした現状をドッジは「評議会最大の頭痛の種」と表現している。

解決策として、ドッジは指導のためのハンドブックの出版と、全寮制コースの創設を訴えた。後者は高価な取り組みだが、有益な貢献をなすであろう。創設コストは一〇万ポンドから二五万ポンドと見積もられる。それでも、定評のある専門家によって集中的な訓練が施されるとすれば、見返りは十分にあるとドッジは考えたのである。

ジャーナリスト組合の教育担当者であるジョージ・バイナーも、中央による全寮制のカレッジ運営という考えを支持していた。それは経営者のためというより、現在、技術カレッジで実施されている「継

ジョージ・バイナーと若手ジャーナリスト
出典：1964, *The Journalist*, March.

続教育」を改善する手段と見ていた。

一九六一年にＮＣＴＪの実質的な指導者に就任したドッジは、一九六二年にかけて精力的に動き始めた。一九六二年九月、訓練スキームへの参加者は前年比で三分の一上昇していた。また、採用者の教育資格も着実に向上している。指導者のためのハンドブックも、ジャーナリスト協会など各種業界団体との協力により完成し、春の出版を待つばかりである。カレッジにおける教育方針では、現在より実践的なジャーナリズムの授業を含めることが決まっていた。

これらの事業を推進するには資金が必要である。ＮＣＴＪ議長のハロルド・バークワースは一九六二年一〇月、メディア業界に対して二五万ポンドの寄付を訴えた。新聞業界全体が教育、訓練の理想を追求するため、英国ジャーナリスト教育基金の設立が必要である。それは「プレスに関する王立委員会」の勧告を履行することにもつながるだろうというのである。

かなりの年間出資金を提供することで、できるだけすみやかに独立した基金を設置するよう、まさに全国の経営者に団体として求めるときであると、本評議会は決断した。目標は最低でも二五万ポンドでなければならない。(13)

財政的な援助のみならず、ジャーナリスト協会、ジャーナリスト組合、英国新聞編集幹部ギルド、新聞協会は、すべての徒弟契約下にあるジュニアジャーナリストに、週一日のデイリリースを必須とするよう、各新聞社へ勧告することを決めた。カレッジでの教育の質を改善する取り組みにおいて、少なくとも二年間はジュニアジャーナリストを学校へ通わせることが望ましい。そうすれば、カレッジも計画を立てやすくなる。なかでも、一般教養の修得は三年制のスキームにおいて二年間で集中的に行うべきである。デイリリースはすでに制度として確立されてはいるが、管理職の多くはジュニアへ休暇を与えることに乗り気ではない。確実な方法は全国的に統一されたデイリリースの導入である。⑭

また、ＮＣＴＪは一九六三年夏、新たな試みを開始する。全国から三二人の若いレポーターを集め、経験を積んだ新聞人による集中的な指導を受けられる実践的なコースに彼らを参加させた。場所はイングランド東部ノリッジ近郊にあるウィモンダムカレッジで、コースのテーマは「実践におけるジャーナリズム」である。ドッジも「これはわれわれが今までに経験したなかでもっとも野心的な計画の一つであり、かなりの成功を示している」と述べて継続に期待をかけた。⑮将来的には全国にセンターを配置し、こうしたコースを運営していきたいという。一九六四年には三コースに増やして実施する予定であった。

こうしたＮＣＴＪの新たな活動を支えたのは、一九六四年における良好な財政であった。潤沢な資金により、訓練スキームの計画は、スタッフの雇用も含め次々と実施に移された。デイリリースのカリキュラムはいっそう標準化したものへと整備され、次期コースですべてのカレッジに導入される予定となった。なにより、ＮＣＴＪは個々の経営者から追加で約七〇〇〇ポンドの資金提供を受けていた。ＮＣＴＪ議長のハーバート・ヘンリー・ハイマンは、ＢＢＣやＩＴＶはいまだ訓練に貢献しておらず、しかしそのときはすでに来ていると、さらなる資金の追加を訴えている[16]。

また、一九六五年、実験的に全寮制のコースが開始され、四週間の長期コースがシェフィールド、ノリッジ、ノッティンガム、スワンジーに完成した。約一三〇人のレポーターがこれに参加した。来年度はさらにコースの増設を予定していた。ハイマンによれば、こうした長期コースはオン・ザ・ジョブで数か月過ごすより、集中的な訓練としてより多くを達成できることが示されたという。手探りと模倣で仕事を身につけるより、最低限の援助と指導でさえ貴重であり、成果をともなうものである。加えて、最初のブロックリリース[17]がロンドン北西部のハローにある技術カレッジで実施に移されていた。そこでの利点は、速記の集中的な指導が与えられることにある。また、地方紙の編集幹部が教員として参加することにより、実践的なジャーナリズムの授業が可能になる。ただし、ハイマンはこれらのコースはカレッジによって運営されるべきであると強調し、教員となるジャーナリストもカレッジが雇用すべきであると主張する。「いいかえれば、非常に有益な実践的訓練が、これまでのようにすべて業界の費用ではなく、国家の費用で提供できるのである[18]」。つまり、カレッジへの助成という形で税金の投入を求めたのである。

四　熟練度資格の有名無実

ジョン・ドッジに引き継がれたＮＣＴＪの改革は、矢継ぎ早に展開され、資金面では新聞協会を始めとする経営者団体がこれを支持していた。しかし、次のような問題も残されていた。ＮＣＴＪの訓練スキームが必修となり、コースも多様性を増したとはいえ、その結末である熟練度テストの合格率が向上していないことである。

三年制の訓練スキームを終えたジュニアは、熟練度テストを受け、合格すれば資格を与えられることになっていた。ところが、編集幹部は熟練度資格の保持をレポーターに求めていない。これまでどおり仕事をこなしさえすればそれで良かった。テストに合格しようがしまいがシニアレポーターに昇格させてしまう。逆に、ＮＣＴＪは「熟練度資格の保持こそが有利」という宣伝文句を現実に引きつけるよう、真剣に検討せねばならない状況に追い込まれていた⑲。

一九六三年、六四人がレポーター向けの熟練度テストを受験した。志願者の六〇％しか合格しなかったにもかかわらず、試験担当者の評価は「結果はいつもより良かった」であった⑳。これまで、法律に関する試験は不合格者が四〇％だった。それが二〇％へ低下したと報告される。英語、地方行政に関する問題は解答が芳しくない。教育内容と合格率の改善が求められる。インタビューの技術は不足しており、受験者のうち一九％が不合格となった。その原因は速記の未熟さにあると指摘されている。速記の習得は、編集幹部がジュニアジャーナリストに特に促さねばならない点である。それは有能なレポーターの基本となる要件であった。

そもそも採用の段階が間違っているという声も上がっていた。これはＮＣＴＪが訓練機関ではあっても、採用に関する権限をもっていないことに由来する。ジャーナリスト組合の機関誌『ジャーナリスト』一九六二年三月号に、最初の選抜が難しいと記されている。求職者は雑多な寄せ集めで、定職もなく漂流している一〇代の中等教育修了者であり、「アラジンがアブラカダブラと唱えるような臆病な信念で「レポーターになりたいです」と彼らは編集幹部に話す」と苦言が呈されている㉑。個人の性格はすばらしいが、学校で英語の授業は居眠りをしていたに違いない。新聞社はこうした少年少女をいちかばちか採用せざるを得ない。有能な人材はどこを旅しているのだろう。こうした運を天に任せる採用ではなく、ジャーナリスト組合は率先して中等学校へ働きかけるべきではないかと『ジャーナリスト』に寄稿したJ・ガーランドは提案する。

NCTJはすでに雇用されている訓練生を対象とした養成制度である。一九六四年に英国政府出版局HMSOが発行した『ジャーナリズム――キャリアの選択』にも次のように記されている。「ジャーナリスト訓練評議会が手配する必修の訓練を免除されるような、ジャーナリズムに関する採用前の訓練は一切ないということを強調すべきである」[22]。

ジャーナリスト協会の機関誌『ジャーナル』でも、この問題についてヒュー・グラハムが発言している。たしかにドッジは熱意をもって働いているし、NCTJも善意ある団体である。しかし一九六三年において、NCTJに登録するジュニアジャーナリストの四一％が、中等教育修了資格のOレベルで五つを取得するというレベルに達していない。一九六四年には三一％にまで改善されたが、それでもまだOレベルを取得していない者は多い。

背景には、中等教育修了資格を取得していなくても新聞社に就職できるという売り手市場が存在する。そもそも、ジャーナリズムへの参入資格は厳しく要求されていない。編集幹部は新人を採用できるだけで満足してしまっている。熟練度テストに失敗する者も多い。受験者の二二％がインタビューの試験で不合格となり、一九％が時事問題の試験で不合格となる。三三％はプレスに関する法律を知らない。

このような現状を打開する方策として、グラハムは、高等教育におけるジャーナリズム学科の設置を提唱する。しかし、こうしたコースを大学に設けるには資金が足りず、業界はその構想に乗り気ではないという。また、こうした養成制度の欠如は、職業的威信も低下させている。建築家やソリシター(事務弁護士)、会計士のような制度が必要ではないのか。

ジャーナリストになることが非常に容易であるというのは本当である。だれもが新聞に書くことができる。二、三冊、医学書を読んでも手術室で勝手に振る舞うことは許されない。だが、専門的な知識もなく、技能も乏しい多くの人々が新聞のために安楽椅子で執筆している。(23)

グラハムはさらにハードルを上げる。中等教育修了資格はＯレベルを六つ取得させ、英語以外の外国語、地理も必修とせよ。ＮＣＴＪの熟練度テストについては、不合格者は成功するまで試験を受け続けるか、ジャーナリズムで働くことをあきらめよと。

五　採用する前に訓練を

採用での問題を解決するもう一つの方法が、「採用前のコース（pre-entry course）」という発想である。「プレエントリー」という言葉が、日本において奇異に感じられるのは、高等教育におけるメディア学科やジャーナリズム学科、コミュニケーション学科の学生たちが通常、すべて採用前の状態であり、大学で訓練を積んでもメディア業界に就職できるかどうかはわからないということを、われわれが自明視しているためである。

たとえば、一九四九年から、ロンドンのリージェント・ストリートにある実業系の高等教育機関であるポリテクニクは、植民地から学生を受け入れる目的もあって(24)一年制のプレエントリーコース、すなわち採用前のコースを提供していた。内容はジャーナリズム実習を始め、速記やタイピング、外国語のほか、新聞社への見学、業界人による講義などである。最終的に試験に合格すればディプロマが授与される。また、ＮＣＴＪも実験的に一年制のプレエントリーコースを作り、Ａレベル（大学入学資格）を二つ以上取得した者に参加させる計画を立てていた。だが、これは採用前のコースであるため、就職してからさらに三年間、新聞社と徒弟契約を結び、ＮＣＴＪの正規のコースで訓練を受け直すことが必要であった。

また、シニアジャーナリストとしてデイリリースのチューターを務め、カレッジで熟練度テストにたずさわったヘンリー・ダグラスは、一九六四年四月号の『ジャーナル』で大卒の採用について次のように述べている。

> ＮＣＴＪはでたらめだった訓練を公式化し、熟練度資格を整備することで、すばらしい仕事をしてきたが、満足できるレベルには達していない。とりわけ地方週刊紙のジュニアが、短期の全寮制コースはもとより、週末講習でさえ受講できない現状がある。熟練度テストは時折、抜きんでた才能をもつ若者を見いだしてもいるが、大多数の若者はむしろジャーナリストの標準を下回っている。「採用して良かったと感じる志願者はいない、一昔前なら採用したかもしれない」と編集幹部はしばしば語る。[25]シニアの不足が地方紙において問題となり、ジュニアの訓練を実地で行うことが難しくなっている。

戦後、大卒の人口は増大してきた。こうしたなかで、中等教育修了者だけを採用していて、これからうまくやっていけるのだろうか。ダグラスはジャーナリズムに関する学位コースの創設を、緊急の課題として業界に提案する。ただし、次のようにも語る。「私は、英国の大学のジャーナリズム学科が、アプローチにおいてヨーロッパやアメリカのそれより、特殊に職業的ではないことを望む」[26]。彼は大学でジャーナリズムを教えることはできないと考えていた。しかし、医療や法律も、職業訓練として大学で教えることが難しい分野であるにもかかわらず、学位は必要とされてきた。税金によって運営されるイギリスの大学において、ジャーナリズムも納税者による支持を得て、学位コースをもって悪い理由があるだろうか。

ジョン・ドッジの方針は異なっていた。こうした高等教育におけるジャーナリズムの訓練という考えに対し、できる限り早急な全国規模の訓練センター設立を訴える。[27]問題は、徒弟契約下にあるジュニアジャーナリストが、ＯＪＴにより地方紙で適切な実地訓練を受けることが困難になっているという現状である。

もちろん、有能なシニアが週刊紙に魅力を感じていないことが原因である。ダグラスのように、新しい大学にジャーナリズムの学位コースを創設せよという声もあるが、それはジャーナリズム学科ではなくコミュニケーション学科となろう。新聞社の資金をこうしたコースに投入するのは優先順位として間違っていると彼は主張した。大学へ投資するくらいなら、既存の訓練生に投資すべきである。そのためには恒常的に機能する訓練センターの設置こそが望まれる。

大卒の採用を求める声は、高学歴化が進行する社会のなかで、学歴の低さがジャーナリストの地位を低下させるという恐れに基づく。それゆえ、職業訓練の内実はともかく、形式的にでも学位コースを望む人々が現れたといえよう。ダグラスも大学で実際的な職業訓練がなされるとは考えていない。大卒でなければ専門職として「格好がつかない」というだけである。

一方、地方紙における職業訓練の問題について、ＮＣＴＪを率いるドッジは、現場から学校教育へ移す必要性を感じていた。それは高等教育ではなく、業界が運営する訓練センターという形で構想された。大学のコースは新聞業界というより、むしろ放送や広告を含めたコミュニケーション産業への投資と映る側面があり、手放しで支持できるものではなかったのである。

六　訓練センターの構想

ＮＣＴＪの一九六〇年代前半における議論は、一九六五年に行われた一連の改革として結実する。その要点は三つある。第一にジャーナリズムへの参入の条件を中等教育修了資格のＯレベル三科目の取得と定めたこと、第二に、これまで慣習として黙認されてきた地方紙から全国紙への出世の階梯をジャーナリスト組合、ジャーナリスト協会と経営者団体との協定によって認めさせたこと、これにより地方紙で経験を積むことが全国紙の記者になるための要件となった。最後にブロックリリースと採用前のコースを本格的に導入することである。

ブロックリリースにおける地方紙見学
出典：Bernard J. Hall, 1968, *Basic Training in Journalism*, Oxford: Pergamon.

まとまった休暇を取り社外で集中的な訓練を受けるブロックリリースは、週に一日か二日、休暇を取ってカレッジに通うデイリリースに代わる新しい方式として期待された。「失敗から学ぶというやみくもな試み以上に、いっそう建設的なもの」と考えられた(28)。そこでは、英語や地方行政についての講義、速記の集中的な訓練、また、経験を積んだシニアジャーナリストによる適切な指導などが行われる予定であった。

とはいえ、ジョージ・バイナーは早くも組合機関誌『ジャーナリスト』で、「第一に、指導のペースがあまりに集中的すぎ、成果の期待が高すぎるのではないか。第二に、八週間も家を空ける組合員の困窮、または不利益に対する十分な補償はあるのか」とブロックリリースに疑問を投げかけている[29]。労働組合からの観点は、ブロックリリースを雇用者に都合のよいシステムと見る。とりわけ、集中的な指導により研修休暇を短縮できることで雇用者側は利益を得ているという。ブロックリリースの有効性を強調することは、むしろデイリリースを廃止する口実となるのではないか。本当に長期間の集中的なコースが訓練に有効なのか確認する必要があるとバイナーは注意を促す。

週に一回、休みをとってカレッジに通うデイリリースとは異なり、下宿やホテルで八週間生活するブロックリリースは、訓練生に経済的な負担を強いるものである。したがって、訓練方式をすべてブロックリリースに代えるというのではなく、地理的にデイリリースが困難であるような地域にのみ適用すべきである。ブロックリリースのためにデイリリースが廃止されるとすれば、ジャーナリスト組合としてはこれを問題視せざるを得ない。また、ブロックリリースがエリートの選抜コースになる危険性もある。特定のジュニアのみが優遇され、彼らが職場を開けている間、仕事は残りのジュニアで補わねばならず、さらに貧弱となったデイリリースが彼らの教育を支えるという構造を生み出してしまうからである。「選ばれたジュニアはブロックリリースに参加し、その機会に恵まれなかったほかの同僚たちは夜間の授業か、通信制を通してもがくしかないという状況が、この国のいくつかの場所で発展しそうである」[30]。そのような問題点がバイナーによって指摘されていた。

にもかかわらず、ＮＣＴＪはさらなる事業拡大を着々と推進する予定であった。ジョン・ドッジは今後、ブロックリリースを拡大すると公言してはばからない[31]。ハロー技術カレッジのコースには、専任講師としてすでに経験を積んだジャーナリスト、ジム・ブレナンを配置し、イングランド中部に位置するウルバーハンプトンでも常勤講師を任命する計画が進行している。これらは北西イングランド、ウェールズなどいっそう多くの地域へと拡大させていく予定である。訓練センターの設置に向け、NCTJは資金を募るキャンペーンを展開し始めた。ブロックリリースの試みは、さらに全寮制のコースとなって拡張されねばならないという。

週末におけるカレッジでのデイリリースから、数週間、新聞社がジュニアを預けるブロックリリースへと、現場における職業訓練から地方教育機関へのシフトを進めるなかで、NCTJは自ら学校教育の運営に乗りだそうとしていた。すなわち訓練センターの設立である。

英国新聞編集幹部ギルドの代表となったプレス・アソシエーションのチャールズ・ジャーヴィスは、訓練センター設立構想に賛意を表明する。国内の優秀な人材は公平に分配されているわけではない。また、そのような人材の多くはラジオ、テレビ、PR産業へと流出していく。このようなことが続けば、ジャーナリストの水準は低下するばかりだろう。現に、最近の統計では四〇〇人のジュニアのうち、熟練度テストを受ける資格をもつ者は半数にすぎず、たとえ受験できたとしても、そのうち合格するのは四〇%から五〇%である。

これ［合格率の低さ］はこの訓練スキームに従事してきた全員の心をほぼ打ち砕くが、私をいっそう驚かせたのは、訓練スキームに参加できる前にジュニアは職を得ており、不合格者はテストされる前に入社していて、多くの場合、そのまま居座り続けることである！(32)

訓練を受けてもテストに合格せず、なおかつ働き続けているジャーナリストがおそらく何千人もいる。こうした事態を改善するため、全国に配備された訓練センターで、学術と実践を織り交ぜた採用前の養成がなされるべきであるとジャーヴィスはいう。一九六五年のジャーナリスト組合の代表者会議においても、ＢＢＣやＩＴＶといった放送局はＮＣＴＪに貢献すべきことが訴えられ、応分の負担を緊急の課題とする方針を確認している。それはもちろん、全寮制の訓練センター設立資金に充てられる。

加えて、ＮＣＴＪのコース拡大はジュニアだけにとどまるものではない。たとえば、一九六五年三月、シニアのための訓練コースが開かれている。これはエッソ石油から受けた一五〇〇ポンドの助成金をもとに開講されたもので、金融報道と産業報道の授業が行われた。それぞれ一週間のコースでＮＣＴＪの運営による。当然、こうした企画もドッジらが中心となって資金調達を行い、企業と契約を結んでいる。また、一九六五年四月には、イングランド中部の都市シェフィールドで整理担当者のためのコースが開かれ、四五人が参加している。講義は討論や実習を含め、すべて週末に開催された。

一九六五年、ジャーナリスト組合と新聞協会は、訓練について協議の場を設けた[33]。まず、採用の段階で優秀な人材を確保することが大切である。教育資格の向上がそれを改善するだろう。採用された新人は、ＮＣＴＪの訓練スキームを経て熟練度テストを受ける。しかし、受験しなくても、さらには不合格であってさえ、解雇されるジャーナリストはまれであり、現状では熟練度資格の権威が失われている。協議では、資格取得に向けたインセンティブとして、三〇シリング（＝一ポンド半）から二ポンドのボーナスを有資格者に与えることが検討された。また、不合格者を野放しにするのではなく、何度でも熟練度テストに挑戦させる方針を確認している。

ジャーナリストに教育資格を求め、職業訓練は学校で施し、テストによって能力を確かめるという方向性が示された。ドッジは「ほかのだれよりも、ジャーナリストは「生まれる者であって作られる者ではない」とは私は信じない」と述べた[34]。その思想は、レッセフェールをなにより重んじる従来の英国ジャーナリストの育成方針に反していた。

七　ジャーナリストは作られる者

戦勝後、イギリス社会における学歴の上昇は、中等教育修了資格の保持者が増加するという形で表れ始めた。ＮＣＴＪも当初より、Ｏレベルの取得を推奨していた。地方紙の経営者団体である新聞協会は、教育資格を給与に反映させる協定を結ぶことで高学歴化へのインセンティブを与えた。

従来、年齢さえ満たしていれば学歴を不問としてきたメディア業界は、一般教養をカレッジにおけるＮＣＴＪのコースで補強してきた。その一般教養の修得を中等教育にゆだねることにより、カレッジでの教育は、職業訓練を含め、いっそうジャーナリストに特化したカリキュラムを検討する余裕を手に入れることができた。ラジオ、テレビ、広告への人材流出が生じていた地方紙にとって、現場の指導をシニアスタッフから学校教育へ切り替えることは緊急の課題でもあった。

それを実現する資金は経営者からもたらされた。全国紙が地方紙の人材を引き抜くという構造のなかで、なぜ地方紙だけが訓練のコストを負担せねばならないのかという疑問が生じていたからである。経営者からの支持がＮＣＴＪの規模を拡大する契機となった。また、カレッジでの教育が学術的すぎると不満を漏らしてきた第一線のジャーナリストも、職業訓練の強化には好意的であったろう。

一方、高等教育でジャーナリストを養成するという考えは、いまだ十分な支持を得ていない。しかし、採用前に学校教育を導入するというプレエントリーコースの発想は、現在の大学におけるメディア学科やジャーナリズム学科、コミュニケーション学科に近似したものを感じさせる。発端は熟練度テストの低い合格率にあった。採用してから訓練を受けさせるという従来のＮＣＴＪ方式は、前段階である採用に問題があった場合、どれほど訓練を受けさせても水準に達しないという欠陥をはらんでおり、また、熟練度資格をもたなくとも容易に解雇されないという問題が指摘されていた。

一九六〇年代に入り、現場でジュニアを訓練するという当初の構想は崩れ始めた。また、熟練度テストの有名無実は、採用段階で優秀な人材を確保できていないのではないかという疑念を生じさせていた。NCTJは教育資格を導入することで採用上の欠点を補い、現場での職業訓練はカレッジでのデイリリース、ブロックリリースにゆだね、そして自ら訓練センターを設立するという学校教育への道を模索していった。いまだ大学への進学が大衆化していない現状のなかで、ここでいう「学校教育」を高等教育に等しくするという発想は多勢ではない。こうしたなか、NCTJの新たな指導者であるドッジは、「ジャーナリストは作られる者」という考えを、教育資格の向上と、学校教育の拡大において体現してみせたのである。

（1）末松満編『ジャーナリスト入門——新聞記者の職業と生活』みすず書房、一九五四年、二頁。
（2）1960, "Training Scheme," *The Journal* (*Institute of Journalists*), July-August: pp. 68-69.
（3）1961, "East Midlands Reports on Working of the National Scheme," *The Journal* (*Institute of Journalists*), December: p. 123.
（4）1960, "How to Attract the Young," *The Journalist*, August: p. 120.
（5）1961, "The Training Scheme Is a Going Concern, but Where Is It Going?," *The Journal* (*Institute of Journalists*), January-February: p. 6.
（6）同時代を対象とした研究で特筆すべきはオリバー・ボイドバレットによる研究である。ジャーナリズムという活動を専門職とみなせるのかどうかを検討している。Oliver Boyd-Barrett, 1970, "Journalism Recruitment and Training: Problems in Professionalization," Jeremy Tunstall ed., *Media Sociology: A Reader*, Urbana: University of Illinois Press.

(7) Aレベル(General Certificate of Education Advanced Level)は、大学入学の要件となる中等教育修了資格で、一七歳、一八歳で科目別に受験し成績が与えられる。第四章注(75)も参照。
(8) 1961, "The Training Scheme Is a Going Concern, but Where Is It Going?," op. cit., p. 6.
(9) S. R. Pawley, 1961, "The Changing Face of Journalism: Trend in Merging or Closing of Newspapers Likely to Continue," *The Journal* (*Institute of Journalists*), July-August: p. 77.
(10) 1961, "The Training Scheme Is a Going Concern, but Where Is It Going?," op. cit., p. 6.
(11) カレッジで教育を受けるため、週のうち数日、有給で仕事を休むことが許される制度。
(12) John Dodge, 1961, "Training Comes of Age," *The Journal* (*Institute of Journalists*), November: p. 107.
(13) 1962, "Quarter Million Appeal for Training Journalists," *The Journal* (*Institute of Journalists*), December: p. 146.
(14) 1962, "Day Release for Junior Journalists: Employers Urged to Co-operate," *The Journal* (*Institute of Journalists*), December: p. 146.
(15) 1963, "Wymondham Week Rated a Big Success," *The Journalist*, October: p. 9.
(16) H. H. Hayman, 1965, "Marked Progress of Journalists' Training Scheme," *The Bulletin of the Institute of Journalists*, January-March: p. 5.
(17) 研修のため、数週間、カレッジで学ぶことを被雇用者に許す制度。
(18) Hayman, 1965, op. cit., p. 5.
(19) 1963, "Welcome Moves on the Training Front," *The Journalist*, November: p. 4.
(20) 1964, "Examiners Hail Better Results: Still Weaknesses in Interviewing & Newspaper Production," *The Journalist*, February: p. 11.
(21) 1962, "Recruiting Hint," *The Journalist*, March: p. 34.
(22) H. M. S. O., 1964, *Journalism: Choice of Careers No. 83*, London: H. M. S. O., p. 31.
(23) Hugh Graham, 1965, "Training Is not Really Worth It!," *The Journal* (*Institute of Journalists*), April-June: p. 11.
(24) Howard C. Strick, 1956, *Facilities and Methods of Professional Training for Journalism in the United Kingdom*

and in the Countries of the British Commonwealth of Nations, Paris: UNESCO, p. 7.

(25) Henry R. Douglas, 1964, "Graduates in Journalism," *The Journal* (*Institute of Journalists*), April: p. 9.

(26) Ibid., pp. 9–10.

(27) John Dodge, 1964, "University-No. Training Centre-Yes!," *The Journal* (*Institute of Journalists*), July: p. 11.

(28) 1965, "Impressions," *The Journalist*, April: p. 3.

(29) George Viner, 1965, "Block Release: The Union's Views," *The Journalist*, April: p. 8.

(30) Ibid.

(31) 1965, "Pre-entry Plan for Training: Scheme for 12-month Journalist Course," *The Journalist*, April: p. 3.

(32) Charles Jervis, 1965, "Better Training Is Imperative," *The Journal* (*Institute of Journalists*), January-March: p. 8.

(33) John Dodge, 1965, "Training Landmark," *The Journalist*, July: p. 9.

(34) Ibid.

第六章

経営者による養成制度の解体

ところで、占領下の日本において開設された新聞学科のその後はどうなったのだろう。

一九四六年に新聞研究室を開設し、アメリカ式のジャーナリズム学科を目指した慶應義塾大学は、『慶應義塾大学新聞』の発行を通じて学生に実務を覚えさせようとした。しかし、その歴史を振り返った萩原滋は「それに時間と労力を傾注しすぎて勉強や研究がおろそかになるといった弊害も目立ち始め」たと記している。(1) そして一九六一年、新聞研究室が新聞研究所へ昇格すると、一九六三年をもって新聞の発行は止めてしまい、広くマス・コミュニケーション全般を扱う研究機関へと移行した。

同じく早稲田大学も一九六六年、新聞学科の学生募集を停止し、一九七三年に学科自体を廃止する。これについて『朝日ジャーナル』は、新聞学を教える教員の不足、新聞学への社会的要求の低さを理由にあげ、後者について次のように記している。

新聞社や放送局の現場では、ジャーナリストの教育はそれぞれの社が、それぞれの伝統や方針に応じて実施すべきで、新入社員は、なまじマスコミについてかじっているよりも白紙のほうがいいと考えられている。(2)

また、東京大学新聞研究所は、占領期以降もジャーナリスト志望者を受け入れ、長らく一定数の新聞記者、放送人を輩出してきた。しかし、メディア業界に需要があるわけではなく、むしろ高等教育でジャーナリストを養成する考えに業界は否定的であった。たとえば、一九五九年に朝日新聞社に入った柴田鉄治は次のように述べている。

私が入社してすぐ分かったことは、新聞研で学んできたことを声に出して言うこと自体はばかられるような空気が社内にあったことだ。いや、新聞研だけのことではなく、入社前にジャーナリズムについて勉強してきたことを評価する雰囲気は全くなかったのである。(3)

日本の新聞学科は一部大学で存続し、あるいは名称を変更して今日にいたっている。しかし、当初予定されたように、高等教育で職業訓練を行うというアメリカ式のジャーナリスト養成が、日本で根づいた様子はない。一九六〇年代になっても、実務は学校教育ではなく、現場で仕事をこなすなかで身につけるとする新聞社、放送局が多勢であった。

新聞はその後、テレビの台頭によって相対化され、大学においてはメディアの一つとして認識されるようになる。ジャーナリズムは研究対象であって、実践するものではない。ましてや即戦力になるような人材を大学で養成することは、最初から想定されていなかった。

イギリスにおいては、これまで述べてきたように、大学におけるジャーナリスト養成は戦後、試みられることなく推移し、その努力は統一された職業訓練、教育の仕組みを業界で構築することに注がれた。

当初、ジャーナリスト訓練評議会、すなわちＮＣＴＪの取り組みは、「ジャーナリストは生まれる者である」という天賦の才能を尊重し、自由放任による学習の過程を補完するものという位置づけであった。しかし、中等教育が拡大して読者の教育程度が向上すると、ジャーナリストの学歴は見劣りするようになり、また、ラジオやテレビ、ＰＲ産業の発展が地方紙からの人材流出を招いて、職場におけるジュニアジャーナリストへの指導が行き届かなくなるなど欠陥が目立ち始めた。

こうしたなか、前章で見たように、ＮＣＴＪはレッセフェールの伝統をくつがえし、デイリリースからブロックリリース、訓練センターの設立へと学校教育への依存を深めていく。つまり、「ジャーナリストは作られる者」という方向性へ転換し始めたのである。ただし、それは高等教育など外部に委託するものではなく、あくまで業界が主導して進めるべきものと考えられていた。本章ではこうした仕組みが一九七〇年代以降、さらなる困難に直面し後退を余儀なくされる過程を追う。

一　ＮＣＴＪのゆらぎ

独自の人材養成制度を確立してきたＮＣＴＪだったが、一九六〇年代なかばになって、国家の政策により影響を受けるようになる。「英国病」と呼ばれた経済低迷のなかで、さまざまな技術の進歩に対応するため、一九六四年、産業訓練法が制定されたからである。翌年、ＮＣＴＪはこれがメディア業界にも影響を及ぼすものと認め、労働省に自らが正式な訓練機関であることを認めさせようとしたが、うまくいかなかった。(4)

同法により、業界ごとに産業訓練委員会が設置された。メディア業界も一九六八年に、ＰＰＩＴＢ (Printing and Publishing Industry Training Board) という委員会を発足させる。この委員会が事業主から費用を徴収し、訓練を実施する機関に配分する。

これまでＮＣＴＪに会費を納め、寄付を行ってきた新聞社は、ＰＰＩＴＢにも資金を振り向けねばならなくなった。その結果、訓練生をもたない全国紙などがＮＣＴＪからの撤退を考え始める。政府にその代表性を認められなかったＮＣＴＪは、登録料と試験料を訓練生の数に応じて徴収するなど、資金調達について再考を迫られることになった。

一九七五年、政府は職業訓練の改良を促すため、企業に独自の計画を立てさせ、産業訓練委員会に認められれば費用の分担を免除するという政策を導入した。これによって社内の訓練は強化され、監視の目も行き届くようになったが、ＮＣＴＪのような社外の組織はますます影響力を低下させることになった。一九七七年、プレスに関する王立委員会は、ＮＣＴＪの財務基盤が脆弱であることを問題視し、全国紙や雑誌、放送業界が支援すべきであると勧告している⑤。また、研究者のオリバー・ボイドバレットは同時代の論考で、「ＰＰＩＴＢによる自社養成の奨励は、専門職全体への配慮を犠牲にして、雇用者による自社の、あるいは出版グループの特別な要求に対する訓練への集中を導くだろう」と述べて懸念を表明した⑥。

訓練生の数は年によって増減するため、ＮＣＴＪの収入は不安定となり、また、現場での訓練を担う地方週刊紙に過大な負担がかかるようになった。そこでメディア業界は、訓練生の数ではなく、雇用しているジャーナリストの数に応じて養成コストを負担する仕組みへと移行し、ＮＣＴＪの運営体制を安定させるよう努めた。また、ＰＰＩＴＢも二万五〇〇〇ポンドを毎年ＮＣＴＪへ拠出することに決め、一九七七／七八年度は三万五〇〇〇ポンドにそれを増額した⑦。こうして、ＮＣＴＪの経営状態は改善され、新たな試みを計画するまでに回復していった。

しかし、問題は資金のみにとどまらない。他方で訓練生たちから不満の声が上がっていた。マイケ

整理担当者(サブエディター)
出典：Hugh Sharpe, 1967, *Careers in Journalism*, London: Museum Press.

ル・スネルは、徒弟期間の二年目にＮＣＴＪのブロックリリースへ参加したが、役に立つことは学べず、時間の無駄であったと酷評している。ジャーナリストを訓練する現行の制度は不十分であると彼は訴えた⑧。参加者はコースを重んじておらず、効果に不信を抱くまじめな学生はそもそも講義に出席しない。ブロックリリースは訓練生の「息抜き」になっている。あまりに多くが英語の授業に費やされ、講師たちは「一般的な報道」に終始し専門的な内容を教えようとしない。訓練生のなかには整理担当者として仕事をこなしている者も多いのだから、その技能を磨く機会が与えられるべきである。そもそも、ジャーナリストにとって、もっとも重要な側面は、学校ではなく職場においてこそ培われるべきものであるとスネルは考えた。

ＮＣＴＪにおいても、訓練プログラムの改善は進められてきた。一九七一年にはすべてのシラバスが改正を検討中であると報告されている⑨。ＮＣＴＪの責任者アレク・ニューマンは、職業訓練と理論の足並みをそろえるようカレッジの校長と協議し、作業部会で新聞に必要な教育内容を選定し、速記の教授法について見直しを行った。また、専門的な指導が不足しているとの声に応えて、整理や写真、金融や農業といった特殊な分野の報道を扱う短期の全寮制コースを立ち上げている。ブロックリリースについても、ハロー技術カレッジにおいて訓練の内容を見直し、整理の授業を導入することにした。

ところが一九七四年、ハロー技術カレッジで訓練生たちが授業の内容を批判し、教員はもとより、ジャーナリスト組合、ジャーナリスト協会など業界団体を相手に苦情を訴えた。その内容は以下のとおりである。

- 速記のクラスは大きすぎるため〔学生のあいだで〕能力に差がありすぎる。
- 最初から常勤の講師が不足しており、昼間の授業の時間帯が夜間の授業の冒頭に食い込んでいるため、法律のコースが混乱している。
- 行政の授業はさまざまな講師によって担当され、法律のコースと同様に継続性がなく混乱を招いている。
- カレッジの運営上の問題が講師の出勤を遅らせ、あるいは講義への参加を妨げるため、彼らはつねにジャーナリズムの授業に現れるわけではなく、しばしば遅刻する。
- 法廷、議会、その他の機関への見学はうまく手配されておらず、「概して無駄である」。
- 人種関連、産業の抗争、チャリティや福祉団体など、多くの重要科目がコースにおいて無視されている。
- コースの力点は、学生をジャーナリズムに関するキャリアに備えさせるというより、単に熟練度テストに合格させることにある。
- 講師のなかには最新のジャーナリズムの経験を欠いている者がいる。「彼らのうち何人かは一〇年近く業界から離れている」。

・学生の関心を後回しにする授業方針により、教室の雰囲気が悪くなった。
・敵対的な学生と講師のあいだで話し合いを設けるよう改善を試みるべきである。[10]

つまり、「継続教育」のためのカレッジを利用するのではなく、業界が独自に学校を運営して、実際に即した内容を中心とするよう学生たちは関係者に迫ったのである。「単純にクレームの報告書というのではなく、建設的なものとしてこの文書を見てほしい」と彼らは要求したが、[11] NCTJの諮問委員会は学生たちの提案を拒絶し、苦情について前向きな調査を行うとのみ回答をよせた。

ピーター・ヤオは『ジャーナリスト』誌上で訓練生側を応援し、「ハローの学生がジャーナリスト訓練コースの失敗について公正で正確な評価を下したことを神に感謝する。だれかが正々堂々と意見を述べるときであり、ジャーナリスト評議会のお高くとまった人々が、彼らの意見に頭から反対しているのは悲痛なことである」と記している。[12]

ブロックリリースは単なる有給休暇になっており、講義に出なくとも解雇されず、むしろジュニアジャーナリストの注意を散漫にしていると考えられた。ジャーナリスト組合執行部は、NCTJにスキームを調査するよう求めた。[13] また、ジャーナリスト協会も、NCTJのブロックリリースに「深刻な懸念」を表明したチャールズ・ロバーツの動議を賛成多数により可決している。[14] ロバーツは、カレッジがジャーナリズムの基礎について何も教えておらず、地方紙で扱うようなテーマを取り上げていないと批判した。こうして、一九六〇年代に期待されたブロックリリースは、早くも一九七〇年代前半に問題点を指摘されるようになる。

二　無料紙のフリーライド

それでも、ＮＣＴＪは一九七四年に二万五〇〇〇ポンドの収入を得て、新たな業務の展開を模索する契機をつかんでいる。これはＰＰＩＴＢによる援助がもとになっている。ＮＣＴＪは彼らと協力することにより、三人の地方担当者を常勤で雇用することができるようになった。そして、カレッジにおける科目について、諮問委員会を設置して助言を与え、その水準を監督することを義務づけた[15]。

一九六五年以前のジャーナリストのうち、公式の訓練を受けていたのは二七％にすぎなかった。それに対して、一九六五年以降のジャーナリストは八二％が公式に訓練を受けている[16]。業界で統一された訓練を提供するＮＣＴＪの仕組みは、制度として確立したといえるだろう。しかし、プレスに関する王立委員会の報告によれば、ジュニアジャーナリストの目標はもはや新聞だけではなかった[17]。複数回答可のアンケートでは六五％がテレビで働きたいという。全国紙を希望する者は六五％、次いで雑誌が五六％、ＢＢＣによる全国ラジオ放送が四九％で、地方夕刊紙は四八％でしかない。新聞ではなく、放送や雑誌を到達点に定める若者の存在が指摘され始めていた。

一九七六年、ジャーナリスト協会の教育委員会は、新聞社以外の訓練生について対応を検討している[18]。ＰＲ産業や社内報、雑誌社に採用された新人がＮＣＴＪに登録を申し込むようになっていたからである。

ジャーナリスト組合機関誌『ジャーナリスト』には、元ＮＣＴＪ議長クリストファー・ディックスの次のような意見が掲載された[19]。そもそも、ＮＣＴＪの目的は地方紙の水準を改善することにある。運営資金が乏しいなか、ほかのメディアがＮＣＴＪに訓練を依存するというなら、彼らはその費用を負担すべきである。また、採用前のコースがますます拡大する傾向にあり、新聞以外のメディアへの人材供給源となっている。訓練を希望する若者は増える一方である。他方で奨学金は縮小傾向にあり、メディア業界からコースへの支援は乏しくなっている。

元NCTJ議長はこのように窮状を訴えたが、やはり採用前のコースは拡充せざるを得なかった。また新たに、シニアジャーナリストなど経験者向けの短期コースも設置している。これは整理やレイアウト、デザインについて、経験者を対象に集中的に訓練を施す試みである。一九七九年には大学院修了者に対し、一八週のプレエントリーコースも実施した。こうした拡大基調は一九七八年、ジャーナリスト協会において「もっぱら実習の場として機能してきた地方紙だけでなく、すべてのジャーナリズムに訓練を提供できるように、訓練評議会は〔その対象とする〕範囲を引き続きしっかりと検討する」と報じられている[20]。

こうした放送やPR産業への対応に加え、問題とされたのは無料紙である。それがいかなる新聞であれ、ジャーナリストには訓練を受ける権利がある。たとえ経営者が費用を負担しないとしても、無料紙のジャーナリストにもNCTJの訓練は必要であると考えられた。

一九六〇年代より普及し始めた無料紙は、編集、管理のコストを抑え、広告収入を拡大させる一方、一九七〇年代には紙面を有料紙並みに充実させ、一九八〇年代に急速な発展を遂げていた。

当初、訓練費用を負担せずコースの成果のみを享受する無料紙について、NCTJは訓練生の受け入れを拒んでいた。しかし、ジャーナリスト組合には、受け入れをすべて却下するのではなく、無料紙のジュニアジャーナリストにも機会を与えるよう検討すべきであるという意見が出されていた[21]。

一九八四年、NCTJ元議長のゴードン・ファーンズワースは、無料紙のジャーナリストに言及して次のように述べた。「ジャーナリストに二つの階層を求める者はいない。〔中略〕有料紙でも無料紙でも、ジャーナリストが熟練度資格を得るために必要とされる技能や知識を獲得できるよう、できることをすべてやるべきである。またそうでなければならない」㉒。若者のなかには無料紙をメディア業界への足がかりにする者がいる。彼らにも訓練は必要であると訴えた。

経営者に対する批判も上がっている。採用した若者を無料紙が「訓練生」とみなしていないことについて、ＮＣＴＪ議長のエリック・フラベルは、教育、訓練の責任を無料紙の経営者は自覚すべきであると非難する。また、ジャーナリスト協会の教育委員会も、雇用する新人に訓練を保証するよう警告した㉓。

一九八七年、イングランド北部のハロゲートにおけるジャーナリスト協会の大会で、ミドルセックス支部のチャーリー・ハリスは、無料紙が広告としてしか生産されず、ジャーナリストの役割を軽視していると批判した。また、ヨークシャー支部のデレク・フォスターも、無料紙で働く若者は搾取されており、訓練生のレートで賃金を支払われているにもかかわらず、必要な訓練は与えられていないと窮状を訴えている㉔。

同様の問題はフリーランスについてもいえた。ジャーナリスト組合のティム・ゴップシルによれば、最高の報酬で職人気質、栄光を享受するフリーランスのジャーナリストという評価は過去のものであり、一九八〇年代、フリーランスは「ジャーナリズムのゲットー」にはまり込んでいるという㉕。彼らには訓練が不足している。ジャーナリスト組合フリーランス支部が行った週末講習は成功したが、その費用を負担する経営者はだれもいない。

一九九〇年代になっても、ジャーナリスト組合はフリーランスの訓練がおろそかにされていることを問題視している。フリーランスには女性やマイノリティが多かった。正規の被雇用者のみに訓練が与えられ、格差は広がっている。代表者会議において、ジャーナリスト組合は関連する経営者団体への交渉開始を決議した[26]。

三　中等教育から高等教育へ

ＮＣＴＪは政府の政策に翻弄され、放送局や無料紙などのフリーライドに悩まされつつも、メディア業界で統一された訓練制度を運営するという役割を維持してきた。ブロックリリースやデイリリースなど、カレッジにおける学校教育はいっそうジャーナリズムに特化した内容へと整理されていく。それを可能にしたのは、戦後、中等教育の発展である。

そこでの成績が一般教養の証明となり、カレッジにおける学習を特殊化する余地を生み出した。とはいえ、ジュニアジャーナリストの学歴は中等教育が標準であり、二〇世紀後半に入っても、高等教育出身のレポーターはまれであった。

一方、日本においては、新聞記者の学歴は戦前よりすでに上昇傾向にあり、一九二〇年代までに、決して低くはない学歴構成をもつようになっていた。『日本新聞年鑑』所収の名簿を分析した結果によれば、旧制専門学校を含めた高等教育出身者は新聞社全体で大正一〇年版四四・四％、昭和二年版四〇・九％、昭和六年版四五・一％であり、同年代の名士を収録した『人事興信録』と比べても遜色のないものになっていた[27]。したがって、敗戦後、日本のメディア業界は高等教育を人材の供給源としてとらえており、イギリスは戦勝後、中等教育から人材を採用していたという違いを指摘できるだろう。

前章に見たように、イギリスにおいて、ジャーナリスト組合と新聞協会は労働協約によって、訓練を

表1　地方紙における新人の教育資格

年	Oレベル4つ以下		Oレベル5つ以上		Aレベル1つ以上		大　卒		成　人		計
	実数	%	実数	%	実数	%	実数	%	実数	%	
1964	110	32	118	35	99	29	13	4			340
1965		25		35		35		5			456
1966	154	27	185	32	201	35	34	6			574
1967	155	23	208	30	259	38	61	9			683
1968	105	17	199	33	209	35	89	15			602
1969											
1970	34	6	150	25	301	50	121	20			606
1971	22	4	128	21	356	59	90	15	5	1	601
1972	12	2	112	21	321	60	75	14	15	3	535
1973	27	3	177	21	480	58	131	16	18	2	833
1974	18	2	143	17	502	60	145	17	32	4	840
1975	4	1	61	13	280	61	103	22	12	3	460

注：NCTJ登録者のうちレポーターのみ.
出典：Royal Commission on the Press, 1977, *Royal Commission on the Press, Final Report, Appendices*, London: Her Majesty's Stationery Office.

受けるための最低資格をGCEにおける三つのOレベルと定めていた。しかし、ますます一般的となる中等学校への進学にあわせて、NCTJの条件は一九七〇年になると最低五つのOレベルをC以上の成績で取得するよう変更された。

採用後に六か月の試用期間を経て三年間の徒弟契約を結ぶという仕組みは、これまで同様である。しかし、一九七五年には二つのAレベル(大学入学資格)をもつ者は訓練期間を二年半に短縮でき、採用前のコースを受講した訓練生なら二年と三か月、大卒は二年というように訓練期間が緩和された。また、二四歳以上の採用者には徒弟契約の必要はなかったが、三〇歳以下であれば訓練を受けることが義務づけられた。

学歴に応じた訓練期間の短縮は、実際にジャーナリストの学歴が上昇してきたことの表れである。一九六五年に地方紙へ採用された新人のうち、学位をもつ者はたった六%であった。Aレベルを一つ以上取得した者でさえ三三%しかいない[28]。ところが一九七三/七四年度の新人は大卒が一六%、Aレベル取得者が五八%に上昇している[29]。さらに一九七七年までに大卒は二五%、Aレベル取得者は七〇%に達していた[30]。表1はプレスに関する王立委員会の調査結果である。ここでも、Oレベルを四つ以下しか取得していない者が、一九六〇年代なかばから七〇年代なかばにかけて急激に減少していることがわかる。逆にAレベルの取得者は一九六四年の二九%から七五年の六一%へ大幅に上昇している。ただし、大卒の割合は伸び悩んでおり、イギリスにおけるジャーナリストの採用が、中等教育を基本としていることがうかがわれる。

ちなみに、一九七三年の日本新聞協会の調査では、新聞記者のうち旧制大学出身者は四・八%、新制大学で七一・九%、旧制高等専門学校八・三%、計八五・〇%が高等教育を受けている[31]。逆に旧制中学五・三%、新制高校八・七%となっており、中等教育しか受けていない新聞記者は合わせて一四・〇%にすぎない。たしかに日英のジャーナリストにおける学歴の差は歴然としていたが、イギリスにおいて中等教育修了資格はOレベルからAレベルへと水準を上げつつあり、また大卒のレポーターも徐々に採用されるようになっていた。

こうしたなか、NCTJの役割を過小評価する新聞社が現れ始める。一九七〇年代なかば、ジュニアに対するシニアの割合を維持するという合意が、ジャーナリスト組合と経営者のあいだで解消された。これについてオリバー・ボイドバレットは「ジュニアはシニアのそばで働きながら必要な経験を得るという前提が、もはや成り立たないことを意味する」と指摘する[32]。

また、熟練度テストの受験率も芳しくなかった。一九七四年から七六年の計六回行われたテストにおいて、受験率は最大でも六九%であり、最低の年には四一%しか受験していなかった。たとえ受験したとしても、合格率は平均で七一%でしかなく、いい換えれば三割の者がジャーナリストに必要な熟練度に達していなかったのである[33]。それでも、新聞社は不合格となったジュニアをシニアへ昇進させ継続して働かせていた。

ジャーナリストとして必要なのは、熟練度を示すことではなく、むしろ採用前の学歴であったかもしれない。ジョージ・グレントンは、ジャーナリストに適しているとされたある女性のケースを紹介する。彼女はAレベルを一つしか取っていなかったため、編集幹部に採用を拒否されたという。参入資格にこだわることは非現実的であるとグレントンは非難する。実際、その女性はほかの新聞社に採用され、ジャーナリストとして活躍していた。ジョージ・ウィジーも、NCTJは必要に応じて資格を緩和すべきであると訴えている[34]。このような声は逆に、学歴が新聞社の採用において重視され始めたことを示唆するものといえよう。

たしかに当時、人材の供給源は中等学校が中心であり、いまだ大卒のジャーナリストは珍しい存在であった。とはいえ、中等教育修了資格に求められる水準は、ジャーナリストにおいて年々上昇しており、学歴への要求は高まりつつあったといってよい。こうしたなか、戦前にロンドン大学で試みられて以降、イギリスにおいて途絶えてしまった高等教育におけるジャーナリスト養成という考えが復活の兆しを見せ始めていた。

一九六七年、ジャーナリスト組合など業界団体は、ジャーナリズムに関する大学院ディプロマの開発を、写真誌『ピクチャー・ポスト』元編集幹部のトム・ホプキンソンに依頼する。ホプキンソンは国際プレス協会の援助でアフリカに渡り、ジャーナリストのための訓練に従事した経験をもつ。彼は一万ポンドの寄付金を受け、シニアフェローとしてサセックス大学でジャーナリスト教育の研究を行うことになった[35]。アメリカ視察など三年間の調査を経て、一九六九年、彼は一年制の大学院コースを立案する。しかし、実施に必要な資金をメディア業界は拠出しようとしなかった[36]。

計画はサセックス大学からウェールズ大学カーディフ校へと引き継がれた。そして一九七〇年、ユニバーシティカレッジが一年制の大学院コースを設置した。初年度、スコットランドのダンディーやイングランド南部のサウサンプトンなどから一六人が入学した[37]。毎年一五人から二〇人の学生を受け入れる予定であった[38]。

しかしながら、教員のバル・ウィリアムズが「いまだ反対の声もある。おそらくそれは、回廊のついたアカデミーのホールでジャーナリストが訓練されるという提案が、最近でも新聞社の階段で笑いのネタになるこの国にあっては驚くにあたらない」と語っているように[39]、メディア業界は高等教育におけるジャーナリスト養成にいまだ懐疑的であった。「『ミラー』紙よりマクルーハンに時間を費やし、プレスに関してヒュー・カドリップよりジェレミー・タンストールを権威とみなすような」学術を重視したコースとして、カーディフは見られているかもしれない。ウィリアムズは夕刊紙、週刊紙で働いた経験をもち、整理担当者、主筆、編集幹部を務めてきた。彼は業界のこうした疑念を払拭するため、「われわれのコースの大部分は、NCTJの下で運営されている技術カレッジのコースとそれほど異なるものではない」と弁明せざるを得なかった。

一九七六年、ロンドンのシティ大学でも一年制の大学院コースが設置された。初年度は一三人の大卒を引き受けている。このコースは、新聞『ノースウェスタン・イブニング・メール』の編集幹部であり、NCTJの評議員でもあったトム・ウェルシュが中心となって発足させたもので[40]、その後、元NCTJ責任者のジョン・ドッジを招いて指導にあたらせた。入試は厳しく授業料も高額であったが、一九八〇年代には、平均して卒業生の九五％が就職するなど安定した評価を受けるようになる[41]。一九八五年の時点で約八〇人の学生が新聞、雑誌、ラジオを専攻して実践的なジャーナリズムを学んでいる。ほかに留学生を四〇人ほど受け入れていた[42]。

しかしながら、これらは当初、大学院ディプロマを授与する試みであり、ジャーナリズムに関する学位はいまだ認められていなかった。一九七七年のプレスに関する王立委員会においても、「アメリカにあるようなジャーナリズムの学位をこの国で確立すべきという考えに、われわれは納得していない。大学院での訓練によって、すでに確立されたディシプリン〔学問分野〕の一つを補うことが、ジャーナリストにとってより良い訓練になる」とされ[43]、アメリカのようにジャーナリズム学科で学位を出すことには根強い抵抗が残っていた。

一九七九年に出版されたアンソニー・デービス『ジャーナリズムで働くこと』でも、「ほかの国々では、ジャーナリズムを大学やカレッジで学べるが、〔その内容の〕多くは仕事の必要性に関係がない。英国のスキームは訓練生にコストを転嫁せず、学者ではない現役の、あるいは退職した新聞人が授業を受けもつ」と記されており、業界で運営されるＮＣＴＪへの支持が強調されている[44]。大学でジャーナリズムを教えることには懐疑的であるが、デービスは大卒を雇うことには将来性を見出している。一九七八年に新聞社へ就職した大卒は一九五人にのぼり、全体の二七％に達していると説明し、熟練度テストについても「大卒の約一三％しか最初の試みで失敗しないというのは、注目に値する」と評価している[45]。ただし、学位は知的な能力を示すだけで、「訓練されたジャーナリスト」を直ちに意味するものではないという。

たしかに大卒の採用は増えつつあった。しかし、いまだ多数派とはいえず、主力は中等教育修了者が担っていた。高等教育でジャーナリズムを教えるという試みも始まったばかりであり、職業訓練としてディプロマを授与することはできても、学問としてジャーナリズムに学位を認めることはできなかった。また、高等教育におけるジャーナリスト養成は、業界から好意的に受け止められたわけでもなかった。ＮＣＴＪはジャーナリストのさらなる高学歴化を予想して、一九七九年、議長であるロドニー・ベネットトイングランドをアメリカへ視察に向かわせている[46]。そして、実験的に大学院のプレエントリーコースを計画するなど、高等教育への進出を模索し始めた。また同年、ＮＣＴＪはトムソン財団と共同で、ロンドン近郊に教育施設を立ち上げることに合意しており、一九八〇年にはシェルマー高等教育機関の職業に関連する学位ジャーナリズムコースをＮＣＴＪの認定とすることを決めている。

すでに高学歴化を達成していた日本の新聞社は、大卒の雇用にようやく目を向け始めたイギリスとは人材の供給源を異にしている。しかし、採用された新人を職場において訓練するという方針は共通していた。それはとりもなおさず、大学においてジャーナリストを養成していないということを意味する。

春原昭彦によれば一九八七年の時点で日本に四年制大学は四七四校あり、そのうち二一の大学に新聞学やマス・コミュニケーションに関する学科、コースが設置されていたという。また、新聞学関連の科目を教えている大学は一二二校存在し、短期大学でも三五校で関連する授業が行われていた。ただし、次のように指摘する。

中国やアメリカ合衆国と違って日本の新聞界の現状は、記者の訓練は自社で行えばよいと考えている。これには理由がないわけでもない。第一に、日本では大学は職業教育の場とは考えられていない。広い一般教養と専門知識の習得の場というわけである。文章力や機械操作などは、現場できたえたほうが上達も速いし、役にたつと思われている[47]。

こうした風潮のなか、日本では新聞学科を卒業しても、ジャーナリズム関連の職に就く学生数が多いわけではないと春原は注意を促す。イギリスでは大学院において高等教育でジャーナリストを養成する試みが復活していたが、いまだ学部学位は発行されていなかった。アメリカ式のジャーナリズム学科は認められるのだろうか、あるいは日本のように専攻ではなく学位だけが重視されるようになるのだろうか。その後の展開については次章において詳述するが、次節では引き続きＮＣＴＪをめぐる動向について、労働組合、経営者との関係を中心に追っていこう。これまでイギリスのジャーナリスト養成を担ってきたＮＣＴＪが、ここにきてその存在を脅かされる事態に陥るからである。

四　労働組合の弱体化

ＮＣＴＪはメディア業界によって運営される組織である。この組織はジャーナリストと経営者の合意によって成り立っている。したがって、労使関係の変化はＮＣＴＪの存立に自ずから影響を及ぼす。

一九七〇年代、植字工は古ぼけたライノタイプで活字を拾い、新聞製作はいまだ古色蒼然たる方法に頼っていた。技術革新が進まない理由の一つは、印刷工組合が強力であったことによる。ストライキにより新聞はしばしば発行停止となった。他紙に読者を奪われたところで、他紙もまたストライキを起こすのだから、いずれ読者を取り戻す機会はあると考えられた。現場での様子について門奈直樹は次のように描写している。

賃金を水増し請求し、実働者を少なく調整する。余った分は正規労働者が適当に山分けするというのが慣行だった。しかも就業時間中に組合会議を開いたり、組合の意に反するような事態が発生すると輪転機の中の用紙を切り裂いたりすることもたびたびあった[48]。

組合の幹部は特権階級であった。新しい技術の導入が妨害され、ストライキによる部数の損失はともかく生産コストの高騰は新聞社の経営を圧迫した。

また、印刷工の採用はクローズドショップ制が基本である。一九七四年、新たな労働組合・労働関係

ライノタイプで活字を拾う

活字を組む

出典：John Dodge and George Viner, 1963, *The Practice of Journalism*, London: Heinemann.

法が制定されたときも、信仰上の理由によるもの以外、クローズドショップは制限を受けず、労働組合に加入しなければ印刷工になれないという慣行が継続した。

戦後、着実に力を蓄えたジャーナリスト組合も、印刷工を手本に一〇〇%の組織率を目指した。しかし、第三章で指摘したように、クローズドショップ制は資格化の代替となる可能性を秘めており、これがジャーナリストに適用された場合、言論の自由に抵触する危険性がある。経営者、編集幹部は採用の自由が脅かされるとして、ジャーナリスト組合がクローズドショップ制を導入することには一貫して反対であった。組合員でなければ新聞社、放送局で雇用することができなくなるからである。

イギリスではメディア業界のみならず、他産業においても労働組合の組織率は伸張し、なかでも公務員の組織化が進んだ。彼らの賃金は民間企業の上昇率に遅れを取り、また、政府支出の削減に影響を受けた。一九七八年から七九年は「不満の冬」と呼ばれる。労働党政府は賃金の上昇を五%以内に抑えインフレ抑制を試みたが、各地でストライキが頻発、政策は崩壊し保守党のリードを許すことになった。そして一九七九年、マーガレット・サッチャーが首相になる。

ＰＰＩＴＢの廃止を含め、予算削減がサッチャーの下で進められた。職業訓練も市場にまかせ競争させるという方針である。不況のなか、メディア業界だけでなく、すべての産業において訓練費用は抑制され徒弟制度が崩壊していった。

一九八〇年に二〇〇万人を突破した失業者数は、一九八二年に三〇〇万人となり、労働者の不満はさらに高まっていく。フォークランド戦争により支持率を回復させたサッチャーは、炭鉱労働者のストライキに強硬な姿勢を貫き、労働組合を後退させることに成功した。また、一九八二年雇用法は事前加入のクローズドショップを禁止する。事後加入についても、従業員による無記名投票により八〇%以上の賛成が必要とされた。こうして、一九八〇年代にイギリスの労働組合は急速に衰退し、ジャーナリスト組合もその勢いを失っていった。

ノエル・ホーエルはジャーナリスト組合の機関誌『ジャーナリスト』で「その危機は悲しいかな業界自らが生み出したものであり、自社のスキームを確立するため、NCTJのカレッジ訓練制度から撤退するという新聞社の方針に由来する」と述べた。[49] 大手新聞社は自社養成に関心をよせ始め、NCTJによる業界で統一された訓練を軽視し始めた。

地方紙の巨大なグループ企業であるウェストミンスタープレスは、すでに試験的な社内訓練コースを計画していた。社内訓練の内容についてNCTJから認定を受けることで、カレッジへの訓練生派遣を免除してもらうという計画であった。同グループはこれまで、カレッジでの訓練において一五%を占めていた。当然、その撤退は業界に大きな衝撃をもたらした。とりわけ、ハローやダーリントンなどカレッジの運営に負の影響が及ぶことが懸念された。また、トムソン・リージョナル・ニューズペーパーズも独自の訓練を開始しており、NCTJの予備試験に参加しなかったため、訓練生が熟練度テストを受ける資格を失うという事態を引き起こしていた。[50]

問題は自社養成ですべてをまかなうことができない小さな新聞社である。彼らはカレッジの訓練コースに依存しており、自前で施設や講師を用意することができなかった。また、ホーエルは「社内スキームは、業界一般が欲する必要なものではなく、「企業ジャーナリスト」になるためにデザインされた非常に狭いカリキュラムへ、そのコースを限定する恐れもある」と指摘する。[51] つまり、各社に都合のよい社員を育て、汎用性のないジャーナリストを生み出すのではないかという懸念である。

NCTJはこれまでジャーナリスト組合から大きな支援を受けてきた。それは戦後、労働組合が勢力を伸張し、力を蓄えてきたことに由来する。政府の労働政策に翻弄されながらも経営者と折り合いをつけ、ＮＣＴＪが財務危機を乗り越えることができたのは決して偶然ではない。訓練生たちからの不満も抑え、学校教育への道を模索し、一九七〇年代を無事に乗り切ったのである。しかし、サッチャー政権誕生以降、メディア業界のみならず、労働組合の勢いは政府との対決のなかで殺がれていった。新たな職業訓練政策が導入されるなか、経営者は再び自社養成に目を向け始め、弱体化したジャーナリスト組合からの支援を期待できないＮＣＴＪはやがて崩壊の瀬戸際へと追い込まれていく。

五　大手新聞グループの撤退

先に述べたように、無料紙を始め、カレッジのコースにただ乗りしたい新聞社や放送局などは、ＮＣＴＪの訓練制度を利用しながらも費用を負担しようとしなかった。加えて、地方行政から受ける助成金は年々減額されていく。ジャーナリスト協会は一九八〇年を振り返り、訓練制度におけるカレッジの運営に不安を表明している[52]。

一九八六年、新聞経営者とジャーナリスト組合の協定がついに破綻する[53]。これにより地方紙経営者の団体である新聞協会は、ＮＣＴＪに資金を提供する義務がなくなった。大手メディアグループは、自社養成への転換によって、訓練コストの引き下げを本格的に狙うようになる。

ジャーナリスト組合はこれに反発し、一九八七年の代表者会議において、経営者が訓練生をＮＣＴＪに登録し、ＮＣＴＪを通して訓練を行うよう協定の再締結を目指すことを決めた[54]。機関誌『ジャーナリスト』も「地方紙の支部は、訓練生が業界の訓練スキームに登録されるよう企業との協定を確かめるべきである」と主張する[55]。業界全体での協定が崩れたため、訓練についてジャーナリスト組合は支部

TRAINING . . . TRAINING . . . TRAINING . . . TRAINING . . . TRAINING

PARKER: agreements under pressure

Chapels must protect trainees

PROVINCIAL newspaper chapels should make sure that house agreements state that trainees will be registered with the industry's training scheme.

The need arises because of the ending of the Newspaper Society national agreement, which included an agreement on training.

The union's education officer, **Gordon Parker,** said the agreement had not been re-negotiated, but the union had been able to reach an agreement with the Newspaper Society over the training of people transferring from the National Graphical Association to NUJ work.

Another area of disagreement that remains is the breaking by Murdoch-owned newspapers of the agreement that national papers do not recruit trainees. Times Newspapers had recruited direct from universities and was attempting to place the trainees on weekly papers.

The conference passed a motion tabled by the executive that provincial newspaper chapels should negotiate written training agreements. **Linda Blackburne** (NEC) said the union was still trying to establish whether the 1986 agreement on training stands and meanwhile it was important for chapels to include training in house agreements.

The motion was amended by Teesside to include a commitment that NGA members transferring to NUJ work should be provided with high quality training.

The conference remitted a motion for NEC consideration which welcomed the in-depth review of the proficiency test being carried out by the NCTJ.

Chris Frost (Blackpool and Fylde) said the NCTJ had produced a 24-page document which had not been widely considered. "You are being asked to welcome an unseen document."

Remission was supported by **Linda Piper** (Provincial Newspapers Industrial Council) who said it would be premature to welcome the document before many people had had the opportunity to study it.

Mike Gillings (Teesside) proposed the motion, warning that employees and teacher representatives on the NCTJ sometimes found employers reluctant to consider change. The NUJ for instance was in favour of testing shorthand in a realistic way.

Don Sutton (Liverpool), a member of the NCTJ, said the consultative document would be made available and the motion was merely asking conference to welcome the review.

The conference called on the executive to promote briefing sessions on technology on an industrial sector, group, chapel or area basis.

The Equality Council proposed that the executive should hold at least three annual assertiveness training courses for all members. Supporting the motion **Ken Smith** (Glasgow) said far too many members found difficulties in negotiating with management. The proposal was agreed.

For Irish journalists, who have no national training scheme, there was a promise that the executive was looking at ways to establish a training scheme.

組合支部は訓練生を守らねばならない
出典：1987, *The Journalist,* April-May.

単位で経営者と交渉せねばならなくなった。

ＮＣＴＪの元議長ゴードン・パーカーは、訓練の協定が失われた結果、ジャーナリズムは若手の養成について「破滅への道を開く」ことになるだろうと危機感を露わにした。[56] 大手メディアグループは自ら訓練を施し資格を設けてこれに対応するだろうが、ＮＣＴＪが放棄された今、業界全体として見れば荒涼たる景色が広がっている。パーカーはある企業で訓練を積んだという「資格」が、ほかの企業にとって価値をもつのだろうかと疑問を投げかけている。

そのうえ、政府の労働政策にも変化が生じる。一九八〇年代に入り、産業訓練法が廃止され、産業訓練委員会が解散、経営者から訓練費用を強制的に徴収、配分するという仕組みが崩壊した。当然、ＰＰＩＴＢも消滅する。ジャーナリスト組合は制度を維持するよう雇用大臣にかけあったが認められなかった。

ジャーナリスト協会の報告によれば、一九八二年度、ＰＰＩＴＢの消滅によってＮＣＴＪが失った歳入は六万五〇〇〇ポンドに及ぶという。不況によりジャーナリストの需要も減っており、登録料や試験料からの収入も期待できなかった。[57] 地方紙の訓練制度を維持するため、新聞協会はＮＣＴＪに資金を拠出することを認めた。ただし、ＮＣＴＪはこれまでの予算の三分の二で運営するよう迫られ、厳しく監督されることになった。

一九八三年、ジャーナリスト組合はＰＰＩＴＢの廃止について改めて政府を非難した[58]。ＮＣＴＪも、カレッジやポリテクニクでの教育、訓練にしわ寄せが及ばないよう教育大臣へ支援を訴えた。ＮＣＴＪ責任者のキース・ホールは「ジャーナリズム関係者は、訓練生の場所が脅威にさらされることを非常に心配している」と語っている[59]。

ジャーナリスト組合は引き続きＮＣＴＪを支援し、ダーリントン、ポーツマス、プレストンでコースが閉鎖されたことについて、「ＮＣＴＪのコースのいかなる閉鎖に対してもジャーナリスト組合は反対する」と宣言した[60]。一九八四年の大会では、ジャーナリストを養成するコストは雇用者が負担すべきであり、国家もそれを援助すべきであるという考えを確認している[61]。また、労働組合は職業訓練を業務としているわけではないと述べ、ジャーナリスト組合に教育訓練のコストが過重に転嫁されることを警戒した。

一九八六年の大会でも、ジャーナリスト組合は教育当局に奨学金の増額を求めており、とりわけ、労働者階級で低収入の家庭に生まれた子どもが、メディア業界への参入を阻まれないよう支援を続けてほしいと訴えた。「代表者会議は、ジャーナリズムコースのすべての学生が教育当局から適切な助成を受けられるよう支援する。助成が中止され続けることで、労働者階級出身で低収入の学生たちの、ジャーナリズム業界への採用が阻まれていることを遺憾に思う」と政府の方針を批判している[62]。

ＮＣＴＪもただ手をこまねいていたわけではない。一九八四年には試験内容の見直しを行い、ジャーナリズムと一般教養の問題を二つの領域に整理するという方針を打ち出した。また、シラバスも科目間の連携をとって改訂することを決めている。その方針には「報道価値のある事実を見つけ、手に入れ、選択し、読者に伝えるべく、彼らを惹きつけるような明確で力強くバランスの取れた記事を訓練生が書けるように手助けする」と記されている[63]。なかでも、英語の文法、スペル、句読点といった基礎に力を入れることが確認された。

一方、地方紙から放送業界やＰＲ産業への人材流出にともない、熟練度テストにおける速記の必要性が疑問視されるようになっていた。ＮＣＴＪに参加する訓練生の約二〇％が予備試験に合格できず、熟練度テストを受ける段階にまで駒を進めることができずにいた。その主たる原因は、一分間に一〇〇語の速記がこなせないことにあった。最終的には、そのレベルでの速記の習熟が必須であるとはいえ、予備試験段階でのふるい落としを緩和するという方針をＮＣＴＪは打ち出した。

そして一九八八年、ＮＣＴＪはこれらの改革の集大成として、それまでの熟練度資格（Proficiency Certificate）という名称を新聞ジャーナリズムにおける全国資格（National Certificate in Newspaper Journalism）へと改称した。新制度における試験は一九九〇年に実施されている。

ところが、このような取り組みも空しく、大手新聞グループのウェストミンスタープレスがＮＣＴＪから撤退してしまう。ＮＣＴＪ副議長のチャーリー・ハリスは「ウェストミンスタープレスはわれわれの多くが準備をしてきたことに対し爆弾を投下した」とその衝撃を語っている[64]。ウェストミンスタープレスは自社養成の制度を拡大し、ジャーナリズムに関するディプロマを自ら創設する計画であった。新聞『リバプール・デイリー・ポスト・アンド・エコー』とトムソン・オーガニゼーションもこれに追随する動きを示した[65]。

フリーランスのバーニー・コーベットは「〔交渉相手として〕組合を認めない大手地方紙チェーンは今や、いわゆる企業内の訓練をやっている。私はそれを教化と呼びたい」と述べて、このような動きに反発した[66]。コーベットだけでなくジャーナリスト組合全体が、ＮＣＴＪから撤退する新聞グループを非難していた。

こうして、統一された訓練制度を維持してきたイギリスのメディア業界は、大手メディアグループがＮＣＴＪから撤退することで、それまでの安定したジャーナリスト養成の仕組みを手放すことになった。背景にはサッチャー政権以降、ジャーナリスト組合が弱体化し、経営者とのパワーバランスが崩れたことに加え、労働政策の転換により、訓練費用に対する政府からの助成、経営者の負担が変更されたことなどがある。さらに、新たな政府の政策である職業資格ＮＶＱ(National Vocational Qualifications)の登場がＮＣＴＪの行く末に影を落とし始めていた。すでに廃止されたＰＰＩＴＢ同様、ＮＣＴＪがこの新たな労働政策においてどのように位置づけられるのかは、この時点ではまったく不明であった。

(1) 萩原滋「「新聞研究所の五十年」小史」『三田評論』九八四号、一九九六年、八八頁。
(2) 「早大、新聞学科廃止へ」『朝日ジャーナル』七巻四八号、一九六五年、五二頁。
(3) 柴田鉄治「「入社前教育不要論」の払拭こそ――メディアは採用基準をもっと多彩に」花田達朗、廣井脩編『論争いま、ジャーナリスト教育』東京大学出版会、二〇〇三年、七四頁。
(4) Oliver Boyd-Barrett, 1980, "The Politics of Socialisation: Recruitment and Training for Journalism," Harry Christian ed. *The Sociology of Journalism and the Press*, Keele: University of Keele, p. 325.
(5) Royal Commission on the Press, 1977, *Royal Commission on the Press, Final Report, Appendices*, London: Her Majesty's Stationery Office, p. 177.
(6) Boyd-Barrett, 1980, op. cit., p. 327.
(7) Royal Commission on the Press, 1977, op. cit., p. 149.
(8) Michael Snell, 1971, "Present Training not Good Enough," *The Journalist*, September: p. 11.
(9) 1971, "Training Scheme Revision: New System of Block Release," *News Letter* (*Institute of Journalists*), December:

p. 4.

(10) 1974, "Students Hammer Training Course," *The Journalist*, July: p. 5.

(11) Ibid.

(12) Peter Yeo, 1974, "Hurrah for the Trainee Revolt," *The Journalist*, August: p. 2.

(13) 1974, "NEC Calls for Training Inquiry," *The Journalist*, August: p. 9.

(14) 1974, "Pre-entry Training Causing 'Grave Concern'," *The Journal* (*Institute of Journalists*), October: p. 2.

(15) 1975, "Education and Training," *The Journal* (*Institute of Journalists*), August-September, IOJ Conference Supplement: p. v.

(16) Royal Commission on the Press, 1977, op. cit., p. 159.

(17) Ibid., p. 161.

(18) 1976, "Education Committee Discusses Trainees," *The Journal* (*Institute of Journalists*), April: p. 3.

(19) 1978, "NCTJ Leader Spells It Out," *The Journalist*, January: p. 9.

(20) 1979, "Education and Training," *The Journal* (*Institute of Journalists*), September: p. 6.

(21) Gordon Parker, 1984, "NUJ's Vital Role in Training," *UK Press Gazette*, November 19: p. 6.

(22) 1984, "NCTJ Run on a 'Strand of Cotton'," *UK Press Gazette*, December 10: p. 8.

(23) 1985, "Education Committee," *The Journal* (*Institute of Journalists*), September: p. 3.

(24) 1987, "Training for the Future," *The Journal* (*Institute of Journalists*), November-December: p. 5.

(25) Tim Gopsill, 1984, "Freelances Need Training Too," *The Journalist*, December: p. 6.

(26) 1990, "ADM 1990," *The Journalist Supplement*, May: p. 3.

(27) 河崎吉紀『制度化される新聞記者──その学歴・採用・資格』柏書房、二〇〇六年、五五頁。

(28) Richard Keeble, [1998]2006, *The Newspapers Handbook*, 4th ed., London: Routledge, p. 261.

(29) Boyd-Barrett, 1980, op. cit., p. 316.

(30) Anthony Delano, 2001, *The Formation of the British Journalist 1900–2000*, London: University of Westminster

PhD thesis, p. 101.

（31）春原昭彦「現代の新聞記者意識――調査結果報告」『新聞研究』二六七号、一九七三年、九頁。

（32）Boyd-Barrett, 1980, op. cit., p. 319.

（33）Royal Commission on the Press, 1977, op. cit., p. 146.

（34）1972, "Journalistic Training," *News Letter* (*Institute of Journalists*), November: p. 4.

（35）1970, "Post-graduate Course in Journalism: Tom Hopkinson's New Bid in Wales," *News Letter* (*Institute of Journalists*), June: p. 3.

（36）1969, "Lower Priority for Journalists' Training: Institute and Union Deplore Truncation of Planned Programme," *News Letter* (*Institute of Journalists*), September: p. 3.

（37）Val Williams, 1971, "Britain's Newest Venture in Journalism Training," *News Letter* (*Institute of Journalists*), January: p. 4.

（38）Keeble, [1998] 2006, op. cit., p. 262.

（39）Williams, 1971, op. cit., p. 4.

（40）Tom Welsh, 1986, "Training in Crisis: Vigour and Cash in Short Supply," *UK Press Gazette*, June 23: pp. 22–23.

（41）Frank Esser, 2003, "Journalism Training in Great Britain: A System Rich in Tradition but Currently in Transition," Romy Fröhlich and Christina Holtz-Bacha eds., *Journalism Education in Europe and North America: An International Comparison*, Cresskill, NJ: Hampton Press, p. 225.

（42）ジェレミー・タンストール（鈴木雄雅訳）「英国におけるジャーナリズムとマス・コミュニケーション教育・研究」『新聞学評論』三五号、一九八六年、二四九頁。

（43）Royal Commission on the Press, 1977, op. cit., p. 178.

（44）Anthony Davis, 1979, *Working in Journalism*, London: B T Batsford Limited, p. 88.

（45）Ibid., p. 91.

（46）1979, "Training Chief's Tour of US," *The Journal* (*Institute of Journalists*), February: p. 4.

(47) 春原昭彦「日本のジャーナリズム教育」『コミュニケーション研究』一九号、一九八九年、六〇—六一頁。

(48) 門奈直樹『ジャーナリズムは再生できるか——激変する英国メディア』岩波書店、二〇一四年、五二頁。

(49) Noel Howell, 1980, "Crisis Hits Training," *The Journalist*, April: p. 9.

(50) R. J. Hunt, 1985, "Course Misses Vital Parts," *UK Press Gazette*, October 7: p. 23.

(51) Howell, 1980, op. cit., p. 9.

(52) 1981, "Education Committee," *The Journal*（*Institute of Journalists*）, September-October: p. 2.

(53) Peter Cole, 1998, "Instinct, Savvy and Ratlike Cunning: Training Local Journalists," Bob Franklin and David Murphy eds., *Making the Local News: Local Journalism in Context*, London: Routledge, p. 70.

(54) 1987, "ADM 1987," *The Journalist Supplement*, January: p. 6.

(55) 1987, "Chapels Must Protect Trainees," *The Journalist*, April-May: p. 9.

(56) Gordon Parker, 1988, "Back the NCTJ Training Scheme," *The Journalist*, January: p. 4.

(57) 1983, "Education," *The Journal*（*Institute of Journalists*）, August-September: p. 2.

(58) 1983, "Motions Carried by ADM," *The Journalist*, May: pp. 21–22.

(59) 1986, "NCTJ Courses May Escape Government Axe," *UK Press Gazette*, July 7: p. 4.

(60) 1983, "Motions for ADM," *The Journalist Supplement*, January: p. 6.

(61) 1984, "Need for Relevance in the Training," *UK Press Gazette*, April 16: p. 13.

(62) 1986, "Amendments and Confirmations of Motions," *The Journalist Supplement*, January: p. 6.

(63) 1984, "NCTJ's New Systems Are Agreed," *UK Press Gazette*, March 19: p. 20.

(64) Charlie Harris, 1989, "NCTJ Digs in," *The Journal*（*Institute of Journalists*）, March-April: p. 5.

(65) 1989, "We Need the NCTJ," *The Journal*（*Institute of Journalists*）, March-April: p. 11.

(66) 1989, "NCTJ Crisis That Threatens Anarchy," *The Journalist*, May: p. 13.

第七章　複雑化するジャーナリストへの道

一九八〇年代の日本において、新聞記者が大学を出ているというのは当然であり、それは常識として社会に共有されていた。大学生は四年生になると就職活動を行い、一般企業と同じように入社試験を受けて採用される。試験の内容は筆記試験と面接であり、記者としての訓練は入社してから行われる。

新人研修を終えて支局に配属されたとき、日本の新米記者は「トロッコ」と呼ばれた。自分の力で動けない、つまり半人前という意味である。彼らは「サツ回り」といって、警察署を取材対象として担当することが多い。朝に警察署で昨晩のできごとを聞いて回り、午前中はそのまま警察署で過ごす。午後から外へ出ることもあるが、夜はまた警察署へ戻って事件の有無を確かめる。場合によっては、帰宅後の警察官を自宅へ訪問する「夜討ち」や、出勤前の警察官に話を聞く「朝駆け」が行われる。こうして職場で実際に記事を書くなかで上司や先輩の指導を受け、記者としての実務を身につけていく。

イギリスも採用してから職場を中心に訓練を行うという点は同じである。しかし、これまで見てきたように、人材の供給源が中等教育にあり、また、第二次世界大戦後、業界で統一された訓練制度を立ち上げたという点が日本とは異なる。その訓練制度であるＮＣＴＪは、カレッジにおける学校教育を拡充させながら、放送業界やＰＲ産業の発展にも対応し、政府の労働政策に翻弄されながらも、一九七〇年代までジャーナリストを養成する標準的な過程としてメディア業界に認められてきた。

表2　大卒のジャーナリストにおける出身校（1994/95年）

	%
赤レンガ大学	47.0
オックスフォード大学・ケンブリッジ大学	15.0
高等教育・「継続教育」のカレッジ	13.6
ポリテクニク	11.0
スコットランドの大学	6.2
海外の大学	5.9
オープン・ユニバーシティ	0.6

出典：Anthony Delano and John Henningham, 1995, *The News Breed: British Journalists in the 1990s*, London: School of Media, London College of Printing and Distributive Trades.

ところが、こうした制度はサッチャー政権の登場以降、労働組合の弱体化や新たな労働政策の導入、それに起因する大手メディアグループの撤退により不安定な様相を見せ始める。その結果、いかなる状況が引き起こされたのか。本章は二〇世紀末、イギリスのジャーナリスト養成がたどり着いた混沌について検討する。

一　ジャーナリストの高学歴化

最初にジャーナリストの高学歴化について見ていこう。マイケル・ブロムリーによれば、地方紙に初めて就職する大卒の割合は一九六〇年代の後半から一九八〇年代にかけて五%から三一%に上昇している[1]。新人に限れば一九九〇年に五三%[2]、ジャーナリスト全体では一九九五年に四八・六%が学位を取得しており[3]、カレッジや大学に通った経験をもつ者は六九%に達する。逆に中等教育修了資格を得ていない者は、一九五五／五六年度の二五%から一九九五年には四%へと減少している[4]。

アンソニー・デラノとジョン・ヘニンガムによれば（表2）、大卒のうち四七%が「赤レンガ大学」すなわち新設大学の出身で、オックスフォード、ケンブリッジ両大学出身者は一五%である。ほかに高等教育および「継続教育」のカレッジが一三・六%、実業系の高等教育機関であるポリテクニクが一一%と続き、スコットランドの大学が六・二%、留学が五・九%、オープン・ユニバーシティによる者が〇・六％である。

学生キャリア支援サービス協会が一九九九年に出版した『ジャーナリズムと執筆』は、四〇年前にはわずか七・五％だった大卒が六倍にふくれあがったと記している。ジャーナリスト教育においても、採用前のコースで七、八割がすでに学位を取得ずみであるという。(5) 全国紙の編集長二〇人を対象にすれば、一九九五年時点で一一人が大卒で、そのうち七人がオックスブリッジの出身である。一九八五年時点であれば六人が大卒で、そのうちたった三人がオックスブリッジの出身だった。(6) また、記者については全国紙でオックスフォード、ケンブリッジ、ロンドン大学を卒業している者が多く、ロンドンおよびイングランド南東の出身に偏っている。

このように、一九六〇年代に一〇％以下であった高等教育出身のジャーナリストは、一九九〇年代には四〇％から五〇％に達したと見積もることができる。ジャーナリストの仕事に高等教育が求められるようになったという側面もあるが、単に卒業生が増えたので、多くの人材を大学から雇用できるようになったという解釈も成り立つ。

それでも、日本において一九九〇年代といえば、たとえば日本新聞協会の調査では、新聞記者の九二・三％が大卒以上の学歴をもっている。つまり、イギリスとは状況がかなり異なっているのである。(7) とはいえ、イギリス社会において、ジャーナリストだけが極端に学歴が低いということではない。そもそも大学の進学率が両国で異なっているということを考慮に入れる必要がある。

イギリスにおいて、二一歳未満で全日制の高等教育機関に進学した者を、一八、一九歳人口の平均で除した進学率は、一九六五年八・七％、一九七五年一三・六％、一九八五年一三・八％、一九九〇年一九・三％と徐々に上昇し、一九九二年に二七・五％、一九九四年に三二・一％と急激に加速する。(8) その後は一九九〇年代を通じて三〇%強で推移し、大きな変動は認められない。そもそも、イギリスの高等教育は大学と大学以外に二分されてきた。大学以外はおもに実業系の高等教育機関であるポリテクニクと教員養成カレッジであり、学位授与機構を通さなければ学位を与えることができなかった。一九八〇年代の後半になると、ポリテクニクやカレッジは規模において大学に迫ってきた。一九八八年教育改革法により独立法人化したポリテクニク、および高等教育カレッジは地方教育当局の管轄をはなれ、一九九二年継続・高等教育法によって大学へと昇格する。教育資格の変更も含め、一連の改革は大学への門戸を開いてきた。

もっとも、進学率の定義は多様であり、二〇〇〇年代に用いられている一七歳から三〇歳で初めて高等教育機関に入学した者の割合では、二〇〇〇/〇一年度で四〇%、二〇〇四/〇五年度が四一%、二〇〇九/一〇年度では四七%となっている。[9] また、一八歳の高等教育進学率で見ると二〇〇六年では二五・一%、二〇〇七年で二五・五%であり、対象を一七歳から二〇歳に広げても、全日制で二〇〇六年に三一・一%、二〇〇七年では三二・五%である。[10] 二一歳以上の大学一年生も多く、必ずしも全日制が基本ではないイギリスにおいて、進学率を一律に扱うことはできないが、およそ一九六〇年代の一〇%以下から一九九〇年の二〇%弱へと緩やかに上昇し、一九九二年の高等教育拡大で三〇%台へ突入、その後は伸び悩んでいると見ることができる。

ジャーナリストの高学歴化は複数の影響が働いた結果であり、原因を一つに絞ることは難しい。仕事の内容に高度な知識が求められ、メディア業界の需要に応じて大卒のジャーナリストが増えたとも解釈できるが、反面、同時に進行していた高等教育の拡大にも注意を払わねばならない。ここで厳密に関連の程度を測ることはできないが、大学生が増えたから採用もしやすくなったと考える余地は残されている。

ところが、ジャーナリストに学位取得が望ましいと考える者は決して多くなかった。デラノとヘニンガムが一九九五年に行った調査によると、現役ジャーナリストにおいて学位取得が望ましいと考える者はたった二二%しかいない[11]。学歴頼みで採用したジャーナリストは「気の抜けたつまらない記事を生み出し続ける」と、業界誌『UKPG』に寄稿したデイビッド・スコットはいう。大卒で地方紙に勤めるレポーターは自分が報道している内容に関心がない。読者とつき合うこともなければ、オフダイアリー、すなわち独自取材による記事を書くこともない。むしろ、学術的な資格を欠いていても、自分で自分の物語を見つけられる若者が好ましい。高学歴ではあるがジャーナリストには不向きな人々に編集幹部は仕事を与えすぎているとスコットは批判する[12]。かつてジャーナリストは、一六歳から一八歳で学校を終えて就職し、地方紙で経験を積んで鍛えられた。学位

表3　ジャーナリストになりたいおもな理由は何ですか(%)

	学部生	大学院生
ジャーナリズムのルーティンではない，型にはまっていない，多様な，刺激的な，挑戦的な，社交的な特徴	45	38
自分にとってもっとも望ましい，興味深い，適切な，満足のいく職／一般に時事問題，ニュースに関心がある	46	35
クリエイティブな職業／書くことが好き，など	28	18
自ら学んでいける職業	7	7
将来性がある／良い収入	0	1
公共への奉仕：一般に	8	10
公共への奉仕：社会を改革，変化させるため，キャンペーン，調査	7	9
ほかの理由	1	4
無回答	5	10

注：「ジャーナリズムでキャリアを追求したいですか」という別の質問で「もちろん」と回答した者のみ.

出典：Mark Hanna and Karen Sanders, 2011, “Should Editors Prefer Postgraduates?: A Comparison of United Kingdom Undergraduate and Postgraduate Journalism Students,” Bob Franklin and Donica Mensing eds., *Journalism Education, Training and Employment*, London: Routledge.

をもっているジャーナリストはまれであった。「大卒の職業となるにつれ、英国のジャーナリズムは職人的徒弟制から遠ざかっていった」という指摘もあり⑬、「新聞ジャーナリストとしての資格を得るために、地方の編集室で何年も堪え忍ぶ必要はもはやなくなった」ともいわれている⑭。

一方、ジャーナリストに対する若者の期待は高まっている。高い地位と収入がともなう魅力的な職業とみなす者が多い。一九二八年に約七〇〇〇人だったジャーナリストの数は、一九九六年に二万七八二六人へと大幅に増えた。それだけ就職先として注目を集めるようになる。マーク・ハンナとカレン・サンダーズが二〇〇〇年代、ジャーナリズムを専攻する学生に行った調査によれば、半数近くはジャーナリズムがルーティンワークとは異なる、興味深い職業だと回答している(表3)。

では、どのようにしてジャーナリズムの世界に入るのか。それは訓練を受ける手順にかかわる。すなわち、直接採用後、新聞社に在籍しながら訓練を受ける場合と、採用前に学校教育でジャーナリズムに関する課程を経る場合である。前者は中等教育を終えた一六歳から一八歳で採用され、後者は学部や大学院のジャーナリズム学科、カレッジや訓練を提供する機関に進学する。学生キャリア支援サービス協会によれば、大学院の入学試験は書類審査、英語や一般教養のテスト、そして面接である。入試の担当者はまず応募書類上で文法や形式を見る。この段階で約半数が落とされるという。約三〇〇人にプレスリリースを記事にさせるなどのテストを行い、約一三〇人に面接をする⑮。

多くの若者が地方紙から仕事を始める。最初に就職したのが地方週刊紙である者は四四%、地方日刊紙で二一%である。全国紙は六%にすぎない⑯。そこで三年働き、NCTJの資格を得てシニアレポーターになる。NCTJの予備資格は採用前にカレッジでも取得できる。もちろん、大学ではジャーナリズムに関する第一学位、修士号やディプロマが提供される。加えて新聞、出版に関する全国職業資格

（NVQ）のほか、新聞協会やスキルセット[17]にも資格がある。通信制のライティングスクールは数多くあり、書くことで稼ごうとする若者がここに参加する。一九九〇年代末、ジャーナリズムの訓練や資格は雑多であり、組織化されておらず、採用側の判断もさまざまで、どのような職場にどのような価値をもつのか志望者にはわからなかった。加えて、地方紙のジュニアレポーターから始め、シニアレポーター、整理担当者、そして編集幹部へといった階梯も崩れてきた。

ジャーナリスト組合のホームページにあるFAQに「ジャーナリストになりたいのだが、どうすればよいか？」という項目がある。回答の冒頭に「採用前の訓練コース、あるいは大学院の訓練コースを取れ」と記されている[18]。地方紙[19]によって直接、訓練生として採用されることもある。少なくとも、義務教育終了時に受験するGCSEを五つ合格せねばならない。そのうち英語は必修である。また、職業資格と大学入学資格を兼ね備えたGNVQ（General National Vocational Qualification）や商業技術教育委員会BTEC[20]が発行する資格も有効である。

そして学位については、サラ・ニブロックの著書『ジャーナリズムの内幕』において、仕事を見つけるには決断力やスタミナ、記事を見極める目が必要だが、「数多くの編集幹部、管理職、レポーターにインタビューした結果、何が良きジャーナリストを作るのかについて、答えは明確だった。〔中略〕典型的に、学位をもち二五歳以下の独身で、信頼でき重みのある個性をもつということである」と記されている[21]。

このように、高学歴化とともに従来の中等教育後の徒弟制は崩壊し、業界団体による認定から学部、大学院といった高等教育、民間から提供される通信教育に新聞社独自の訓練スキームまで、イギリスのジャーナリスト養成は多種多様となり複雑化していった。次節以降ではさらに、高等教育におけるジャーナリズム学科、メディア学科の台頭とその評価について詳細に報告し、また、業界団体ＮＣＴＪと国家資格ＮＶＱの関係を明らかにしていく。

二　ジャーナリズムという科目

第六章で見たように、一九七〇年代、シティ大学にジャーナリズムに関する大学院のコースが誕生した。毎年五〇〇人の志願者が殺到する人気となり、そのうち八〇人が入学を許され教育を受けてきた。一九八三年には、これまでＮＣＴＪを率いてきたジョン・ドッジが教員として採用されている。また、スチュアート・パトリックとリチャード・キーブルを翌年、講師として任用した[22]。パトリックは業界誌『ＵＫプレスガゼット』の編集幹部で、おもに雑誌ジャーナリズムを担当した。キーブルはノッティンガムで『ガーディアン・ジャーナル』紙の整理担当者を務め、その後、新聞『ケンブリッジ・イブニング・ニューズ』と雑誌『ティーチャー』で働いた。いずれも現場での経験をもっている。

とはいえ、シティ大学のコース創設時からの関係者であるトム・ウェルシュによれば、コースの内容は期待以上の成功を収めてきたものの、そもそも高等教育機関はジャーナリストを訓練するような独自の設計をなされているものではなく、「全体的な慣習はその目的に非友好的」であると不満を漏らしている[23]。ＮＣＴＪから移籍したドッジは一九八五年に亡くなった。志なかばとなった彼の後任には、現場での経験がない者が採用される予定であるという。

一方、ポリテクニクやカレッジにおいては、メディア関連の実務的なコースが充実しつつあった。一九八四年、ブリストルのポリテクニクに一年制の放送ジャーナリズムのコースが設置される[24]。学生数は一五人程度を予定しており、ＢＢＣラジオ・ブリストルと、ラジオウェストのニュース編集者が協力し、放送設備も備えるという。講師は全員、放送の現場を経験している。一九八五年一月に、ロンドンのポリテクニクでも、ラジオのコースが実施された。こちらはジャーナリスト組合フリーランス支部のマイク・ロバーツが講師である㉕。ほかにランカシャーのポリテクニクでも、ラジオジャーナリズムの大学院ディプロマが設置され、ＢＢＣやジャーナリスト組合の代表が参加する合同諮問委員会から認定を受けることになっていた㉖。

すでに一九八六年の時点で、ロンドン印刷カレッジはかなりの実績を積んでおり、毎年約一五〇人の卒業生を送り出していた。コースは雑誌・ラジオ・写真と専門化され、放送設備なども整えつつある㉗。内容はタイピングや速記、レイアウト、インタビューを含む実践的なものであった。

これらのコースはいずれもプレエントリー、つまり採用前のコースとして位置づけられる。ＮＣＴＪのようにすでに採用されたジュニアジャーナリストを訓練するわけではない。にもかかわらず、講師はジャーナリズム経験者が務め、内容は実践的であり、職業訓練を施すことを主眼として運営された。つまり、将来就職できるかどうかは不明なまま、実践的な内容を教えたのである。

他方で一九八〇年代はコミュニケーション学科、メディア学科が高等教育において勢力を拡大していく。こちらは広義の人文・社会科学として設置されており、学術的な内容を中心としていた。つまり、実践より理論を重視した内容であり、将来の進路が未定の若者に対し、より汎用性のある教養を身につけさせようとした。

そして、一九九〇年代に入り、ようやく学部にジャーナリズムの学位が誕生する。ウェールズ大学カーディフ校の大学院が一九七〇年にジャーナリズムのディプロマコースを設置してからおよそ二〇年が経過していた。一九九一年のロンドン印刷カレッジ、中央ランカシャー大学を手始めに、ボーンマス大学、ウェールズ大学カーディフ校、シティ大学が学部でジャーナリズムの学位を提供するようになっていった。「これらの学位は訓練に違った側面をつけ加えるだろう。とはいえ、技術ベースの職業において、希望に満ちた若者が職を得る助けとなるだろうか」として[28]、ジャーナリズムの学位は当初、業界からその有用性を疑問視されていた。NCTJ責任者のキース・ホールも同様の違和感を表明していた。しかし、数年後、中央ランカシャー大学のピーター・コールは、定員に対して三〇倍の応募があり、志願者が殺到していると報告する[29]。また、「メディア」や「コミュニケーション」も、すでに中等教育の試験科目として登場し、一九九七年時点でこれらに関する学位、ディプロマを提供する大学やカレッジも六〇に達していた。

こうしてジャーナリズムやメディア、コミュニケーションが一九九〇年代に入り、大学で学ぶべき科目として認められていった。リンカーン大学のキーブルは、こうした傾向を「ファッショナブル」と表現している[30]。

もちろん、同時代のジャーナリストにその出身者は少ない。一九九五年の調査で、ジャーナリズムに関する学部学位をもつ者は、全ジャーナリストの二%、メディアに関する学部学位は一・七%である。一方、大学院のジャーナリズムに関するディプロマは一三%ある[31]。イギリスではジャーナリスト教育が大学院において先行してきた。その後、「メディア学科は英国で増殖し恐ろしく学生に人気がある。学部のジャーナリズム学科で三〇倍の定員超過は珍しいことではない」と記されるように[32]、これらの学科、専攻への志願者は一九九四／九五年度の四一五人から、二〇〇四／〇五年度の二〇三五人へと急激に増えていった。あるいは、ディプロマを設置する大学で、一九九六年から二〇〇五年の志願者は一三八四人から二二二三人へと六一%も増加している。一九九六年であればそのうち四〇%しか入学できなかったものが、二〇〇五年には八五％に改善されていることから、大学やカレッジが定員を引き上げ、こうした需要に対応していったことが読み取れるとマーク・ハンナとカレン・サンダーズはいう。[33] ジャーナリズムは特殊な科目から一般的な科目へ移り変わっていったのである。

とはいえ、一九九〇年代なかば、学部でジャーナリズムを教えることは偏見をともなった。ジャーナリストが学位をもつことと、ジャーナリズムの学位をもつことは別である。一九九〇年代末になっても、ジャーナリズム学科を卒業したジャーナリストは二％で、大学院は一七％にすぎない。[34] アンソニー・デラノは「英国のジャーナリズム、メディア研究コースの卒業生は、労働市場に大きな印象を与えるほど多数ではなかった」と記している。[35]『ガーディアン』の採用は六〇から七〇％が、地方紙および全国紙からの引き抜きによる。シティ大学やロンドン印刷カレッジのディプロマから採用されることはあるが、ジャーナリズムを専攻する学部生はまれであった。一九九〇年代末、評価が高いのはシティ大学、ウェールズ大学カーディフ校、中央ランカシャー大学の大学院である。これらは「ジャーナリズムのオックスブリッジ」とも称され、人気も高い。学部ではウェールズ大学カーディフ校に加え、リーズ大学、ボーンマス大学などが続く。しかし、急増する学部のジャーナリズム学科、メディア学科を低く評価する声は多い。雇用者はジェネラリストを欲しており、英語や歴史などで第一学位を取得し、総合的な視野を身につけたあとで、職業的な訓練を受けることを期待していた。そのため、ジャーナリズムやメディアのみを勉強してきた若者については、採用にあまり乗り気でないことがあったという。むしろ、大学院を出たほうが「成熟している」とみなされていた。

たとえば、『イプスウィッチ・イブニング・スター』紙の元編集長、クロフォード・ギランが地方紙の編集幹部に対して行った調査では、ジャーナリズムの学位の導入を「1　ほとんど価値なし」から

「7　大いに価値がある」まで七段階で評価させたところ、1が二六％、2が二二％で「ほとんど価値がない」への偏りがほぼ半数を占めている一方、6は四％、7は九％で「大いに価値がある」との考えは一割弱にしかならなかった[36]。学位そのものへの反対はないが、ジャーナリズムの学位は編集幹部にとって重要とは思われていなかったのである。

さて、そこで身につける内容は教養か実学か、これまで見てきたように長い論争があった。第二章で詳述したように、一九一九年にロンドン大学で始められたジャーナリズムのためのディプロマコースは、アメリカ新聞学の影響を受け、教養主義から職業訓練へと傾斜していったが、第二次世界大戦により中断、戦勝後も復活しなかった。一九九〇年代に始まったジャーナリズムの課程は、一般的な教育と実践的な訓練の組み合わせを試みている。ただし、実践的な内容の割合は大学によって違いがあり、大学院では少なくとも八〇％、学部では五〇％かそれ以上であるという[37]。ギランは、「ジャーナリズムの学位について、編集幹部の一七％、経営者の二〇％によるおもな批判は、実践的、実地の技能に大いに頼る科目では、「教室での勉強」は適切ではないというものだった」と報告している[38]。また、業界誌『プレスガゼット』は「ジャーナリズム訓練特集」のなかで、「ジャーナリズムの学位には、ジャーナリズム研究という学術的な科目を基礎にしていて、ほかより実践的でないものがある」と記し、志願者に注意を促している[39]。

そもそも、ジャーナリズム学科で教えているジャーナリスト自身が学部でジャーナリズム教育を受けておらず、理論に偏りすぎたコースは「トイレを修理せねばならない人に哲学を講じるようなものだ」とさえ指摘する者がいた[40]。学部でジャーナリズムを専攻しても、結局、大学院で実践的な資格を求めることになる。あるいは技術カレッジで並行して速修コースを取ることになる。また、ジャーナリズムやメディアに関する修士号は、メディア業界で職を得られなくても一般に通用する資格とはいえ、それが八〇〇〇ポンドのコストに見合うかどうか慎重に検討すべきだとする。

一方、文化研究を中心にテレビや映画を社会学、文学、美学で扱うようになり、メディア研究が成立していた。しかし、『インディペンデント』は一九九六年一〇月三一日付の記事で、「本紙は、メディア研究の学位をジャーナリズムのキャリアに関する資格とはみなしていない」と断言している[41]。もっともらしい専門用語で飾られた取るに足らない研究領域であり、学生はためになることを何も学ばないと批判する。「うしろのほうの席で、間違いなくポップコーンをほおばりながら、映画やドラマを見るかのような学生のいる教室」などと酷評され[42]、メディア研究で仕事のやり方は学べないと言いきっている。そこはジャーナリズムが生み出したものについて学ぶところであるという。

ところが、高校の教員はジャーナリスト志望の生徒に専攻としてメディア研究を勧める。三年後、学生は雇い主が、大学におけるメディアやジャーナリズムの勉強に必ずしも価値をおいていないことを知って失望する。『新聞ジャーナリズムでいかにして成功するか』の著者、デイビッド・ステファンソンも「メディア研究の学部コースの多くには気をつけろ。ジャーナリストになるための訓練はない。また、あまりにも理論的すぎる」と警告している[43]。

加えて、遠慮なくメディアを攻撃する部外者として、メディア研究者はジャーナリストから敵視されてきた。「多くのジャーナリストにとって、メディア研究を攻撃することが、たくましさを誇る試金石となってきた」とさえいう[44]。両者のこうした関係が理論と実践の交流を妨げることになる一方、社会学や文化研究、記号論を学ぶことで批判的、分析的な能力が形成されるとして、これに肯定的な意見もある。文学は編集のやり方を教えないが、その学位をけなす編集者はいない。同様に、社会を研究する一分野としてメディア研究をとらえてもよいのではないか。もちろん、実践的な側面を教えることで理論を見直すことはできる。しかし、大学の学位は単なる技術を伝達した証ではない。研究者アンジェラ・フィリップスとアイバー・ゲイバーはそのように述べ、「結局、ジャーナリズムは技能(skill)であり手仕事(craft)なのだとわれわれは確信する」と締めくくる。[45] いずれにせよ、メディア学科は「映画オタクとドラマ中毒によって研究される「冗談のような」領域」と表現されつつも、[46] 規模については二〇〇〇年代にかけて順調な発展を遂げてきたのである。

三　NCTJとNVQ

イギリスのジャーナリスト養成は、これまでＮＣＴＪが担ってきた。プレスに関する王立委員会による一九四九年の勧告にもとづき設置された機関であることはすでに述べたとおりである。当初は中等教育を終えた者を新聞社が採用し、徒弟期間に受ける訓練の一環として利用した。

一九九八年に出版された『新聞ジャーナリズムでいかにして成功するか』では、地方紙に採用された訓練生はＮＣＴＪに登録され、六か月の見習い期間中、通信教育を受け、その後、ブロックリリースによってカレッジで勉強する機会が与えられるとされている。[47] 最低限、中等教育修了の資格であるＧＣＳＥを五科目取得することが求められるが、実際には大卒が増えていた。大学入学のための資格であるＧＣＥのＡレベルの取得者がほとんどであり、ＮＣＴＪの認定を受けた学部、大学院を経ていることが多い。つまり、一九九〇年代後半になると、中等教育から新聞社に直接採用されることはほとんどなくなっていた。「以前は基本的なルートだったが、今日、何らかの先立つ公的資格なしに業界へ入る者は約三〇%しかいない」という。[48]

どのような経路をたどるにせよ、最後はＮＣＴＪの全国資格試験（National Certificate Examination）を受験する。採用前のコースでは予備試験を受けられるのみで、新聞社で働いた経験がなければ、この最終的な試験は受けられず、資格も得られないことになっている。一九九一年は五一四人中二六〇人、一九九二年は三八六人中二〇〇人、一九九三年は四八〇人中二三二人、一九九四年は四八九人中二二二人がこれに合格している。逆にいえば、受験者の五〇％から六〇％が落とされる。アンソニー・デラノによる一九九〇年代後半の調査では、ＮＣＴＪの資格をもつジャーナリストは新聞で四〇・七％、雑誌が一二・三％、放送で三三・三％であり、メディア業界全体でも二八・八％しか取得していない[49]。試験に受からなくとも、メディア業界で働くのに支障はなかったのである。

このような制度は、イギリスの徒弟制の伝統とも関連をもつ。前章で見たように、一九七〇年代に製造業が衰退していくと、労働力としての若者に対する需要も減り、これまで強固に受け継がれてきた徒弟制がふるわなくなってきた。技術革新の速度が増したことや、労働組合に力がなくなったこともその一因であった。一九六四年には三八万九〇〇〇人いた徒弟は、一九九〇年までに八万七〇〇〇人へと激減する[50]。これまでにも、一九六四年の産業訓練法など若者の職業訓練に対する介入が行われてきたが、政府は一九八三年に「若年層訓練スキーム（Youth Training Scheme）」の実施を決め、一九九一年に「若年層訓練（Youth Training）」という名称で計画を改め、また、「現代徒弟制（Modern Apprenticeship）」を導入するなどの政策を打ち出してきた。しかし、訓練を受けることが就職にそのまま結びつくわけではなく、こうした制度を利用しない若者も続出し、計画も内容を頻繁に変更するという状態が続いていた。

こうした背景のなか、一九八六年に導入されたのが全国職業資格ＮＶＱである。あまりにも多種多様な職業訓練のコースや資格を整理し、評価を一定に保つための処置であった。一九九三年にはＧＮＶＱ

として、対象となる職業を拡大している。NVQのレベルは五段階あり、現場での実践的な訓練とカレッジにおける教育を組み合わせている。上級はGCEのAレベルに相当する。評価は職場での業務遂行能力によって測られる。

イングランドの日刊紙を対象とした調査では、編集幹部の六一％が訓練にNVQを用いると回答し、参加しないとの回答は四％にすぎず、未定との回答が三五％だった[51]。一九九〇年代初め、このNVQを新聞協会が導入した。責任者のリチャード・ビーミッシュは「ジャーナリズムのNVQは個々人に、特定の仕事を引き受ける十分な資格があるという確かな証明を与えるだろう」と期待をかけた[52]。レベル4に「ニュースおよび特集の執筆」「新聞製作」「プレス写真」といったコースを設けて、正確に取材する技能、倫理的問題の理解などを課した。受講生は訓練を終えると、編集幹部がつけた累積評価記録を受け取る。各新聞社の編集幹部は、認定機関から訪問を受け訓練の進捗について監督される。

こうして、新聞社はレベル3以上のNVQ取得を目指す職業訓練プログラムである「現代徒弟制」を調べ始めた。その結果、中等教育修了者だけでなく、大卒でも監督機関から資金を得られることがわかった。受講生がNVQの課程をやり遂げさえすれば、一人あたり七〇〇〇ポンド、国家の資金が提供されるのである。そのためトリニティのような大きなメディアグループはNVQを採用するようになる。さらに雑誌訓練評議会や、放送、映画を中心とする訓練組織であるスキルセットが、業界共通の水準を模索するなかでNVQをあと押しした。

一九九五年より試験的に開始されたこの「現代徒弟制」は、一九九七年には本格的に運用されるようになった。同年、英国新聞編集幹部ギルドが発行した白書『明日のジャーナリスト』では、「新しい資格プログラムはNVQのルートを基本とし、メディア業界での最終的な就職先に関わりなく、ジャーナリストの訓練生すべてを引き受けるよう設計されるだろう」と複雑化したジャーナリスト教育をＮＶＱに統合する方針が示されている[53]。

経営者はこれらＮＶＱを通じて政府の財源にアクセスし、税金で訓練費用をまかなうことが可能となる。「現代徒弟制」は一六歳から二四歳まで利用でき、受講生一人あたりかなりの額の補助金を得られると白書は見通しを語っている。もっとも、政府の財源に頼りすぎることの危険性も指摘されている。

しかし、現場のジャーナリストたちは、ＮＶＱにあまり重きを置いていなかった。労働市場が停滞するなか、ＮＶＱは「行く当てもないのに着飾っているようなもの」と表現され、経営者はともかくジャーナリストたち自身は関心を示していない[54]。

そして、ＮＶＱの導入にＮＣＴＪはうまく対応できなかった。新聞経営者連合はＮＣＴＪに関して労働組合と協力することを拒絶し、その結果、ＮＣＴＪへの年間一万九〇〇〇ポンドの資金提供を取りやめることになった。不況によってメディア業界への採用者数自体が減っていた。一九八九年から九〇年にかけて九五五人だった採用者数は、翌年四六六人へと劇的に削減された[55]。ロンドン郊外エッピングにあるＮＣＴＪ本部もより安価な賃貸物件を求めて移転先を探さねばならなかった。大手新聞社がＮＶＱに移行するなかでＮＣＴＪの財政は悪化し、一九九二年に有限責任会社として再出発することを余儀なくされ、運営面での裁量は労働組合から経営者へと比重が傾くようになる。同年、これまで力を注いできたブロックリリースのコースのうち三つが不開講となった[56]。景気後退のため受講者数が減ったうえ、新聞社が新人を送り込むことをキャンセルしたためであった。

翌一九九三年にはＮＣＴＪは公認慈善事業となり、ＮＶＱと提携する道を模索し始めた。ＮＣＴＪ幹部のロブ・セルウッドは、カリキュラムにおいてＮＶＱとの整合性をすりあわせるなかで、ＮＶＱが有効に機能するなら全国資格試験を廃止することさえ検討し始めていた[57]。一九九九年五月の時点で、NVQに登録する新人ジャーナリストは約二〇〇〇人となっている[58]。さらに二〇〇一年、政府の後援で出版訓練機関が考案され、新聞協会や雑誌出版者協会のために、一〇のセンターを設けて資格コースを運営することになった。しかし、事業があまりにも広範囲にわたるという理由で、二〇〇三年五月に機関は早くも解散してしまう。

大手のメディアグループにはNVQや、これまでに述べてきたように独自のディプロマを発行するプログラムでジャーナリストを教育、養成するところもあった。たとえば、EMAP[59]、トムソン・リージョナル、ウェストミンスタープレスなどは訓練センターを独自に用意していた。EMAPでは、採用された新人に年二回、二〇週間のコースを受講させている。内容は新聞雑誌に共通するもので、修了すればディプロマを発行していた[60]。これは他社のジャーナリストにも開かれており、約三〇〇〇ポンドの受講料を支払えば参加することができる。ウェストミンスタープレスも、外部の参加者に向けて二〇週間の採用前のコースを年二回運営している。ほかにさまざまな特殊スキルの短期習得コースも用意する。こちらは約二五〇〇ポンドの受講料であった。

一方、小さな地方紙は、いまだNCTJの制度内にとどまっていた。大手新聞社は地方週刊紙から人材を引き抜けるが、そうすることのできない小規模な新聞社はNCTJの訓練を必要とした。また、一回の試験をもって合否を決定するNCTJの全国資格試験に比べ、職務遂行能力を職場で記録するNVQは評価そのものが煩雑であり、書類作成にも時間がかかる。NCTJ議長のキム・フレッチャーは、雇用者はNCTJの資格を求めていると強調する。試験の合格者が少ないことは高い水準の表れともいえ、シラバスも編集幹部と話しあって絶えず修正を心がけているという[61]。

ＮＣＴＪはその後、中途採用者の訓練などに力を入れ、一九九〇年代末には黒字を出せるまでに回復していた。二〇〇七年、業界誌『プレスガゼット』は、ＮＶＱを用いたジャーナリズムの訓練制度は事実上廃止されていると伝えている。経営者はＮＣＴＪと提携し、ＮＶＱに代わる新たな仕組みを模索中という。[62]二〇〇七年になるとＮＶＱは全国資格試験に統合された。[63]こうして、ＮＶＱを用いていたニュースグループ企業の多くがＮＣＴＪの認定するコースへと回帰したが、ジャーナリストの教育制度がいっそう複雑なものと化したことは否めない。

ただ、ジャーナリストは当然のことながらライセンスのいる職業ではない。ここでいうＮＣＴＪの試験やＮＶＱは十分条件はおろか必要条件ですらない。一九九〇年代に『タイムズ』や『フィナンシャル・タイムズ』、『インディペンデント』など全国紙は、これまでの地方紙からの引き抜きとは別に、直接大学から人材を採用し始める。なかでも、大学院でジャーナリズムに関するディプロマを取得した者が目立つようになった。

また、新聞グループであるユナイテッド・プロビンシャル・ニューズペーパーズは、一九九五年より独自のディプロマを創設し、新人の訓練に乗り出している。中央ランカシャー大学に奨学金を含む助成を行い、年間二五人の学生を支援する。『デイリー・エクスプレス』も大卒に対してポストを用意し、三か月かけてさまざまな部署を体験させるプログラムを提供している。ただし、これは訓練終了後の採用を保証するものではない。『デイリー・テレグラフ』は一年制の訓練計画で、ジャーナリズムに関連する大学院修了者を優先的に採用しようと考え、『ガーディアン』はシティ大学や中央ランカシャー大学の大学院ディプロマに独自の奨学金を提供してきた。トリニティグループも、ＮＣＴＪから撤退したトムソンの訓練センターを引き継ぎ、ニューカッスルで一六週のコースを年二回運営する。グループ内の新聞社から訓練を受けにやってくる者のほか、個人でも受講を申し込むことができた。ミラーグループはこのトリニティのコースを利用している。全国紙は大学生やAレベル取得後のギャップイヤーにある者をインターンシップとして採用し、無給ではあるが仕事を経験する機会を与えてきた。

ＮＣＴＪも企業内の制度とともに、高等教育の課程に認定を与えている。認定されたカレッジでの採用前のコースでは、法律、行政、速記などの予備試験を受けることができる。ただし、現場で一八か月の訓練を経なければ全国資格試験を受けることはできない。つまり、本試験を受けるまでの期間を短縮できるという仕組みである。

ところが、ウェールズ大学カーディフ校やシティ大学など、ジャーナリズム学科の多くがＮＣＴＪの認定から離れていった。ハロー技術カレッジは訓練センターとして有名だったが、一九九〇年代なかばに三課程のうち二課程においてＮＣＴＪの認定を失っている。速修課程や二年制のディプロマもＮＣＴＪの認定を受けていない。ＮＣＴＪは実学を重視しない大学の試験に不満であり、大学は課程内で行われる試験にＮＣＴＪの介入を認めない。『プレスガゼット』は大学を選ぶ際、認定を受けているコースかどうか確かめることは大切だが、必ずしも認定を受けていないコースがよくないわけではないと指摘し、その一例としてシティ大学の大学院をあげている(64)。

四　熾烈な就職競争

以上のように、イギリスのジャーナリスト教育は、ＮＣＴＪなど業界団体によるものから新聞社独自のものまで多岐にわたっている。これらを整理しようとの動きは見られるが、ＮＣＴＪの認定を受けていない大学などもあり、就職までの経路は明確ではない。学位も含め、いずれの資格も就職を意味するわけではないからである。以下では就職に際して求められるものについて、学位との関係を中心に説明し、学生の置かれた立場をふまえて、高等教育におけるジャーナリスト養成が社会に果たす役割の一端を考えてみたい。

まず、「間違いなく、ジャーナリズムという職業に就くことは熾烈な競争である」とは、学生キャリア支援サービス協会の発する警告である。[65] すべての求人が公開されているのではない。比較的小さな新聞社にさえ、年に五〇〇通を超える入社志願の申し込みがある。求人広告を探すなら月曜日の『ガーディアン』、業界誌の『プレスガゼット』は外せない。また、求人情報は自社の出版物に掲載されることも多い。

そもそも、新聞社で雇用される人員は限られており、イギリス全体で年に六〇〇〇人から八〇〇〇人程度である。にもかかわらず、UCASが二〇〇三年に調査したところ、高等教育機関で「ジャーナリズム」を冠するコースは六〇三も存在し、「メディア」にいたっては三五九四もある。アンナ・マッケインの見積もりでは、学科維持のために少なくとも一学科に三〇人の学生が必要だとして、毎年一二万五〇〇〇人もの卒業生が誕生するが、新聞社のみならずメディア業界全体でも求人は合わせて二万人から三万人であり、多くの若者が希望する就職先にたどり着けず挫折すると、その競争の厳しさを指摘する。[66] 授与されるジャーナリズムやメディアの学位は、明らかに需要を上回っている。

ところが、前述のように、大学でこうした課程に進学する者はますます増加する傾向にある。『プレスガゼット』が二〇一〇年に組んだ特集で、NCTJ議長のキム・フレッチャーは「幸いにやる気を感じさせる若者や、学位はもっているが〔就職は〕まだこれからという男女には事欠かない。悲しいことに職が不足している」と述べ、[67] ジャーナリスト教育の専門家であるクリス・ウィールも「職がある以上にジャーナリスト志望者が多くいる」と状況を説明している[68]。

一九九〇／九一年度、シティ大学でディプロマを取得した二九人中六人しか地方紙へ就職していない。一九八九年から三年間で、地方紙へ進む者は八二人中二三人であり、これはそれ以前の三年間の七三人中四八人から大幅に減少していた。一方、同期間に全国紙は二人から一八人に増えている[69]。ロンドン大学ユニバーシティカレッジも、一九九三年、九四年のクラス四〇人全員が直接メディア業界に採用されている[70]。大学院に対する業界の需要は一九九〇年代前半、悪いものではなかった。職業訓練だけでは優れたジャーナリストは生み出せないとする意見があり、メディアについての理論、社会学や記号論について学ぶことが批判的で分析的な思考を研ぎ澄まし、メディア業界にふさわしい能力を開発すると考える人々もいた。メディアやジャーナリズム、コミュニケーションの学位に向ける雇用者のまなざしは、むしろ良好であるという[71]。二〇〇三年のフィル・バティの報告では、メディア学科はキャリアパスとして優秀で、卒業後六か月以内に七二・八％が就職を決めており、これは全大学卒業生の六五・一％を上回っている[72]。

とはいえ、学部でジャーナリズムを専攻することについては否定的な意見も存在する。これまで述べてきたように、イギリスは徒弟制による職場での訓練を重視する長い伝統があり、ジャーナリストは生まれる者であって作られる者ではないという自由放任主義の信念が深く根付いている。一九九〇年代になっても、大学院でのディプロマはともかく、ジャーナリズムを第一学位とすることには疑問の声がやまない。「ジャーナリズムの実践的な経験を得る助けになるかもしれないが、ジャーナリズムの学位は決して重要ではない」とジャーナリスト組合もはっきり述べている[73]。「ジャーナリズム」と冠した課程であっても、内容は理論的、学術的である。大学は受験生にカリキュラムの十分な説明を行っていない。

就職について非現実的な野心を焚きつけることで、教育機関は学生を食い物にしている。

したがって、大学教育に関してはカリキュラムの実践面を強化せよとの助言が多い。学生キャリア支援サービス協会は、キャンパスにある学生新聞や雑誌、ラジオ局を重視する。少しでもジャーナリズムの実際にかかわることが大切である。新聞社の編集幹部は、学生が何を学んだかではなく、何をやっていたかに注目する。何も書かず、何も伝えず、何も表現しないなら、ジャーナリズムの潜在的な能力を示す証拠としてほかに何か提供できるものを探さねばならない。たとえば、休暇中に地方紙や放送局で働く機会を見つけることが、非常に重要なのだという(74)。

マッケインは、『ジャーナリズム――キャリアハンドブック』と題した職業案内書で、「〔メディア業界で〕経験が必要とされる仕組みたるや、ビクトリア時代の徒弟制に逆戻りしたかのようである」と現状を表現し(75)、就職活動において経験がこれほどまでに重視されることを驚いてみせる。新聞社などで経験を積むため四、五か月を無給で働くことは必須であり、そのためにまず履歴書を送らねばならない。リーズビジネスインフォメーションの編集幹部、カール・シュナイダーも、いますぐブログを始めよと学生を叱咤する(76)。ジャーナリズムを職業にしたいなら、大学で学ぶことに並行して、いますぐジャーナリズム活動を始めることが大切だというのである。

実際、スカイ・ニューズの政治担当プロデューサーであるハンナ・トーマスピーターは、リーズ大学在学中から、BBCリーズのウェブサイトやカーディフの『ウェスタン・メール』紙、ニューカッスルにある『バーミンガム・ポスト』紙などに寄稿を始めていた。「ジャーナリストになりたいなら、根気強くありなさい。ドアが目の前でぴしゃりと閉まっても、開くまでたたき続けること」と志望者に助言する(77)。『インディペンデント』のマーク・ヒューズも、在学中から非常勤でイングランド北部カーライルの新聞『ニューズ・アンド・スター』に勤めていた。学生新聞でもブログでもよいので、とにかくできるだけ早くジャーナリズムに関与したほうがよいと忠告する。「教室から突破口を見いだせた者はだれもいない」と彼は語っている。[78]

ジャーナリズムを志望する学生に「ジャーナリストになりたいと考えるおもな理由はなんですか」と尋ねたところ、「公共への奉仕」と回答した者は入学直後で一七％、卒業間際で一五％という結果が出ている。[79]マーク・ハンナとカレン・サンダーズによる調査結果である。そのほか「ルーティンワークではないから」「挑戦的」「興味深い」「社会的な仕事だから」という理由もそれぞれ、入学直後と卒業間際でほぼ一致している。このことからハンナとサンダーズは、こうした動機が大学入学前から深く内面化されており、逆に大学におけるジャーナリズム教育が学生にもたらす影響は、ほとんど存在しないと結論づけている。ただし、同様の動機を現役のジャーナリストと比較すれば、公共の奉仕などへの関心は学生のほうが高い。とはいえ、男子学生にはスポーツを取材したいという希望が多く、大半の学生は事実を伝えるストレートニュースの収集より、特集記事や芸術、大衆文化に興味を抱いているという結果も出ている。こうした傾向は「硬派な」ニュースを重視するメディア学科の教員を狼狽させる。あまりにも学生たちが「軟派な」ジャーナリズムに興味や関心を寄せるからである。

大学でのジャーナリスト教育には賛否両論があり、業界からの批判はおもに実践的な訓練の需要にもとづいていた。また、大学でのジャーナリズム教育が学生の意識に及ぼす影響は限定的との調査結果もあり、「公共への奉仕」など倫理面での改善という期待にも応えられていない。学生はさまざまな評価を受けつつも、「熾烈な競争」をくぐり抜け、ジャーナリズムの世界に足を踏み入れる。そこに待ち受けている待遇とはいかなるものだろうか。

五　給料・労働条件

ジャーナリストの初任給は一九九〇年代なかばで年収一万ポンド以下であり、大卒の平均的な初任給一万二〇〇〇ポンドより少なかった。「これはみっともない状況である」と英国ジャーナリスト連合の書記長スティーブ・ターナーはいう[80]。訓練生であれば、一万ポンドをかなり下回るか、場合によっては無給である。ジャーナリスト組合オックスフォード支部のアンナ・ワグスタッフは二〇〇一年の代表者会議で、薄給で働かせることについて「若者のジャーナリズムへの熱意を現金化している」と非難した[81]。訓練生が安価な労働力として搾取されており、職場には適切なガイドラインが必要であると訴えている。ポーツマス支部のボブ・ノリスも、訓練生は適切な報酬を得るべきであると主張する。高学歴であることは、なおさらメディア業界に搾取されているという感覚を惹起しがちである。では、訓練期間さえ耐えれば未来が開けるのか。『ニュースザックとニュースメディア』でボブ・フランクリンは次のように述べる。

その仕事に就く若いジャーナリストは、賃金の低下と雇用条件の悪化という不確かな未来に直面する。仕事の不安定さが増すのは、短期契約で仕事を引き受けるジャーナリストやフリーランスで既存の常勤ポストを置き換えるからである。多くのジャーナリストが「永遠のパートタイマー」になっている[82]。

かつてはフリーランスになることが、ジャーナリストの夢であった。ルーティンワークから解放され、自由に取材活動ができるからである。しかし、今日それは雇用者の必要性に隷属している。フリーランスにはオフィスを与える必要がなく、退職手当などのコストも生じない。一九八〇年代から労働市場が縮小し、編集室のスタッフは減少、ポストをめぐる激しい競争がフリーランスになることを余儀なくさせた。本書の出発点を顧みれば、ジャーナリストの社会的な地位の低さ、それにともなう貧困は一九世紀より問題となり、一八八四年、ジャーナリスト連合の結成を促した。一九〇七年には、賃金と労働条件の改善を求めジャーナリスト組合が誕生している。二〇世紀後半、労働組合主義が後退するなか、ジャーナリスト組合は有効な対策を見いだせず、一九九〇年代には企業から団体交渉の相手と見られないまでに衰退する。一九九九年の雇用関係法を手がかりに、交渉相手であると承認されるようにはなったが、かつての勢いは失われたままである。加えて、ジャーナリストの供給過剰が、雇用者に選択の自由を与えてきた。

不十分な待遇は借金を抱えた学生をさらに苦しめる。従来、イギリスの大学は授業料が実質無料であった。先に言及したように進学率は低く、大学生はいずれ社会に恩恵をもたらす人材として税金による支援を受けてきた。しかし、一九九〇年に貸与制の奨学金にあたる学生ローンが制度化され、一九九八年学習・高等教育法により、政府は一人あたり年額上限一〇〇〇ポンドの授業料徴収を決める。受益者負担の考えを取り入れたのである。

業界誌『プレスガゼット』によれば、学部でジャーナリズムの課程を取れば授業料は年間約三〇〇〇ポンド、そこへ生活費が五〇〇〇ポンドはかかり、大学院でディプロマを取得するには授業料がさらに五〇〇〇ポンド必要だという[83]。ロンドンのシティ大学はそれ以上、七四九五ポンドも支払わねばならない。ジャーナリズムの訓練は安くないのである。ＮＣＴＪの予備試験を受けるにも、一〇〇ポンドの追加料金を取られ、「継続教育」のカレッジで速修コースをとった場合でも、授業料は一〇〇〇ポンドから二五〇〇ポンドもかかる。民間企業が提供するコースは、ノースウェットという学校の全日制、定時制のコースでNCTJの試験料、テキストなどを含め三九〇〇ポンドかかる。多くの大学生は借金をして学部の三年間をすごす。就職しても報酬は少ない。十分な訓練を積んでいても年収は一万ポンド程度である。初任給がさらに低く見積もられる場合もある。中央ランカシャー大学のピーター・コールは「必然的に裕福な両親をもち、在学中に援助してもらえる人々が、有利な採用前の過程へ進めるのだろう」と状況を説明する。(84) そうでなければ、納税者がカレッジに助成金を出すか、あるいはメディア業界が借金を返せるだけの給料を与えねばならない。

それでも、学生は大学院への進学を選ぶ。ジャーナリストがやりがいのある魅力的な職業だと信じているからである。かつては手仕事(craft)や商売(trade)の範疇にあると考えられていたジャーナリズムだが、一九七〇年代から九〇年代にかけてその職業観が変化してきた。アンソニー・デラノが、一九九〇年代なかば、ジャーナリストが自らの職業をどのように表現するかについて尋ねたところ、五二・六%が専門職(profession)と回答したという。手仕事と回答した者は一五・二%、商売は一〇・一%であった。(85)

しかしながら、ジャーナリストに対する学生のあこがれは幻想であるという指摘も多い。ジャーナリズムが調査報道のような仕事ばかりと考えていては失望することになる。テレビや映画、ドラマ、あるいは小説で描かれるジャーナリストの華々しい活躍を夢見る学生は多いが、現実は多くが政府の広報担当者に頼り切りであり、政治ニュースはプレスリリースの焼き直しである。フランクリンはジャーナリストの自画像について次のように表現する。

日々のジャーナリズム活動の多くがどちらかといえば単調な仕事であるにもかかわらず、ジャーナリストは高い専門職の義務感に突き動かされている。現代の民主主義において、ジャーナリズムは説明責任の主要なメカニズムを担っているという彼らの認識に、理想やロマンの香りが漂う[86]。

神話はジャーナリスト自身によっても生み出される。自伝や伝記において、職業にまつわるイリュージョンが形成される。とりわけフリーランスに出世話が多い。不摂生ではあるが大いに働き、放縦な言行を自慢する豪傑肌の姿である。しかし、実際にはきつい予算のなか、上司の命令に従って単調な仕事をこなす側面も多く、ノッティンガム大学のメリル・オールドリッジは「新人の希望と実際の生活のあいだには根本的な亀裂がある」と注意を促す[87]。志願者が求人を上回る状況に、こうした印象が一役買っているのである。

六　社会的出自

『デイリー・メール』を有するメディア企業グループ、ＤＭＧＴの会長ロザミア卿は次のように語る。

たしかに、無学なジャーナリストを雇うことに価値があるとはいえない。しかし、高学歴のジャーナリストは、庶民と交わることを忘れてしまう危険がある[88]。

生まれた町で中等教育を終え、若いうちに新聞社で働くようになったジャーナリストは出自が社会経済的に低い。しかし、その土地をよく知っている。庶民の目線で世の中のできごとを記すことができる。

つまり、高等教育を経ないことにもメリットはある。ヨーロッパにおけるジャーナリズム教育についてまとめたヒュー・ステファンソンとピエール・モリーの著書においても、同様の指摘がなされている。

採用前の職業訓練を大学で行うような、高度な公教育のレベルは、ますますジャーナリズムを排他的な「ブルジョワジー」のキャリアにしてしまうという危険がある。(89)

これは広く多様な社会的背景をもつ人々や、公式の教育を受けていない人々にも開かれてきたジャーナリズムという活動を、大学レベルでのジャーナリズム学科が閉ざす可能性をもつという考えである。高等教育を受けたような人々だけが記事を書き、番組を制作するようになると、その内容は偏りをもち、大学を出ていない人々を含む従来の世代が報道してきたものより、狭い視野に陥ってしまうのではないかと疑念が抱かれている。

アンソニー・デラノの調査によると、一九九〇年代なかばのジャーナリストは「専門職・管理職」の家庭出身者が五一・一％に及ぶ。それでも「熟練」労働者を親にもつジャーナリストは一三・五三％、「非熟練・半熟練」でも一一・一三％であり、労働者階級の家庭に生まれたジャーナリストも少なくない。(90)なかでも新聞業界は「専門職・管理職」の家庭出身が雑誌や放送に比べて少なく、また、パブリックスクールへの進学も、雑誌の二五・九％、放送の二三・〇％に比べて一六・三％と低い数字を示している。

リンジー・マクミランの研究によれば、専門職の家庭に生まれた者はますます豊かになる傾向がある。一九五八年生まれのジャーナリストは、平均的な家庭より月収が一〇〇ポンドを少し上回る程度の家庭の出身だった。しかし、一九七〇年生まれのジャーナリストは、平均的な家庭より六〇〇ポンド、約四〇%も裕福な家庭に生まれている[91]。同様の傾向は銀行員や会計士にも見いだされるが、「これらの職業は一九五八年生まれの人々の比較的平均に等しい家庭から出発し、観察された期間において、社会的に高く位置づけられるようになったことがわかる」という[92]。

個人の社会的地位の変化について調査を行っているサットントラストは、専門職の多くが中等教育を授業料の必要な私立学校で受けていることを明らかにしている。そのうち裁判官の七〇%、バリスター(法廷弁護士)の六八%などが突出しており、ジャーナリストは五四%である[93]。こうした学校に通えるのは学齢人口の七%にすぎない。二〇年前に比較して、公立学校出身者が社会で重要なポストを占める割合は増えてきた。たとえば私立学校に通っていた「社長」は一九八七年に七〇%だったが、二〇〇七年には五四%と減少している。ジャーナリストは例外で、一九八六年の調査で四九%だったものが二〇〇六年には五四%に増えている。

仕事で経験を積むためインターンシップに参加するにも、縁故のない者は不利である。貧しい家庭には有力な個人的ネットワークが乏しく、そのことが初期のキャリア形成に不都合をもたらす場合がある。「同様の問題は修士課程や大学院での勉強にも当てはまる。これらはある領域に入るためのますます重要な足がかりになっている(法律の専門職はいわずもがな、ジャーナリズムの世界に入るにも大学院の資格しだいとなっている)」のである[94]。

このように、ますますジャーナリストは裕福な家庭から輩出されるようになっている。高等教育への公的援助が手薄となり、就職しても貧弱な待遇で迎えられるのだとすれば、労働者階級から高等教育を経てジャーナリズムの世界へ進むことは、ほかの階層出身者に比べて不利であるといえよう。

マーク・ハンナとカレン・サンダーズの研究でも、二〇〇二年と二〇〇三年にジャーナリズムを専攻する学生に尋ねたところ、新入生の両親の職業は「専門職」四七％、「管理職または技術職」一八％、「熟練だが手作業ではない労働者」一三％、「熟練で手作業の労働者」一三％、「部分的に熟練の労働者」五％、「非熟練労働者」三％となっている[95]。英国全体の分布から予想されるより、学生たちが高い社会経済的地位の家庭に生まれていることがわかる。「専門職」と「管理職または技術職」はあわせて六五％だが、実際の人口構成比では三七％にすぎない。ポリー・トインビー、デイヴィッド・ウォーカーの『中流社会を捨てた国』で、イギリスは人の将来を左右するのが能力ではなく社会的出自である国だと告げられている[96]。中流家庭の子どもがGCSE試験で大学進学への可能性を開くのが七七％であるのに対し、労働者階級の子どもは三二％にとどまる。ジャーナリズム学科や、メディア学科も高等教育という枠組みにおいて例外ではない。

編集幹部に返事の来ない手紙を送り続けるジャーナリスト志望のジョー・メレットは、業界誌『UKPG』のなかで、自らの体験を語っている[97]。彼は労働者階級の出身で高等教育を受けたが、両親からの支援はなく、新聞社から奨学金を受けることもできなかった。第一学位に加えて、ディプロマやNCTJ、NVQの資格まで求められるとすれば、ジャーナリズムに就職する能力はすなわち預金残高なのかと疑いたくなる。また、商業紙で働くネイル・ドイルは同じ紙面でガラスの天井について指摘する。かろうじて地方紙の訓練生になれても、ロンドンの全国紙へ行く道は閉ざされている。全国紙がオックスブリッジ出身、あるいは著名な一族の縁故採用で占められているからだという[98]。

一九八〇年代後半から九〇年代にかけて上昇した高等教育への進学率は、ジャーナリストの高学歴化とも軌を一にしていた。イギリスにおけるジャーナリズム学科、メディア学科、コミュニケーション学科の展開は、学部においては一九九〇年代から始まり、瞬く間に拡大を遂げていく。その原動力となる学生の動機は、メディア業界を「ファッショナブル」と形容する華やかさであり、また高学歴にふさわしい専門職へのあこがれであった。しかし、こうした理想像に見あうだけの給料が得られないということは、前節において明らかにしたとおりである。低賃金、あるいは無給で仕事の経験を積まねば、次なる段階に進むことは難しい。

実際にはどのような職業でも地道なルーティンワークがつきものであり、仕事のなかで経験を積むことはいずれにせよ必須といえる。かつては徒弟制によって新聞社で働きつつ、NCTJを中心とする訓練を受けることができた。それに代わる仕組みを高等教育が担い得ないことは、大学におけるジャーナリスト教育への批判に十分、尽くされている。とりわけ、メディア学科は理論的、学術的すぎると現場のジャーナリストから非難され、場合によっては敵視される風潮さえある。結局、学部で第一学位を取得しても、大学院のディプロマで実践的な教育を受けるか、あるいはNCTJにおいて旧来の資格試験に合格する必要が生じる。就職活動の面接では、これまでのジャーナリズム活動、すなわち経験が焦点となる。こうしたなか、一九九〇年代後半に新たな仕組みとしてNVQを導入する新聞社が現れた。しかし、研究者フランク・エッサーが指摘するように、NVQは新しい評価手段であって、新しい訓練手段ではなかった[99]。つまり、どのような過程を経るにせよ、一般教養に職場での経験を組み合わせるという基本的な図式は、何も変わらないのである。

こうした一九九〇年代以降の様相は、単にジャーナリスト教育の複雑化を示すにとどまらない。なぜなら、NVQに食指を伸ばしたメディア業界の思惑とは、訓練コストを税金へ転嫁することにほかならないからである。だれのお金でジャーナリストを養成するのかという視点はしばしば見逃されがちであるが、イギリスの研究では個人の社会的地位の変化という観点から重要な指摘が相次いでいる。すなわち、高等教育でジャーナリストを養成する際、貧しい家庭の子どもたちに不利となり、ひいては、庶民からかけ離れたジャーナリストを生むという考え方である。従来、実質無料であった授業料を課され、学生ローンやその他の借金を背負うことになった大学生にとって、第一学位を取得するだけでも経済的な困難を感じるとすれば、その後、大学院でディプロマを取得することは、恵まれた者だけに許される特権に思えよう。

(1) Michael Bromley, 2010, "The United Kingdom Journalism Education Landscape," Georgios Terzis ed., *European Journalism Education*, Bristol: Intellect Books, p. 55.
(2) Richard Keeble, [1998]2006, *The Newspapers Handbook*, 4th ed., London: Routledge, p. 261.
(3) Mark Hanna and Karen Sanders, 2007, "Journalism Education in Britain: Who Are the Students and What Do They Want?," *Journalism Practice*, 1(3): p. 406.
(4) Anthony Delano and John Henningham, 1995, *The News Breed: British Journalists in the 1990s*, London: School of Media, London College of Printing and Distributive Trades, p. 14.
(5) Association of Graduate Careers Advisory Services, 1999, *Journalism and Writing*, Manchester: Careers Services Trust, p. 7.
(6) Bob Franklin, 1997, *Newszak & News Media*, London: Arnold, p. 63.
(7) 日本新聞協会研究所「現代新聞記者像(上)――「新聞記者アンケート」から」『新聞研究』五一四号、一九九四年、四九頁。
(8) 本間政雄、高橋誠編著『諸外国の教育改革――世界の教育潮流を読む　主要六か国の最新動向』ぎょうせい、二〇〇〇年、一〇八頁。
(9) Department for Education and Skills, 2007, "Methodological Revisions to the Higher Education Initial Participa-

tion Rate (HEIPR)," Darlington: Department for Education and Skills, (Retrieved May 10, 2012, http://media.education.gov.uk/assets/files/pdf/sfr082007pdf.pdf), Department for Education and Skills, 2011, "Participation Rates in Higher Education: Academic Years 2006/2007-2009/2010 (Provisional)," Darlington: Department for Education and Skills, (Retrieved May 10, 2012, http://www.bis.gov.uk/assets/biscore/statistics/docs/p/participation_rates_in_he_2009-10.pdf).

(10) 労働政策研究・研修機構編『データブック国際労働比較——二〇一一年版』労働政策研究・研修機構、二〇一一年、一二三〇頁。

(11) Delano, 1995, op. cit., p. 14.

(12) David Scott, 1995, "Newsroom Gems Are Few and Far between," *UKPG*, March 27: p. 24.

(13) Simon Frith and Peter Meech, 2007, "Becoming a Journalist: Journalism Education and Journalism Culture," *Journalism*, 8 (2): p. 138.

(14) Bromley, 2010, op. cit., p. 56.

(15) Association of Graduate Careers Advisory Services, 1999, op. cit., p. 5.

(16) Delano, 1995, op. cit., p. 17.

(17) スキルセットは放送、映画などを扱うＮＴＯ(National Training Organization)で、ＮＶＱの実務を担当する。

(18) NUJ, 2009, "Careers in Journalism," (Retrieved May 9, 2009, http://www.nujtraining.org.uk/getdata.phtml? id=880&its=1&ref=0).

(19) ＧＣＳＥ(General Certificate of Secondary Education)は、かつてのＯレベル(Ordinary Level)とＣＳＥ(Certificate of Secondary Education)を統合した中等教育修了資格である。

(20) ＢＴＥＣ(Business and Technology Education Council)は一九八三年に設置された職業教育、継続教育の資格を授与する機関である。大学入学資格として認められることもある。

(21) Sarah Niblock, 1996, *Inside Journalism*, London: Routledge, p. 199.

(22) 1984, "Journalists Join Teaching Staff at City University," *UK Press Gazette*, June 11: p. 8.

(23) Tom Welsh, 1986, "Training in Crisis: Vigour and Cash in Short Supply," *UK Press Gazette*, June 23: p. 22.

(24) 1984, "New Journalism Course All Set," *UK Press Gazette*, November 5: p. 22.
(25) 1984, "Firsts," *The Journalist*, December: p. 7.
(26) 1985, "Polytechnic Passes the Training Test," *UK Press Gazette*, April 22: p. 15.
(27) 1986, "College Offering Practical Chances," *UK Press Gazette*, July 28: p. 24.
(28) 1991, "Degrees in Journalism?," *The Journalist*, July-August: p. 9.
(29) Peter Cole, 1995, "Papers Should Start to Pay for Training," *UKPG*, March 13: p. 20.
(30) Keeble, [1998]2006, op. cit., p. 264.
(31) Delano, 1995, op. cit., p. 15.
(32) Peter Cole, 1998, "Instinct, Savvy and Ratlike Cunning: Training Local Journalists," Bob Franklin and David Murphy eds., *Making the Local News: Local Journalism in Context*, London: Routledge, p. 76.
(33) Hanna, 2007, op. cit., pp. 404–406.
(34) John Herbert, 2000, "The Changing Face of Journalism Education in the UK," *Asia Pacific Media Educator*, 8: p. 114.
(35) Anthony Delano, 2001, *The Formation of the British Journalist 1900–2000*, London: University of Westminster PhD thesis, p. 168.
(36) Crawford Gillan, 1992, "Articles and Apprentices," *UK Press Gazette*, December 14: pp. 22–23.
(37) Peter Cole, 2010, "Study Journalism in the UK," (Retrieved June 14, 2010, http://www.intstudy.com/articles/isgap4a09.htm).
(38) Gillan, 1992, op. cit., p. 22.
(39) 2009, "Journalism Training Supplement 2009," *Press Gazette*, October: p. 12.
(40) Angela Phillips, 2005, "Who's to Make Journalists?," Hugo de Burgh ed., *The Making of Journalists: Diverse Models, Global Issues*, London: Routledge, p. 228.
(41) 1996, "How not to Be a Journalist," *The Independent*, October 31: p. 17.

(42) Peter Cole, 1998, "Media Studies, What's That?," *The Times*, December 11.
(43) David Stephenson, 1998, *How to Succeed in Newspaper Journalism*, London: Kogan Page, p. 120.
(44) Ivor Gaber and Angela Phillips, 2000, "Practising What We Preach: The Role of Practice in Media Degrees and Journalism Teaching in Particular," *Journal of Media Practice*, 1(1): p. 50.
(45) Angela Phillips and Ivor Gaber, 1996, "The Case for Media Degrees," *British Journalism Review*, 7(3): p. 63.
(46) Phil Baty, 2003, "The 'Joke' Field with Serious Prospects," *The Times Higher Education Supplement*, December 19: p. 11.
(47) Stephenson, 1998, op. cit., pp. 118–119.
(48) Frank Esser, 2003, "Journalism Training in Great Britain: A System Rich in Tradition but Currently in Transition," Romy Fröhlich and Christina Holtz-Bacha eds., *Journalism Education in Europe and North America: An International Comparison*, Cresskill, NJ: Hampton Press, p. 223.
(49) Delano, 2001, op. cit., p. 111.
(50) マイケル・サンダーソン(安原義仁、藤井泰、福石賢一監訳)『イギリスの経済衰退と教育—— 1870-1990s』晃洋書房、二〇一〇年、一三七—一三八頁。
(51) Gillan, 1992, op. cit., p. 22.
(52) 1993, "Building Britain's Future," *UK Press Gazette*, January 18: p. 21.
(53) Guild of Editors, 1997, *Tomorrow's Journalist: The "White Paper" on Editorial Training*, London: Guild of Editors, p. 5.
(54) 1994, "Now a Vote for Quality," *UK Press Gazette*, May 16: p. 20.
(55) 1991, "Cash-starved NCTJ Battles for Survival," *UK Press Gazette*, December 23/30: p. 12.
(56) Jean Morgan, 1992, "Three Courses Cancelled as Papers Feel the Pinch," *UK Press Gazette*, April 6: p. 17.
(57) Jon Slattery, 1997, "Training Chief Foresees end of the NCE," *UK Press Gazette*, February 7: p. 11.
(58) Esser, 2003, op. cit., p. 229.

（59）ＥＭＡＰは、ウィンフリー家所有の地方紙を中心に、East Midland Allied Pressとして一九四七年に形成されたグループ企業である。
（60）1994, "Comprehensive Education," *UK Press Gazette*, May 16: p. 20.
（61）2009, "Journalism Training Supplement 2009," op. cit., p. 10.
（62）Press Gazette, 2007, "NCTJ and NVQ Merge Journalism Training Schemes,"（Retrieved March 12, 2010, http://www.pressgazette.co.uk/contacts.asp?src=template&navcode=123）.
（63）NCTJ, 2012, "Our History,"（Retrieved June 6, 2012, http://www.nctj.com/about-us/our-history）.
（64）2009, "Journalism Training Supplement 2009," op. cit., p. 12.
（65）Association of Graduate Careers Advisory Services, 1999, op. cit., p. 3.
（66）Anna McKane, 2004, *Journalism: A Career Handbook*, London: A & C Black, p. 138.
（67）2010, "Journalism Training 2010," *Press Gazette*, October: p. 6.
（68）Ibid., p. 4.
（69）Bromley, 2010, op. cit., p. 58.
（70）Delano, 2001, op. cit., p. 128.
（71）Gaber, 2000, op. cit., pp. 52-53.
（72）Baty, 2003, op. cit., p. 11.
（73）NUJ, 2009, op. cit., p. 18.
（74）Association of Graduate Careers Advisory Services, 1999, op. cit., pp. 4-5.
（75）McKane, 2004, op. cit., p. 152.
（76）2009, "Journalism Training Supplement 2009," op. cit., p. 8.
（77）Ibid., p. 4.
（78）Ibid.
（79）Hanna, 2007, op. cit., p. 413.

(80) Steve Turner, 1995, "Starting Pay 'Disgraceful'," *UKPG*, March 13: p. 20.

(81) 2001, "Trainees Are for Training, not for Work," *The Journalist*, May: p. 25.

(82) Franklin, 1997, op. cit., p. 49.

(83) 2009, "Journalism Training Supplement 2009," op. cit., p. 17.

(84) Cole, 1995, op. cit., p. 20.

(85) Delano, 2001, op. cit., p. 155.

(86) Franklin, 1997, op. cit., p. 66.

(87) Meryl Aldridge, 1998, "The Tentative Hell-raisers: Identity and Mythology in Contemporary UK Press Journalism," *Media, Culture & Society*, 20(1): p. 112.

(88) Raymond Snoddy, 1992, *The Good, the Bad and the Unacceptable: The Hard News about the British Press*, London: Faber and Faber, p. 200.

(89) Hugh Stephenson and Pierre Mory, 1990, *Journalism Training in Europe*, Brussels: European Journalism Training Association, p. 36.

(90) Delano, 2001, op. cit., pp. 153-154.

(91) Lindsey Macmillan, 2009, *Social Mobility and the Professions*, Bristol: Centre for Market and Public Organization, p. 4.

(92) Ibid., p. 5.

(93) The Sutton Trust, 2009, *The Educational Backgrounds of Leading Lawyers, Journalists, Vice Chancellors, Politicians, Medics and Chief Executives*, London: The Sutton Trust, p. 5.

(94) Ibid., p. 11.

(95) Hanna, 2007, op. cit., p. 408.

(96) ポリー・トインビー、デイヴィッド・ウォーカー(青島淑子訳)『中流社会を捨てた国——格差先進国イギリスの教訓』東洋経済新報社、二〇〇九年、一三八—一四一頁。

(97) Jo Merrett, 1995, "Living in Hope of a Journalism Career," *UKPG*, March 20: p. 20.
(98) Neil Doyle, 1995, "Best are not Encouraged," *UKPG*, March 20: p. 20.
(99) Esser, 2003, op. cit., p. 228.

おわりに

なぜ、ジャーナリストの可能性を、労働者から専門職まで広げて考えるという発想が重要なのか。それは、すでに二一世紀、ジャーナリズムが職業人だけのものではなくなっているからである。インターネットの発達により、だれもが身近で起きたできごとを、文章、写真、動画で発信できる。YouTubeなどの動画共有サービスや、Facebook、Twitter、LINEといったソーシャルメディアは、日々の記録であふれている。こうしたメディアに「投稿する」ことは、身の回りのできごとを報告する、すなわち「報道する」ことなのである。

ジャーナリズムの語源は、ラテン語で「一日の」を意味するdiurnusであり、そこから日々の記録を指すjournal（ジャーナル）という言葉が生まれた。さかのぼれば、ジャーナリズムの源流は日記をつけるという活動にあり、必ずしもプロフェッショナルだけが独占するものではなかった。近年の技術的な革新は、ジャーナリズムという活動をアマチュアに復権する契機をもたらしている。

古くは生活綴方運動(1)のなかで、子どもが見たり聞いたり感じたりしたことを作文に書いて、周囲に公表し伝えていた。そこでは紙と鉛筆が使われていた。また、自費出版の雑誌として「ミニコミ」が多く発行された時代もあった。ガリ版刷りからすれば、パソコンやプリンターは夢のような装置だろう。今やわれわれは美しい書体で当たり前のように印刷物を作り、インターネットを通して身近なできごとを地域を越えた人々に伝えている。

ジャーナリズムの活動はだれもができる。そのように考えれば、「ジャーナリスト」という概念も、今一度、見直さねばならないだろう。たとえば、高等教育を経ていなければジャーナリストにはなれないという考えは、だれもがジャーナリストであるという観点から見て自明ではない。イギリスでは長らく、ジャーナリストに学士号が必要であるとは考えられてこなかった。日本から見てジャーナリズムの本場であるとみなされてきたイギリスの新聞報道は、最近まで中等教育修了者が担っていたのである。

もちろん、大卒がジャーナリストであってはならないという意味ではない。イギリスでも、二〇世紀後半から学位をもつジャーナリストの数は徐々に増え始め、一九九〇年代には約半数が大学を卒業するようになっている。また、本書で詳しく述べたように、ロンドン大学は一九一九年、ジャーナリズムのためのディプロマコースを発足させた。第二次世界大戦後、高等教育においてジャーナリストの養成はしばらく中断するが、一九七〇年にウェールズ大学カーディフ校が大学院のコースを新設し、学部でも一九九〇年代に入ってジャーナリズムの学位が発行されるようになっている。

メディア学科、コミュニケーション学科も含め、高等教育がジャーナリズムを教育対象とするとき、規範学の領域が活性化され、ジャーナリズムはこうあるべきという「べき論」が横行するきらいがある。メディア業界で不祥事が発生しても、企業の仕組みは改変せず、教育や指導の不足を反省してすますことが多い。問題の解決を教育にゆだねることはよくある話であり、緊急性がない場合、だれもが納得しやすい。悪くいえば問題を先送りにしている。良くいえば将来に向けて理想を追求することでもある。つまり、ジャーナリストはこうあるべきだという規範を教えるのである。

ところが、前章で見たように、マーク・ハンナとカレン・サンダーズの調査結果によれば、ジャーナリズムを志望する学生の規範は入学直後と卒業間際でほとんど変化していない(2)。つまり、大学でジャーナリズムを専攻することにより規範が内面化されるというより、もともと理想的なジャーナリスト像をもっていた高校生たちが、それを肯定してくれるような学科を選択しただけなのかもしれない。そこで学生や教員が抱くジャーナリストの理想像は、本書が描いてきたイギリスのジャーナリストたちの考えと、どれほど重ね合わせることができるのか。

イギリスのジャーナリストたちのなかには職業団体を結成し、専門職を夢見る人々がいた。スポーツ選手が試合結果を報じ、大学教授や聖職者が片手間に論説を書いて稼ぐことをうらやんだ。だれもが参入できることが競争を生み、報酬を不安定にさせる。医者や弁護士は特定の専攻を経て、特定の資格を得なければ業務を行うことができない。彼らは労働市場における競争から保護されている。専門職がもつ二つの参入障壁を設けることがジャーナリストの目標となった。すなわち学歴と資格である。

では、仮にジャーナリストは「専門職」たりえるとして、何をもって固有の知識、技能とするのか。ジャーナリズムの対象は、政治経済から社会、文化にいたるまで、この世に存在するすべてである。何を身につければ、ほかの人々を排除できる資格を手にすることができるのだろう。ジャーナリストの専門性とはいったい何か。

イギリスにおいて、一九世紀の高級な文士は聖職者や医者、弁護士のような「閉ざされた」専門職となることに反対であった。だれもが参入できる自由があってこそジャーナリズムであると考えた。そもそも財産も教養もある彼らにとって、専門的な知識や技能を問う必要はなかったのである。一方、レポーターや整理担当者など、現場で働く記者もまた、ジャーナリズムを「開かれた」職業と考えていた。彼らはあらゆる業界から、でたらめに参入しており、能力さえあればこの業界で生計を立てることができた。彼らにもまた専門的な知識や技能は必要とされなかったのである。

第一次世界大戦が終わったとき、復員兵をすみやかに社会復帰させるため、政府は職業訓練を提供しようと試みた。その一環として、一九一九年、ロンドン大学にジャーナリズムのためのディプロマコースが誕生する。発足当初、コースの内容は一般教養を重視するものであった。歴史や政治学、自然科学、外国語といった科目を身につけることが、「学術的な信任にともなう上品さ」をジャーナリストにもたらすと考えられた。やがて、コースを受講する学生たちから不満の声が上がり始めた。ロンドン大学は理論に偏りすぎているという批判である。今日まで続く教養か実学かの対立である。

ひるがえって、今日の日本はどうだろうか。ジャーナリストはどれほど専門性を求められるのだろう。読売新聞社の橋本五郎は二一世紀において、記者として視野を広げるには「歴史の風雪に耐えてきたものを読んで学ぶ」ことが大切であると語っている③。若いうちにやや難解な古典を読むことが、あとあと新聞記者として役立つのだという。また、岩渕美克が行ったメディア業界への調査は、大学のマスコミ関連教育に何を期待するのかについて「リベラルアーツともいうべき教養に対する評価が高く、専門知識に対する評価は高くない」と結論づけている④。藤田真文が放送局の採用試験担当者に行った調査でも、大学時代に身につけておいたほうがよいものとして、「一般教養」「コミュニケーション能力」が上位にあげられている⑤。メディア業界が高等教育に教養の修得を期待していることは明白である。

日本の場合、入社試験はまず筆記試験が行われ、基礎学力や一般教養について問題を解く。次に三回から四回、複数回の面接を経て採用となる。インターンシップをそこにはさんで、実際に取材をさせ記事を書かせる新聞社もある。入社すると一週間から三か月の社員研修を受ける。その内容はさまざまだが、基本的に新聞製作の流れから、用語について、写真の撮り方など初歩的なことが教えられる。実務について学ぶため新人を外部の学校に通わせる新聞社や放送局は、日本においてほとんど存在しない。

記者としての業務は、支局などへ配属されたあと、実際に現場を経験するなかで教えられる。最初に警察署を担当させられることが多い。配属された直後から取材し記事を書く。書いたものをデスクに判断してもらいながら、仕事の訓練を積む。[6]

つまり日本では、職場における訓練、ＯＪＴが主流である。東京大学社会情報研究所の卒業生を追跡した花田達朗らの調査において、実際に受けたＯＪＴの内容を尋ねたところ、「先輩からの指導」九三％、「デスクによる指導」八九・九％、「実践の場に出る」八八・四％という回答が得られた。[7]身近にいる同僚から仕事を教えてもらい、現場で実践を積み重ねるなかで知識や技能を身につけていく。

では、大学でジャーナリズムやメディア、コミュニケーションを専攻した学生はどうだろう。学校で訓練を積んだから職場でのＯＪＴは不要なのか。上記の調査では、他学科の卒業生と大差ないと考えられている。そのうえで、将来のジャーナリスト養成にとって、高等教育で教えられるべきは実践か理論かを問うた場合、卒業生は次のように答えている。

「実践的なノウハウではなく、理論や社会科学的な教養を中心に」五五・八％が、「就職してすぐに役立つような実践的なノウハウを教える」一〇・一％を大幅に上回った。自由記述でも、「ノウハウを身につけた学生は嫌われるだけ。実践で鍛えるのが一番」として、〝実践的なノウハウ教育〟を否定する意見があった。[8]

ここでもやはり教養主義がジャーナリスト養成にとって優位であるとの認識が示されている。ただし、回答者のうち七九・一％が自らを専門職にあたると自認している。教養を第一とする専門性なき「開かれた」専門職を、一九世紀イギリスの文士と共有しようというのだろうか。

もっとも、ＯＪＴが万全であるというのではない。近年、支局に配置される人数が減らされ、新人の訓練に時間を回す余裕がなくなっている。そこで、社内研修を強化し支局における不足を補おうとする方向性が打ち出されてきた。たとえば、朝日新聞社では「ジャーナリスト学校」と称する社内組織を二〇〇六年より立ち上げている。二〇一四年の時点で、新入社員は入社後三年のうち約二か月、ここで研修を受けることになっている。そのうち最初の三週間は東京で研修を受ける。読売新聞社でも二〇一三年より記者教育実行委員会を発足させ、これまで入社後約三週間だった新人研修を三か月に増やすことを決定した。このように、社内研修の期間は長期化する傾向にあるが、外部の学校教育ではなく、自社養成を行うという基本的な方針は変わっていない。

イギリスでも、高等教育が大衆化する一九九〇年代まで、職業訓練を現場で行うという姿勢は日本と同様であった。大幅に異なるのは、第二次世界大戦後にＯＪＴの内容を業界全体で統一するというＮＣＴＪの制度が発足したことである。ここでその歩みを簡単に振り返っておこう。

ＮＣＴＪは新聞社内における職業訓練と、社外における一般教養の修得を組み合わせた制度である。六か月の試用期間を経て、新人は新聞社と徒弟契約を結び、三年間の訓練を受け、熟練度テストに合格してシニアジャーナリストに昇進するという設計であった。試験に不合格であっても、ほとんどが解雇されず、そのまま仕事を続けるなど矛盾もあったが、ジャーナリストの教育、訓練が業界で統一され、その費用は業界が負担するという仕組みが戦勝後にスタートした。

その後、教育制度の改革により社会全体の学歴が上昇すると、中等教育修了資格がジャーナリストに求められるようになる。当初、Ｏレベルの取得は推奨されるにとどまっていたが、やがて前提として確立されるにいたった。つまり、一般教養をカレッジにおいて補強してきたＮＣＴＪの設計も見直しを迫られることになるのである。そこで、彼らはカレッジでのコースを、職業訓練も含め、いっそうジャーナリストに特化したカリキュラムへ変更することにした。また、当時はラジオ、テレビ、広告産業へと地方紙からの人材流出が相次いでおり、本来、現場でジュニアジャーナリストを訓練するはずのシニアが不足するという危機がもたらされていた。ＯＪＴを外部の学校教育に置き換えるという展開は、新聞社にとっても好都合だったのである。こうして、職場における訓練、教育の一部はカレッジでのデイリリース、ブロックリリースにゆだねられることになり、あるいはＮＣＴＪ自ら訓練センターを設立するという学校教育への道を模索していく。

ところが、これらの活動は一九七〇年代に入り不安定な様相を見せ始める。一九六四年に制定された産業訓練法にともない、訓練費用の流れが変更された結果、ＮＣＴＪは資金難に陥ってしまう。また、一九七五年に政府は訓練内容の自発的改善を企業に促すため、社内訓練の強化を推進する。これにより社外の組織であるＮＣＴＪは影響力を低下させた。こうしたなか、ジャーナリスト組合の支持と、地方紙を中心とした新聞経営者がＮＣＴＪを存続させてきた。

一方、台頭する無料紙がＮＣＴＪにただ乗りするようになる。彼らはプレエントリーコースの人材を採用することでコストの負担を回避した。また、無料紙に雇用された若者の訓練はおざなりにされた。ＮＣＴＪは訓練費用の負担と、採用後の訓練への参加を無料紙の経営者に求めた。しかし、彼らは容易に応じようとしなかったのである。ここにきて、無料紙のみならず、ＮＣＴＪのコースにただ乗りしたいという新聞社も現れ始めた。費用の負担をすることなく、訓練制度だけは利用したいという願望だった。

こうしたなか、政府が新たに導入したのが全国職業資格ＮＶＱである。多種多様な職業訓練コースを整理し、資格を統一するという試みである。ＮＶＱには税金が投入される。社内訓練に公的援助を受けられると知った大手メディアグループの経営者たちはＮＣＴＪから離れ、税金でジャーナリストを養成しようと血眼になり始めた。

また、一九七〇年代より開始された高等教育におけるジャーナリスト養成も一九八〇年代に軌道に乗り、メディア学科やコミュニケーション学科の台頭を加え、一九九〇年代の大学大衆化を追い風にメディア業界に認められるようになっていく。ただし、学費が有償となり、大卒が激増して就職が難しくなる環境のなか、たとえ採用されてもメディア業界は若者に十分な報酬を与えようとしなかった。その結果、大学生は借金をして学部の三年間を過ごし、就職しても返済できないという事態に陥っている。つまり、裕福な家庭に生まれ、親からの援助を受けられる人々がジャーナリストを目指しやすい。

大学を卒業できなければ、大手のメディア企業に職を得ることができず、あるいは、特定の専攻を経なければジャーナリストとして大成できず、しかも、その経路をたどることのできる若者が豊かな経済的背景をもつ家庭の出身に偏りをもつのだとすれば、それは本当に「公器」と呼んで、庶民を代表する機関といえるのだろうか。

二〇世紀後半のイギリスの歴史を追うなかで、はっきりと争点を形成しているのは、だれのお金でジャーナリストを養成するのかという問題である。たしかに、大学でジャーナリズムを教えることは、メディア業界とは独立した価値観を学生に与え、ひいては業界のモラルを改善することで、ジャーナリズムの質的向上を期待させる。しかし、教育費を負担するのは新聞社や放送局、広告会社ではない。学生側がそれを負担する。つまり、高等教育におけるジャーナリスト養成とは、企業が教育訓練をアウトソーシングしたうえ、しかもその費用は払わないという仕組みなのである。

高等教育における学歴や専攻が就職において重視されるようになると、貧しい家庭の子どもたちがジャーナリストを目指すことは困難となり、あるいは、借金を抱えながら進学する過程を目の当たりにすれば、日本で新人がまともな給料をあてがわれながらＯＪＴが行われている様子は、むしろ良心的なものにすら思えてしまう。そこで、各社がまっさらな人材を、企業に都合のよい色へ染め上げるという弊害を指摘するなら、本書が詳細に検討してきた、業界で統一された教育、訓練の場であるＮＣＴＪのような仕組みは一考に値するだろう。

だれもが身の回りのできごとを伝え合う時代、「広く知らせる」、すなわち報道で生計を立てる力は競争にさらされることになる。ジャーナリストとしての能力は、その競争において鍛えられるのか、それとも学歴や専攻によって担保されるのか。そして、その費用はだれが支払うのだろう。親、学生、企業、労働組合、あるいは税金を通してジャーナリスト養成のコストは国民が負担するのかもしれない。だが、ここで立ち止まり、もう一度考えてみよう。そもそも、ジャーナリストに特別な教育、訓練は必要なのだろうか。

一九世紀の高級な文士も、働く記者も、ジャーナリストに必要とされていたのは幅広い教養だった。二〇世紀初頭に、ロンドン大学でジャーナリズムのコースが開設されたとき、当初、教えられていたのも一般教養である。学生たちはそれに不満をもち、新聞社の実務を高等教育で教えるよう抗議した。第二次世界大戦後、ＮＣＴＪがカレッジでの研修を拡大させたとき、訓練生たちはその内容が実際に即していないと非難した。仕事は職場で学ぶものであり、一般教養がそれを支えるという考えは根強い。イギリスでは学部の勉強はジャーナリズムではないほうがよいと考える人々もいる。政治、経済、社会、文化について専門をきわめたうえで、ジャーナリズムの勉強はＮＣＴＪ、ＮＶＱ、企業や大学院にゆだねるというのである。日本においてはどうだろうか。先述したとおり、高等教育におけるジャーナリスト養成を求める声は低い。やはり、職業訓練は仕事を経験するなかで行い、大学では一般教養を修得するほうが長い目で見て有効であるという考えである。

だとすれば、ジャーナリストを専門職とみなすことに疑問が生じるのもやむを得ないだろう。なぜなら、専門職には知識や技能の秘儀性が必要だからである。だれもが容易に接近できる知識や技能では「専門性」が確立できない。特定の教育、訓練を経なければ獲得できない知識や技能があり、それゆえ、専門職の供給は制限され、希少性からその地位や威信は高くなる。一方、ジャーナリストの場合、求められる知識が一般的であり、参入障壁を設けることはきわめて難しい。その点を認めたうえでなお、ジャーナリストを資格化するということはどういうことなのだろうか。

第三章で見たように、イギリスにおいては一九三〇年代、法令によるジャーナリストの資格化が試みられ失敗に終わった。とはいえ一九四〇年代、戦時下においてジャーナリストの登録は行われている。情報省に関連するポストへジャーナリストを雇用するための措置である。ジャーナリスト協会も、ジャーナリスト組合も、雇用の安定を求めて、ジャーナリストを政府のリストに記載することを容認した。日本の場合、登録に加え、国体観念を明徴にするため、ジャーナリストはみそぎや座禅による訓練を行った(9)。ドイツ、イタリアで実施された記者法や登録制度と同じく、こちらは言論統制の一環である。目的は異なれど、ジャーナリズムがなんらかの形で資格化される瞬間が、どのような時期に当たるのかは日英ともに共通項があったといえよう。

資格化には排他性があり、資格をもたない者をその職業から排除してしまう。逆にいえば、資格をもつ者は競争から保護され、業務を行う特権を得るが、その保護が国家から与えられた場合、統制もまた国家に干渉されるのである。学歴も資格の一つとして機能する。実際、大卒以上でなければ大手メディアで活躍することは難しいだろう。国家資格がだめなら教育資格でということも考えられるが、高等教育を経ていなければジャーナリストになれないという暗黙の了解は、言論の自由に照らしてどれほど擁護できるだろうか。

カール・ノーデンストレングは『ヨーロッパのジャーナリズム教育』をまとめるなかで、三三か国と四地域を検討している。その多様性は「モザイク」と表現されるが、全体として五つの傾向を指摘し、専門職化について以下のように述べている。

専門職主義は一般に考えられているように、ジャーナリズムに良いものをもたらすだけでなく、民主主義にとって深刻な問題を生み出すものでもある。[10]

権限を与えられ強力になればなるほど、一方で、専門職の立場にとらわれ、いわゆる普通の人々からかけ離れた存在になる危険があるという。こうした専門職主義が極端に志向された場合のことを、彼は著書のなかで、はなはだしく自己中心的という意味で「要塞ジャーナリズム症候群」と呼んでいる。

さて、これまでの議論をふまえ、ここではっきりさせておこう。「ジャーナリスト」は職業を表す言葉ではない。スポーツ選手にプロフェッショナルとアマチュアがあるように、ジャーナリストにも職業人ジャーナリストと素人のジャーナリストが存在する。それはジャーナリズムという活動を実践する人々の単なる下位区分にすぎない。ジャーナリストは職業であるという固定観念が生じる理由の一つに、

「ジャーナリスト」という言葉の本来の意味、日々の記録を伝える人々というポテンシャルを、片仮名であるがゆえに感じ取れない日本人の限界がある。そこから「ジャーナリスト」とはこういう存在である、とりわけ職業であるという漠然としたイメージを、各自が勝手に描いてきたのではないだろうか。

本書はイギリスとの比較において、そのイメージが世界において多様であることの一端を示し、「ジャーナリズム」「ジャーナリスト」という言葉の概念を豊かにし、広げることを目指してきた。内容は専門的で、冗長にすぎるところもあったろう。しかし、ジャーナリストとは何者なのかについて、イギリスが一〇〇年以上にわたり議論を闘わせてきた熱意は伝わったのではないか。自分たちは何者なのか、どうありたいのか、どうあるべきなのか、彼らは自問自答し、あるときは戦争に、あるときは政府の政策に翻弄されながらも、ジャーナリストを訓練、教育する道を模索し続けてきた。その過程を振り返ることは、だれもがジャーナリストになれる可能性に満ちている二一世紀において、必要なことではないだろうか。

そこで、最後に二つの方向性をモデルにして示しておきたい。一つは、専門職モデルである。これまで述べてきたように、医者や弁護士を思い浮かべればよい。資格があるかないかで、ジャーナリストであるかないかが決定されるという考え方である。ジャーナリズム学科のように、特定の専攻を経ることが、ジャーナリズムで活躍する可能性を広げるとすれば、教育資格もまた採用の判断基準として作用する。新聞社や放送局、出版社を退職した人々が、しばしばジャーナリズムから身を引き、編集にたずさわらないとすれば、社員証は記者、編集者を名乗るための「資格」である。

もう一つは自由競争モデルである。野球やサッカーのプレイヤーを想定するとわかりやすい。スポーツはアマチュアからプロフェッショナルまで、自由にプレーを楽しむ人々がいる。草野球から高校野球、プロ野球というように、膨大な数のプレー人口のなかから、職業として野球で生計を立てる人々はごくわずかである。しかし、資格がなければプレーしてはならないという決まりはない。高卒でも大卒でも、理系でも文系でも、社員証がなくても、いつどのように楽しんでもよいのである。逆にいえば、彼らは国家資格や学歴、専攻、社員証による参入障壁に守られていない。つまり、だれもがジャーナリズムの活動を行ってよい。そして、われわれは皆、ジャーナリストである。職業人としての地位は、専門職に必要な資格が保証するのではなく、読者や視聴者が判断する。

二〇〇八年の論文で花田達朗は、マスコミがあこがれの就職先ではなくなっている様子を、次のように紹介している。

かつて六〇〜八〇年代、「マスコミ」を志望する優秀な学生は少なくなかったように思われる。しかし、いまでは「マスコミ」志望を口にすると、周囲の学生から「エッ」という顔をされるというのである。「どうして、そんなところに就職したいのか」と友達から奇異の目で見られるという。(11)

メディアの不祥事が世間の批判を浴び、ジャーナリズムのネガティブな側面を目にする機会が増えるなど、その理由はさまざまに考えられる。ここではその一つとして、ジャーナリズム活動が特別なことではなくなっているという現実を指摘しておこう。パソコンやプリンターが安価となり、だれでも気軽に出版物を発行することができ、カメラで映像を撮って編集し、インターネットで公開するなど容易に行うことができる。活字になるだけで嬉しいとか、映像にすることが特別であるという観念が薄らいでいるのである。

このような時代に、ジャーナリズム活動は職業人だけのものという思い込みはもはや通用しない。だれもが身の回りのできごとを記録し、伝えることができるという自由競争モデルも、あながち的外れではないだろう。ソーシャルメディアで日々のできごとを書き込むことから、もう少し本格的なアマチュア・ジャーナリストの取り組みがあり、そして、ジャーナリズムという活動で生計を立てる人々がいるという階層を思い浮かべることは、難しいことではない。「記者」という肩書きは、その一部にすぎないのである。

本書は日本が理想としたイギリスの実像に迫ることで、「ジャーナリスト」の概念を相対化し、幅広くとらえる契機をつかもうと試みてきた。「ジャーナリスト」は専門職であるべきとか、サラリーマンであるとか、はたまた労働者ではないかなど、さまざまに語られてはきたが、二一世紀においてジャーナリストという言葉は職業人だけでなく万人のものであるということを強調しておこう。

（1）生活を題材に作文を書き意見を交換することで、社会認識を改めようとする教育運動。小学校を中心に大正期から取り組まれてきた。
（2）Mark Hanna and Karen Sanders, 2007, "Journalism Education in Britain: Who Are the Students and What Do They Want?," *Journalism Practice*, 1(3): p. 413.
（3）読売新聞東京本社教育支援部編『ジャーナリストという仕事』中央公論新社、二〇〇八年、八―九頁。
（4）岩渕美克「ジャーナリスト教育調査の分析」『政経研究』四〇巻一号、二〇〇三年、八八頁。
（5）藤田真文「放送関連業界のキャリア形成における大学の役割」『社会志林』五四巻三号、二〇〇七年、八五頁。
（6）記者に取材の指示を与え、彼らが書いた原稿を修正、選択する責任者。経験を積んだ記者が担当する。
（7）花田達朗、木村恭子、小田光康「ジャーナリスト教育の現状と課題――東京大学社会情報（旧新聞）研究所教育部研究生卒業者へのアンケート調査結果」『東京大学社会情報研究所調査研究紀要』一八号、二〇〇二年、二八八頁。

（8） 同論文、三〇三頁。
（9） 河崎吉紀『制度化される新聞記者――その学歴・採用・資格』柏書房、二〇〇六年、一六三―一六六頁。
（10） Kaarle Nordenstreng, 2010, "Conclusions: Soul-searching at the Crossroads of European Journalism Education," Georgios Terzis ed., *European Journalism Education*, Bristol: Intellect Books, p. 515.
（11） 花田達朗「ジャーナリスト養成教育への状況認識――新しい環境の始まりと「マスコミ」時代の終わり」『朝日総研リポート』二一三号、二〇〇八年、三一頁。

あとがき

今から一〇年ほど前、ロンドンに滞在する機会をもらった。定時の仕事もなく、学校に通うわけでもなく、知り合いもまったくいないなかで、いきなり生活することになって、家探しから始めて四苦八苦しながら銀行口座を開設し、最初の数か月は時折、緊張のためか腹痛に見舞われた。

特に予定もない日々のなか、ロンドンの街を徘徊し、ロンドン大学に所属する各所のカレッジで図書館の使い方を覚え、ようやくコピーが取れるようになり、生まれてこの方、ここに住んでいるのではないかといつしか錯覚し始めたころ、薄い水色の高い空と緑豊かな公園に、新旧入り交じるデザイン性豊かな地下鉄の雰囲気がなじんできたころ、ようやく本書のテーマが扉を開き、気がつけばずるずると、そのなかへ引き込まれていった。

最初は本当に、どこに何があるのかもわからなかった。ジャーナリスト協会やジャーナリスト組合の存在すら知らなかった。イギリスの新聞といえば『タイムズ』や『ガーディアン』、『デイリー・メール』くらいしか記憶になかった。興味のきっかけとなったのは、イギリスのジャーナリストについて調べるなかで wage という単語が文献に頻出したことである。

前著『制度化される新聞記者』(柏書房)で、私は新聞記者がサラリーマンであると叫んだ。裸の王様を指摘するようでばかばかしくもあり、恐ろしくもあったが、その研究成果と比較して、なぜイギリスのジャーナリストは給料(salary)ではなく、賃金(wage)をもらうのかと不思議な違和感を抱いたのである。そのうち、意外な事実が判明した。今はともかく、かつてイギリスのジャーナリストは自分たちのことを労働者だと考えていたのである。サラリーマンではなく労働者なのかという驚きが、その後、帰国してからもこのテーマを継続する支えとなった。

帰国してからの大学教員生活は、心労多く、さまざまな辛苦をともなうものであり、さながら重い荷物を背負わされてうつろな目で戦場をさまよい歩くようなものであったが、湿気の多い塹壕のなかで、なんとか遅々として研究を進めてきた。辞めずにここまで来られたことは、多くの人々に支えてもらったおかげである。とりわけ、佐藤卓己先生には、さまざまなプロジェクトへの参加を通して、たえず新たなチャンスをいただいた。学外での研究会は私にとって救いであった。今は平穏な日々を送っている。快活で心優しい同僚に囲まれている。そうした環境のなかで本書を世に出せる喜びはひとしおである。

各論文の発表後に指摘された明らかな間違いについては、著書としてまとめるにあたり訂正を施した。発表した論文を順に示せば以下のようになる。

「一九世紀におけるイギリスのジャーナリスト教育――高級な文士と働く記者」『評論・社会科学』九四号、二〇一一年。

「戦間期におけるイギリスのジャーナリズム教育――ロンドン大学を中心に」『評論・社会科学』九六号、二〇一一年。

「社会現象としてのジャーナリズム教育――イギリスにおける高等教育の拡大を中心に」『評論・社会科学』一〇二号、二〇一二年。

「ジャーナリスト訓練評議会の誕生――一九五〇年代におけるイギリスの選択」『評論・社会科

学』一一四号、二〇一五年。

「イギリスにおけるジャーナリスト資格化の試み——一九三〇年代、庶民院への法案提出をめぐって」『メディア史研究』三九号、二〇一六年。

「ジャーナリスト訓練評議会の改革——学校教育への道」『京都メディア史研究年報』二号、二〇一六年。

個々の論考を超えて、ジャーナリストについての考察を深めることができたのは、岩波書店の坂本政謙さん、岩元浩さんのおかげである。彼らのあと押しがなければ、これら論文の意義を十分に引き出すことはできなかったろう。記して感謝したい。

最後に、メディア学科について批判を書いてしまった。しかし、こうしたコースの意義を否定するわけではない。かつて私はその学生であった。今はその教員である。ジャーナリストの養成について問題を指摘したのは、そのとおりなのだが、将来に期待していないわけではなく、こうしたコースはメディアやジャーナリズムの技能を身につけた人々というより、その理解を深めた人々を輩出するところと考えている。そうした人材がメディア業界に一定数、含まれることは有意義なことだろう。彼らが自らの立ち位置を、表面的なコンテンツへの単純なあこがれや空想だけでなく、歴史的な事実をもって確認できるよう、本書がその一助となれば幸いである。

索　引

新聞・雑誌名

アウトルック(Outlook)　68
イプスウィッチ・イブニング・スター(Ipswich Evening Star)　187
インディペンデント(The Independent)　189, 195, 199
ウェスタン・メール(Western Mail)　24, 199
ウェスタン・メール・アンド・エコー(Western Mail and Echo)　89
ウォリントン・ガーディアン(Warrington Guardian)　2
オブザーバー(The Observer)　108
ガーディアン(The Guardian)　187, 195, 197
ケンブリッジ・イブニング・ニューズ(Cambridge Evening News)　184
サリー・コメット(Surrey Comet)　37
スタンダード(The Standard)　10
スペクテーター(The Spectator)　37
ダービーシャー・タイムズ(Derbyshire Times)　125
タイムズ(The Times)　xii, 32, 34, 38, 65, 76, 113
デイリー・エクスプレス(Daily Express)　xii, 59, 195
デイリー・テレグラフ(The Daily Telegraph)　2, 3, 5, 41, 129, 195
デイリー・ヘラルド(Daily Herald)　xii, 59
デイリー・メール(Daily Mail)　17, 29, 42, 59, 204
ニューズ・アンド・スター(News and Star)　200
ニューズ・クロニクル(News Chronicle)　42
ノースウェスタン・イブニング・メール(North Western Evening Mail)　162
バーミンガム・ポスト(Birmingham Post)　199
ピクチャー・ポスト(Picture Post)　161
フィナンシャル・タイムズ(Financial Times)　195
モーニング・ポスト(The Morning Post)　9, 33
モントリオール・スター(The Montreal Star)　68
ヨークシャー・ポスト(The Yorkshire Post)　89
リバプール・デイリー・ポスト(Liverpool Daily Post)　10
リバプール・デイリー・ポスト・アンド・エコー(Liverpool Daily Post and Echo)　172
リバプール・ポスト(Liverpool Post)　26

ABC

A レベル　123, 128, 129, 138, 146, 159-161, 190, 192, 196
BBC　vi, xii, 130, 133, 143, 155, 184, 185, 199

BTEC　183, 210
EMAP　194, 213
GCE　117, 122, 159, 190, 192
GCSE　123, 183, 190, 207, 210
GNVQ　183, 191
ITV　130, 133, 143
NVQ　173, 183, 184, 191-195, 207, 208, 210
OJT　vii, 88, 105, 127, 130, 139, 220-222, 224
O レベル　117, 122, 123, 128, 129, 136, 137, 140, 144, 159, 160, 210, 221
PPITB　150, 151, 155, 167, 170, 171, 173

人名

アトリー，クレメント(Attlee, Clement)　101
アンダーソン，デイビッド(Anderson, David)　3-5
アンドリューズ，ウィリアム・リントン(Andrews, William Linton)　89-91, 99, 100, 101, 114
イライアス，ジュリアス・ソールター(Elias, Julius Salter)　59
ウィール，クリス(Wheal, Chris)　197
ウィリアムズ，ウォルター(Williams, Walter)　43, 44, 46
ウィリアムズ，バル(Williams, Val)　162
ウィルトシャー，ヘンリー・ロイ(Wiltshire, Henry Roy)　108
ウェバー，ロバート(Webber, Robert)　89
ウェルシュ，トム(Welsh, Tom)　162, 184
ウェルズ，チャールズ(Wells, Charles)　25
ウォーリング，ロバート・ビクター(Walling, Robert Victor)　31
ウォルターズ，ジョン・カミング(Walters, John Cuming)　11
カムローズ卿　→ベリー，ウィリアム
カンリフ，ジョン・ウィリアム(Cunliffe, John William)　33
キーブル，リチャード(Keeble, Richard)　184, 186
ギブズ，リチャード(Gibbs, Richard)　103
ギラン，クロフォード(Gillan, Crawford)　187, 188
クナップ，バレンタイン(Knapp, Valentine)　37, 39-41
クラーク，トム(Clarke, Tom)　41-46, 52, 53, 55, 80, 88-90
グライム，アーサー(Grime, Arthur)　71, 72, 84
グラハムリトル，アーネスト(Graham-Little, Ernest)　74
グレッグソン，ジェームズ・ギルロイ(Gregson, James Gilroy)　50
グレントン，ジョージ(Glenton, George)　161
ケムズレー卿　→ベリー，ゴーマ
ゴードン，ジョン(Gordon, John)　110
コーベット，バーニー(Corbett, Bernie)　172, 173
コール，ピーター(Cole, Peter)　186, 203
ゴップシル，ティム(Gopsill, Tim)　157
コリンズ，ジョン・チャートン(Collins, John Churton)　17, 18
サッチャー，マーガレット(Thatcher,

Margaret)　xvi, 167, 169, 173, 178
サンドブルック，ジョン・アーサー(Sandbrook, John Arthur)　24
ジェイ，アーネスト(Jay, Ernest)　97-100
ジェイコブソン，シドニー(Jacobson, Sydney)　40
ジェニングス，ポール(Jennings, Paul)　108
ジャーヴィス，チャールズ(Jervis, Charles)　142, 143
シャドウェル，アーサー(Shadwell, Arthur)　6
スコット，デイビッド(Scott, David)　181
ストリック，ハワード(Strick, Howard)　104-107, 110-112, 116, 117, 121, 127, 128, 130
セルウッド，ロブ(Selwood, Rob)　193
ダグラス，ヘンリー(Douglas, Henry)　138, 139
ディックス，クリストファー(Dicks, Christopher)　155
テイラー，ヘンリー・アーチボルド(Taylor, Henry Archibald)　69, 72, 73, 75, 76, 79
トーマス，ハーバート(Thomas, Herbert)　14
トーマスピーター，ハンナ(Thomas-Peter, Hannah)　199
ドッジ，ジョン(Dodge, John)　131-134, 136, 139, 141, 143, 145, 162, 184
ニコルズ，ヘンリー・ダックワース(Nichols, Henry Duckworth)　66, 67, 71
ニコルソン，スチュアート(Nicholson, Stewart)　79
ニューマン，アレク(Newman, Alec)　152
ノースクリフ卿　→ハームズワース，アルフレッド
パーカー，ゴードン(Parker, Gordon)　170
バークワース，ハロルド(Barkworth, Harold)　132
ハード，パーシー(Hurd, Percy)　67, 68, 72, 74-76
ハームズワース，アルフレッド(ノースクリフ卿)(Harmsworth, Alfred (Northcliffe))　17, 23, 29
ハームズワース，ヴィアー(ロザミア卿)(Harmsworth, Vere (Rothermere))　204
ハームズワース，エズモンド(Harmsworth, Esmond)　53
ハームズワース，セシル(Harmsworth, Cecil)　18
ハームズワース，レスター(Harmsworth, Leicester)　44
バイナー，ジョージ(Viner, George)　131, 132, 140, 141
ハイマン，ハーバート・ヘンリー(Hayman, Herbert Henry)　133, 134
パウナル，アシュトン(Pownall, Assheton)　76
パウリー，ロイ(Pawley, Roy)　129
ハドリー，ウィリアム・ウェイト(Hadley, William Waite)　113
パトリック，スチュアート(Patrick, Stuart)　184
ハムソン，ハリー・トム(Hamson, Harry Tom)　27, 100
バリ，ジェームズ・マシュー(Barrie, James Matthew)　7
ハリス，チャーリー(Harris, Charlie)　157, 172
ハリソン，ジョージ・バグショーウ(Harrison, George Bagshawe)　41,

42, 48
ハンター，アーネスト(Hunter, Ernest)　71, 73, 79
バンドック，クレメント(Bundock, Clement)　77, 79
ピアース，ヘンリー・グレゴリー(Pearce, Henry Gregory)　92
ピーカー，フレデリック(Peaker, Frederick)　33-35
ビーミッシュ，リチャード(Beamish, Richard)　192
ヒチンズ，ロバート・スマイス(Hichens, Robert Smythe)　4, 5, 7
ヒューズ，マーク(Hughes, Mark)　199
ファーンズワース，ゴードン(Farnsworth, Gordon)　156
フィリップス，アーネスト(Phillips, Ernest)　8
プーク，ブライアン(Pook, Brian)　117
フォスター，デレク(Foster, Derek)　157
フラベル，エリック(Flavell, Eric)　157
ブリテン，ハリー(Brittain, Harry)　44
ブルーメンフェルド，ラルフ・デイビッド(Blumenfeld, Ralph David)　39, 40, 64, 69
フレッチャー，キム(Fletcher, Kim)　194, 197
ブレナン，ジム(Brennan, Jim)　141
ベネットイングランド，ロドニー(Bennett-England, Rodney)　164
ベリー，ウィリアム(カムローズ卿)(Berry, William(Camrose))　80
ベリー，ゴーマ(ケムズレー卿)(Berry, Gomer(Kemsley))　92, 93, 95
ベリー，ライオネル(Berry, Lionel)　94
ペンバートン，マックス(Pemberton, Max)　29, 31
ホーク，エドワード・ジョージ(Hawke, Edward George)　37
ホール，キース(Hall, Keith)　171, 186
ボスウィック，アルジャーノン(Borthwick, Algernon)　9
ボッソム，アルフレッド(Bossom, Alfred)　76, 77
ホプキンソン，トム(Hopkinson, Tom)　161
マッカラ，トーマス(McAra, Thomas)　71, 72, 84
マッキー，アレクサンダー(Mackie, Alexander)　2, 5
マッドフォード，ウィリアム・ヘーゼルタイン(Mudford, William Heseltine)　10
マンスフィールド，フレデリック・ジョン(Mansfield, Frederick John)　15, 38, 51
メドーズ，ケネス(Meadows, Kenneth)　125
モット，フランク・ルーサー(Mott, Frank Luther)　88, 118
ラッセル，エドワード・リチャード(Russell, Edward Richard)　10
リー，シドニー(Lee, Sidney)　33, 34, 37
リード，アルフレッド・アーサー(Reade, Alfred Arthur)　10
リード，ウィームズ(Reid, Wemyss)　10
リチャードソン，ヘンリー・マリオット(Richardson, Henry Marriott)　64, 68, 72
リトルウッド，サミュエル・ロビンソン

事項名

河崎吉紀
1974年生まれ．2002年，同志社大学大学院文学研究科退学，博士(新聞学，2004年)．現在，同志社大学社会学部教授．単著に『制度化される新聞記者――その学歴・採用・資格』(柏書房，2006年)，共著に『ラーニング・アロン――通信教育のメディア学』(「福祉としての通信教育――勤労青年から引きこもりへ」，新曜社，2008年)，『戦間期日本の社会集団とネットワーク――デモクラシーと中間団体』(「新聞界における社会集団としての早稲田」，NTT出版，2008年)，『青年と雑誌の黄金時代――若者はなぜそれを読んでいたのか』(「『ファミマガ』『ファミ通』『電撃PlayStation』――ゲーム雑誌の創造性」，岩波書店，2015年)などがあるほか，訳書にウォルター・リップマン著『幻の公衆』(柏書房，2007年)がある．

ジャーナリストの誕生
―日本が理想としたイギリスの実像

2018年9月21日　第1刷発行
2024年9月25日　第2刷発行

著　者　河崎吉紀《かわさきよしのり》

発行者　坂本政謙

発行所　株式会社 岩波書店
〒101-8002 東京都千代田区一ツ橋2-5-5
電話案内 03-5210-4000
https://www.iwanami.co.jp/

印刷・三陽社　カバー・半七印刷　製本・松岳社

ISBN 978-4-00-061293-7　Printed in Japan

ジャーナリストという仕事
斎藤貴男
岩波ジュニア新書
定価　九二四円

ファシスト的公共性
—総力戦体制のメディア学—
佐藤卓己
四六判三四四頁
定価二九七〇円

グローバル・ジャーナリズム
—国際スクープの舞台裏—
澤　康臣
岩　波　新　書
定価　九四六円

岩波書店刊
定価は消費税 10% 込です
2024 年 9 月現在